आधुनिक हिन्दी सिनेमा का सामाजिक एवं राजनीतिक अध्ययन

आधुनिक हिन्दी सिनेमा का सामाजिक एवं राजनीतिक अध्ययन

राम अवतार अग्निहोत्री

कॉमनवेल्थ

आधुनिक हिन्दी सिनेमा का सामाजिक एवं राजनीतिक अध्ययन

संस्करण : 2019

ISBN 81-7169-046-7

प्रकाशक :

कॉमनवेल्थ पब्लिशर्स

4831/24, प्रह्लाद गली,

अंसारी रोड, दरियागंज,

नई दिल्ली—110002

फोन : 23275511, 23257835

e-mail : commonwealthbooks@gmail.com

टाइपसैटर:

रिशु कम्प्यूटर्स

दिल्ली-110092

प्रिन्टर्स:

रोशन ऑफसैट प्रिन्टर्स

दिल्ली

भूतपूर्व केन्द्रीय गृहमंत्री

तथा

कर्नाटक एवं पश्चिम बंगाल

के

भूतपूर्व राज्यपाल

वयोवृद्ध राष्ट्रीय नेता

परमपूज्य दद्दाजी

पंडित उमाशंकर दीक्षित जी

को सादर समर्पित

—डा० राम अवतार अग्निहोत्री

प्राक्कथन

"आधुनिक हिन्दी सिनेमा का सामाजिक व राजनीतिक अध्ययन" शोध ग्रन्थ को तैयार करते समय राष्ट्रीय अभिलेखागर, पूना तथा देश के विभिन्न विश्वविद्यालयों के ग्रन्थालयों में अध्ययन करने का मुझे अवसर मिला। इस शोध कार्य के सम्बन्ध में, प्रोफेसर आई० एन० तिवारी, विभागाध्यक्ष, राजनीति विज्ञान विभाग, उच्च अध्ययन संस्थान, मेरठ विश्वविद्यालय, मेरठ का अमूल्य सहयोग एवं मार्गदर्शन मुझे निरन्तर मिलता रहा, जिसके लिए मैं उनका हृदय से आभारी हूँ।

इस अवसर पर, मैं अपने माता-पिता पंडित शिव नन्दन अग्निहोत्री व स्वर्गीय श्रीमती शकुन्तला अग्निहोत्री का स्मरण करना अपना परम कर्तव्य समझता हूँ, जिन्होंने परिवार की निर्धनतम परिस्थिति के कारण अनेक सामाजिक व आर्थिक कठिनाइयों को झेलते हुए भी मुझे उच्च शिक्षा प्रदान कराई। इस अवसर में, मैं अपने छोटे भाई स्वर्गीय भूपेन्द्र अग्निहोत्री (भप्पू) को श्रद्धांजलि, अर्पित करना चाहूँगा, जिसका निधन अल्पायु में ही, बसंत पंचमी पर होने वाली सरस्वती पूजा के एक दिन पूर्व हो गया था। अध्ययन, लेखन और अनुसंधान के रूप में सत्य की खोज के द्वारा निरंन्तर मां सरस्वती देवी की आराधना करते रहना मैं अपने इस अनुज को सच्ची श्रद्धांजलि समझता हूँ।

इस अवसर पर मैं अपने परिजनों पंडित जगदीश प्रसाद अग्निहोत्री (बड़े भाई); श्रीमती तारावती दीक्षित, श्रीमती सरोज तिवारी (बड़ी बहनें); श्रीमती प्रेमलता तिवारी, श्रीमती कृष्णा तिवारी (छोटी बहनें); श्रीमती स्वतन्त्र बाला अग्निहोत्री (धर्मपत्नी) मीनाक्षी अग्निहोत्री (पुत्री) व लवकुश अग्निहोत्री (पुत्र) के प्रति आभार प्रगट करना चाहूँगा, जिनका सहयोग मुझे निरन्तर मिलता रहा।

अन्त में, मैं श्रीमती शीला दीक्षित, केन्द्रीय संसदीय राज्य मन्त्री एवं प्रधान-मंत्री कार्यालय में राज्य मंत्री तथा माननीय श्री मनुभाई शाह, भूतपूर्व केन्द्रीय उद्योग व वाणिज्य मंत्री के प्रति हृदय से कृतज्ञता प्रगट करना चाहूँगा, जिनका आशीर्वाद मुझे सदा मिलता रहा है।

—(डा० राम अवतार अग्निहोत्री)
रिसर्च साइंटिस्ट (यू० जी० सी०)

राजनीति विज्ञान विभाग,
उच्च अध्ययन संस्थान,
मेरठ विश्वविद्यालय,
मेरठ (उत्तर-प्रदेश),
दिनांक - अक्तूबर 10, 1989 (विजय दशमी पर्व)

विषय-सूची

रेखाचित्र

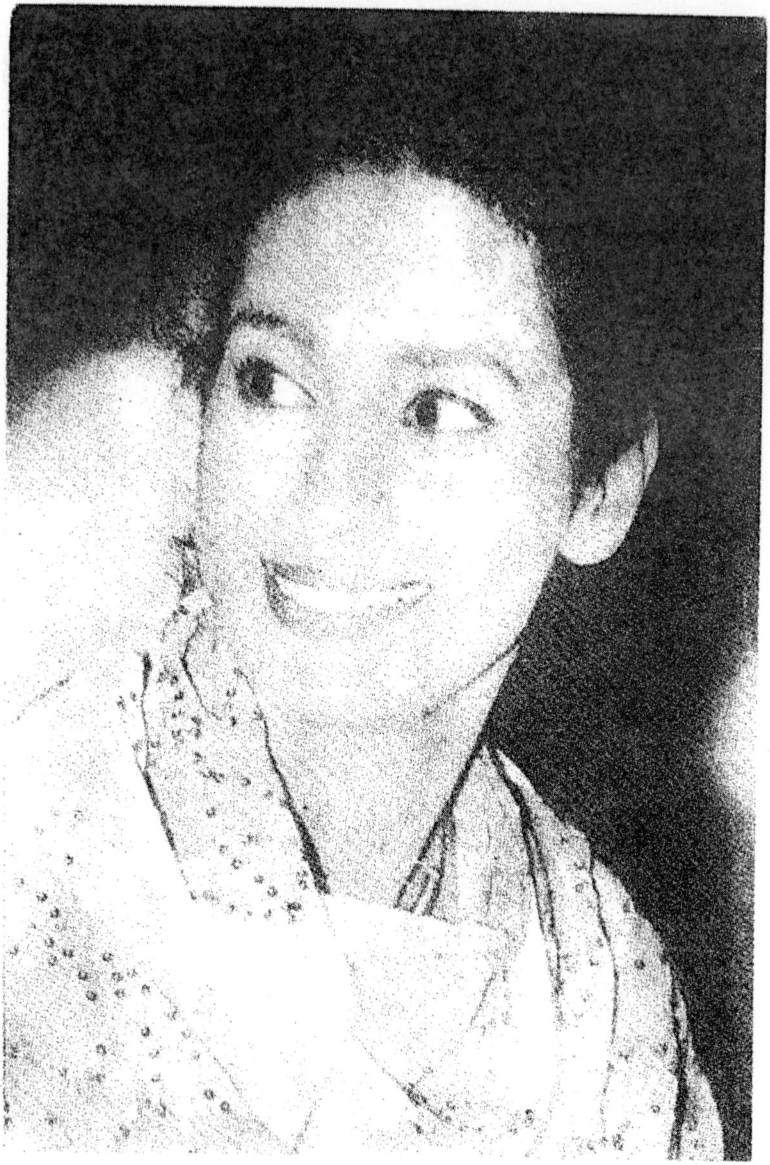

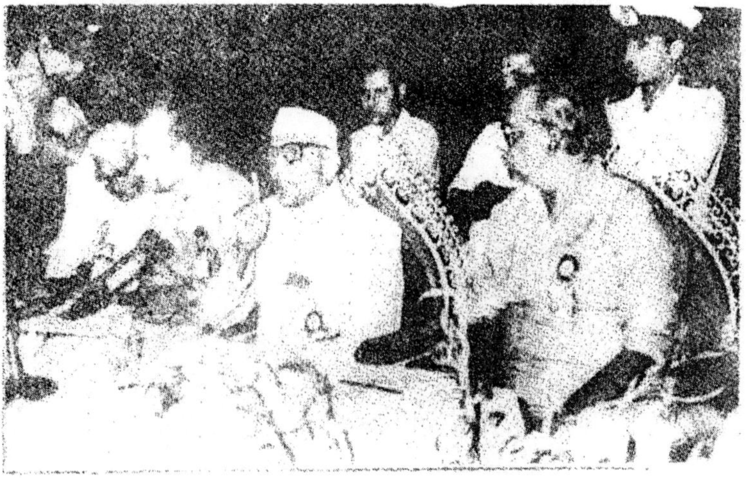

प्रथम भाग

अध्याय प्रथम

प्रस्तावना : भारत का सिनेमा युग में प्रवेश

सिनेमा, वर्तमान युग में, मानव जीवन का एक प्रमुख अंग है। मनोरंजन शिक्षा, प्रचार-प्रसार आदि में वह एक महत्वपूर्ण भूमिका अदा कर रहा है। सिनेमा को कला की श्रेणी में रखा जाता है और यह अन्य कलाओं की अपेक्षा अधिक प्रभावशाली है। फ्रांसीसी निर्माता-निर्देशक श्री आस्त्रुक ने सिनेमा अर्थात फिल्म को इन शब्दों में परिभाषित किया है—"लिखे हुये शब्द की तरह फिल्म भी एक भाषा है, जिसे लिखने और पढ़ने के लिए नए दृष्टिकोण की आवश्यकता है।" मोशन पिक्चर एसोसियेशन, संयुक्त राज्य अमरीका के भूतपूर्व अध्यक्ष मि. एरिक जान्सटन के अनुसार "फिल्म आज के समाज में, संवहन का सर्वाधिक प्रभावशाली माध्यम है, जैसा कि यह शिक्षा और अन्तर्राष्ट्रीय सद्भावनाओं की वृद्धि का एक सबलतम साधन है। यदि यह कहा जाता है कि एक चित्र एक सहस्त्र शब्दों से अधिक मूल्यवान है तो निश्चय ही एक फिल्म एक सहस्त्र चित्रों से अधिक गुणवान है।"

भारत के प्रथम प्रधानमन्त्री पंडित जवाहर लाल नेहरू के शब्दों में—"वर्तमान युग में यदि किसी कला माध्यम का प्रभाव सर्वाधिक है तो निस्सन्देह वे फिल्में हैं।"[1]

1. करुणा शंकर, "भारतीय फिल्मों का इतिहास", पृ० 5.

सिनेमा का जन्म

प्रसिद्ध इतिहासज्ञ श्री बी० डी० गर्ग सिनेमा के जन्म के विषय में अपने विचार व्यक्त करते हुए कहते हैं कि "लगभग पच्चीस हजार वर्ष पूर्व, सभ्यता के पूर्वार्द्ध में, किसी अनजान चित्रकार ने एल्टामिरा, स्पेन की गुफाओं में बहुत से परों वाले एक सुअर का भित्ति चित्र बनाया था, जो शायद मनुष्य का वह प्रथम प्रयास था, जिसमें चित्र की गति के महत्व को प्रस्तुत किया गया था।"[2] लेकिन यह एक चित्रकार की कल्पना थी और इस अज्ञात चित्रकार ने आधुनिक सिनेमा तकनीकी की कल्पना तक नहीं की थी।

सिनेमा के आविष्कार के इतिहास में सन् 1833-1835 ई० के वर्ष महत्वपूर्ण हैं। प्रसिद्ध सिने लेखक श्री बच्चन श्रीवास्तव के शब्दों में, "सिनेमा के आविष्कार में प्रथम महत्वपूर्ण प्रयास "जैट्राप" नामक यन्त्र है, जिसका निर्माण 1835 के आसपास हुआ था। यह एक ऐसा यन्त्र था, जिसमें बहुत से चित्र चर्खी में पास-पास चिपका दिये जाते थे। इसके आगे एक चर्खी लगी होती थी। जब जैट्राप को घुमाया जाता, तब दृष्टा को चित्रों में गति होने का आभास होता।"[3]

सिनेमा के अगले यन्त्र के आविष्कार के पूर्व, एक फ्रांसीसी वैज्ञानिक लुइस डेग्यूरे ने सन् 1839 ई० के आसपास फोटोग्राफी के कैमरे का आविष्कार किया।[4] धीरे-धीरे यह कैमरा विकसित होता गया और इसने सैन फ्रांसिसको (संयुक्त राज्य अमरीका) के एक फोटोग्राफर को मूवी कैमरे के आविष्कार की प्रेरणा दी। उसने सन् 1877 ई० में एक प्रयोग किया। डा० महेन्द्र मित्तल के शब्दों में, "उसने (माइब्रिज) एक पंक्ति में पच्चीस कैमरे लगाकार लगातार एक भागते हुए घोड़े के चित्र उतारे थे। इस प्रयोग के लिये माब्रिज ने सभी कैमरों के शटर एक तांगे से इस प्रकार बांधे थे कि जब घोड़ा उन कैमरों के सामने से दौड़ा, तब एक के बाद एक तागा टूटता गया और शटर खुलकर बन्द होते गये तथा इस प्रक्रिया से भागते हुए घोड़े के एक के बाद एक पच्चीस चित्र खिच गये। उन सभी चित्रों को जब एक साथ रखकर देखा गया, तो ऐसा प्रतीत होता था था कि मानो घोड़ा दौड़ रहा हो।"[5] लेकिन इस प्रयोग मात्र से माइब्रिज को सिनेमा के आविष्कार का जनक नहीं माना गया।

2. महेन्द्र मित्तल, "भारतीय चलचित्र", पृ० 24.
3. महेन्द्र मित्तल, "भारतीय चलचित्र", पृ० 24 तथा बच्चन श्रीवास्तव, "भारतीय फिल्मों की कहानी", पृ० 8.
4. महेन्द्र मित्तल, "पूर्वोक्त पुस्तक", पृ० 25.
5. पूर्वोक्त, पृ० 25-26.

सिनेमा यन्त्र का आविष्कारक बनने का श्रेय महान वैज्ञानिक टामस एल्वा एडीसन को प्राप्त हुआ। एडीसन को "एफोनोग्राफ" और "इलैक्ट्रिक बल्ब" का आविष्कारक होने का भी गौरव प्राप्त है।[6] वे सिनेमा यन्त्र के आविष्कार के लिये निरन्तर प्रयास करते रहे और अन्तत: सन् 1889 ई० में, वे वेस्ट औरेंज, न्यूजर्सी (संयुक्त राज्य अमरीका) स्थित अपनी प्रयोगशाला में "किनेटोस्कोप" नामक सिने यन्त्र का आविष्कार करने में सभल हुये।[7] उन्होंने 3 अक्तूबर सन् 1889 ई० को अपने यन्त्र का सफल एवं ऐतिहासिक प्रदर्शन किया।[8] वस्तुत: यह यन्त्र एक प्रकार की मशीन थी जिसमें पचास फीट लम्बी चलती-फिरती तस्वीरें "मेग्नीफाइंग लेंस" द्वारा देखा जा सकती थीं।[9]

यद्यपि "किनेटोस्कोप" काफी लोकप्रिय हुये और बड़े-बड़े शहरों में इसकी मांग भी बढ़ने लगी।[10] किन्तु इसमें काफी दोष भी थे। इस अविष्कार के लिये अलग-अलग प्लेटों पर चित्र लिये जाते थे, जिनको निर्मित करने में एक तो समय बहुत लगता था और दूसरे इन प्लेटों के टूटने फूटने का भी डर रहता था।[11] कहावत है कि आवश्यकता आविष्कार की जननी होती है। एक इंजीनियर जार्ज ईस्टमैन ने सेल्यूलाइड की फिल्म का आविष्कार करके, एडीसन को अपने आविष्कार के दोषों को दूर करने में काफी सहायता की। उन्होंने अपने आविष्कार में काफी परिवर्तन किये, तथा परिवर्तित "किनेसेटोस्कोप" का न्यूयार्क में 23 अप्रैल सन् 1896 ई० को सार्वजनिक प्रदर्शन किया।[12] इस अवसर पर उन्होंने, सर्वप्रथम, 58 फीट लम्बी सैल्यूलाइड फिल्म का प्रयोग किया।[13]

एडीसन का यह सिनेमा संयुक्त राज्य अमरीका तथा यूरोप के देशों में काफी लोकप्रिय हुआ। अब मूक फिल्मों का निर्माण भी शुरू हुआ। एडीसन ने अमरीका के वेस्ट औरेंज में, सबसे पहला फिल्म स्टूडियो "ब्लेक मेरिया" भी स्थापित किया था।[14] सिनेमा के इतिहास में फ्रान्स के ल्यूमीए बन्धुओं का

6. पूर्वोक्त, पृ० 26.
7. करुणा शंकर, "पूर्वोक्त पुस्तक", पृ० 14.
8. महेन्द्र मित्तल, ' पूर्वोक्त पुस्तक", पृ० 26.
9. करुणा शंकर, पूर्वोक्त पुस्तक", पृ० 14.
10. पूर्वोक्त, पृ० 14.
11. महेन्द्र मित्तल, "पूर्वोक्त पुस्तक", पृ० 26.
12, पूर्वोक्त ।
13. पूर्वोक्त ।
14. करुणा शंकर, "पूर्वोक्त पुस्तक", पृ० 15.

योगदान भी महत्वपूर्ण है। इन्होंने "पेरिस कैफे" में एक सिनेमा हाल बनवाया तथा वहां व्यावसायिक दृष्टि से छोटी-छोटी फिल्मों का प्रदर्शन शुरू किया।[15] यद्यपि ये फिल्में मूक होती थीं, फिर भी विज्ञान के इस चमत्कार ने लोगों को आश्चर्यचकित कर दिया।

भारत में सिनेमा युग

भारत में सिनेमा युग का श्रीगणेश, उन्नीसवीं शताब्दी के अन्त में, उसके आविष्कार के कुछ ही वर्षों के अन्तर्गत हो गया था। स्व० दुंडीराज गोविन्द फालके[16] (दादा साहब फालके) को भारत में, सिनेमा युग का जनक स्वीकार किया जाता है।[17] यद्यपि फालके को "भारतीय सिनेमा के पिता" होने का गौरव प्राप्त है, फिर भी उनके अतिरिक्त भी फिल्म निर्माण अथवा प्रदर्शन के कुछ प्रयास किये गये थे, जिनमें से कुछ का अधिकारिक प्रमाण भी उपलब्ध होता है।

भारत में सर्वप्रथम फिल्मों का प्रदर्शन

इस दिशा में फ्रांस के ल्युमिए बंधुओं का योगदान सर्वाधिक महत्वपूर्ण है। ल्युमीए बंधुओं ने व्यापारिक दृष्टिकोण से फ्रांस में किनेमेटोस्कोप का प्रसारण किया और नवीन अनुसंधानों के द्वारा व्यवस्थित करके छोटी-छोटी फिल्मों का प्रदर्शन प्रारम्भ किया। उन्होंने इन लघु फिल्मों के प्रदर्शन के लिये पेरिस कैफे में एक छविगृह खोला, जो केवल इसी कार्य के लिए नियत था। भारत में भी बम्बई के वाटसनस होटल में 7 जुलाई, 1896 को ल्युमीए बंधुओं के सहयोग से प्रथम बार फिल्मों का प्रदर्शन किया गया।[18] बम्बई में, इन लघु फिल्मों का प्रदर्शन निःशुल्क नहीं था, बल्कि दर्शकों को दो-दो रुपये प्रवेश शुल्क देना पड़ता था। यह उल्लेखनीय है कि उस समय के दो रुपये का मूल्य आज के सौ रुपये से कम किसी भी हालत में नहीं था। फिर भी इतने महंगे टिकट खरीद-कर, विज्ञान के इस नये चमत्कार को देखकर दर्शक अभिभूत हो गये।

15. महेन्द्र मित्तल, "पूर्वोक्त पुस्तक", पृ० 26.

16. दादा फालके का जीवन काल 1870-1944 की अवधि का रहा। बम्बई के दादर क्षेत्र में, उनके नाम पर एक प्रमुख सड़क का नामकरण भी किया गया है। इस सड़क के दोनों ओर कई प्रमुख फिल्म स्टूडियो एवं संस्थान स्थित हैं। भारतीय सिनेमा का सर्वोच्च पुरस्कार "दादा साहब फालके पुरस्कार" उन्हीं की स्मृति में दिया जाता है।

17. महेन्द्र मित्तल, "भारतीय चलचित्र" पृ० 29.

18. पूर्वोक्त, पृ० 27.

भारय में फिल्म निर्माण के प्रारम्भिक प्रयास

दादा साहब फालके के अतिरिक्त कुछ अन्य व्यक्तियों अथवा संस्थाओं ने भी भारत की प्रथम फिल्म निर्माण के दावे किये हैं, जो निम्न प्रकार हैं—

1. स्वर्गीय हरीश्चन्द्र सखाराम ने अपना दावा प्रस्तुत करते हुये कहा था कि फालके की "राजा हरिश्चन्द्र" फिल्म से पूर्व सन् 1897 ई० में, उन्होंने सर्वप्रथम एक लघु फिल्म निर्मित की थी, जो कि तत्कालीन दो प्रसिद्ध पहलवानों पुण्डलिक दादा और कृष्ण नहाबी के मल्ल युद्ध के कतिपय दृश्यों के फिल्मांकन पर आधारित थी।[19] इस फिलम का प्रदर्शन "गेटीथियेटर" में किया गया था।

2. बंगालवासियों ने कलकत्ता निवासी श्री हीरालाल सेन को भारत का प्रथम फिल्म निर्माता कहा है।[20] उनके अनुसार श्री हीरालाल सेन ने सन् 1900 ई० में तत्कालीन लोकप्रिय नृत्यनाटक "अलीबाबा" के कतिपय दृश्यों का फिल्मांकन किया था।[21] जिसमें नरेन्द्र नाथ दास और कुसुम कुमारी के नृत्यों को विशेष रूप से फिल्मांकित किया गया था।

बंगाल वासिसों का यह भी दावा है कि इसके बाद, उन्होंने सन् 1911 ई० में दिल्ली दरबार के बारे में भी एक फिल्म निर्मित की थी।[22]

3. कुछ इतिहासकारों की मान्यता है कि सन् 1889 ई० में "पैनोरमा आफ "कैलक्टा" नामक एक लघु फिल्म का निर्माण हुआ था।[23] इसको "वारकि ट्रेडिंग कंपनी" ने निर्मित कर लन्दन में प्रदर्शित किया था।

4. सन् 1905 ई० का बंग-भंग आन्दोलन भारत के इतिहास में अमर है। कुछ व्यक्तियों का विचार है कि कलकत्ता के एक देशभक्त निवासी श्री ज्योतिष सरकार ने इस आन्दोलन पर एक फिल्म का निर्माण किया था।[24]

---

19. पूर्वोक्त, पृ० 38.
20. वी. डी. गर्ग, "प्रादेशिक चित्रपट के पचास वर्ष" फिल्मफेयर (अंग्रेजी पत्रिका) बम्बई, 22 मार्च 1963, पृ० 19.
21. पूर्वोक्त :
22. आर. डी. बंसल, "फिल्म आफ डायरेक्टर्स", फिल्मफेयर (अंग्रेजी पत्रिका) बम्बई, 8 जुलाई 1966, पृ० 47 तथा विमल बोस, "बंगला चित्रपट", "पृथ्वी राजकपूर अभिनन्दन ग्रन्थ", पृ० 29.
23. द्वारका प्रसाद शास्त्री, लेख, "पृथ्वीराज कपूर अभिनन्दन ग्रन्थ", पृ० 56.
24. बच्चन श्रीवास्तव, "भारतीय फिल्मों की कहानी", पृ० 11.

5. बम्बई निवासी श्री आर० जी० तोर्णे ने यह दावा प्रस्तुत किया था कि उन्होंने सन् 1909 ई० में, "सन्त पुण्डलिक" नामक एक लघु फिल्म का निर्माण किया था।[25] जिसका प्रदर्शन उसी वर्ष हुआ था बम्बई के कोरानेशन थियेटर में।[26]

6. कुछ विद्वान् दावा करते हैं कि सन् 1912 ई० में "सावित्री" नामक एक फिल्म का निर्माण किया गया था।[27] इस फिल्म के निर्माताओं के सम्बन्ध में, द्वारका प्रसाद शास्त्री का मत है कि सन् 1911 ई० में अनन्त राय परशुराम कारन्थर, एस० एन० पाटनकर तथा वी० पी० दिवाकर ने मिलकर एक फिल्म कम्पनी बनाई थी, उसी ने इस फिल्म का निर्माण किया था।[28] कहा जाता है कि इसका प्रदर्शन सफल नहीं हो सका।[29] इसी प्रकार, इसी कम्पनी द्वारा निर्मित एक अन्य फिल्म भी प्रदर्शित नहीं हो पाई थी। यह फिल्म सन् 1912 ई० में बनी थी तथा इसका कथानक नारायण राव पेशवा के जीवन चरित्र पर आधारित था।[30]

7. 1899 ई० में बम्बई के चर्च गेट रेलवे स्टेशन पर एक फिल्म मि० पी० ए० स्टूअर्ट ने बनाई थी।[31] इस फिल्म के प्रदर्शन के बारे में, यह विचार है कि इसे मि० स्टूअर्ट ने बम्बई में, उस स्थान पर प्रदर्शित किया था, जहां आजकल "टाइम्स आफ इण्डिया" प्रकाशन समूह का भवन स्थित था।[32]

8. भारत की सर्वप्रथम "न्यूजरील" के निर्माण का विवरण मिलता है। इसे सन् 1901 ई० में बनाया गया था। इस फिल्म में, लन्दन से लौटे एक भारतीय डाक्टर के स्वागत समारोहों का फिल्मांकन था। इसे हरिश्चन्द्र सखाराम ने फिल्मांकित किया है।[33]

उपरोक्त फिल्मों के निर्माण एवं प्रदर्शन के कतिपय दावे तो प्रस्तुत किए गए हैं, लेकिन इनके निर्माण एवं प्रदर्शन के विषय में कोई ऐतिहासिक प्रमाण

---

25. महेन्द्र मित्तल, "पूर्वोक्त पुस्तक" पृ० 30.
26. पूर्वोक्त।
27. पूर्वोक्त, पृ० 31.
28. द्वारका प्रसाद शास्त्री, (लेख), "पृथ्वीराज कपूर अभिनन्दन ग्रन्थ", पृ० 56.
29. महेन्द्र मित्तल, "पूर्वोक्त पुस्तक", पृ० 31.
30. बच्चन श्रीवास्तव, "पूर्वोक्त पुस्तक", पृ० 11.
31. करुणा शंकर, "भारतीय फिल्मों का संक्षिप्त इतिहास", पृ० 19-20.
32. पूर्वोक्त, पृ० 19.
33. पूर्वोक्त, पृ० 20.

उपलब्ध नहीं हैं। इस कारण उपरोक्त फिल्मों में से किसी को भी भारत की प्रथम फिल्म नहीं माना जा सकता।

भारत की हिन्दी भाषा की प्रथम फिल्म—"राजा हरिश्चन्द्र" तथा दादा साहब फालके का नेतृत्व

प्रमाणित तथ्यों के आधार पर, भारत में फिल्म निर्माण का श्रीगणेश, दादा साहब फालके द्वारा निर्मित एवं प्रदर्शित फिल्म "राजा हरिश्चन्द्र" से होता है।[34] इस फिल्म का प्रदर्शन बम्बई में, सैन्डहर्स्ट रोड पर स्थित कोरोनेशन थियेटर में हुआ था।[35] इस फिल्म के प्रदर्शन की तिथि के बारे में सिने इतिहासकार एक मत नहीं है। किन्तु इसका निर्माण सन् 1912 ई० में ही कर लिया था।[36] फिल्म फेडरेशन आफ इण्डिया, बम्बई द्वारा प्रकाशित "इण्डियन टाकी, 1931-56" के अनुसार इस फिल्म का प्रदर्शन कोरोनेशन थियेटर, बम्बई में दिसम्बर, 1912 में किया गया था।[37] बच्चन श्रीवास्तव के अनुसार इस फिल्म का प्रदर्शन अप्रैल, 1913 में हुआ था।[38] ठीक ऐसा ही मत श्री द्वारका प्रसाद शास्त्री का भी है।[39]

उपरोक्त तिथियों में थोड़ा बहुत यह अन्तर भी इतिहास लेखन की प्रमाणिक तिथियों में अनियमितता उत्पन्न कर देता है। तब विशिष्ट—आधारों और कतिपय प्रमाणों के आधार पर ही निश्चित तिथि का उल्लेख करना अधिक न्यायसंगत लगता है। इस दृष्टि से 17 मई, 1913 को इस फिल्म का प्रदर्शन हुआ था।[40] इस तिथि की प्रमाणिकता के सम्बन्ध में, "फिल्म आर्काइव्ज आफ इण्डिया, पूना" भी सहमत हैं।

"राजा हरिश्चन्द्र" फिल्म को हिन्दी भाषा की भी प्रथम फिल्म होने का गौरव प्राप्त है।[41] इसका प्रमाण यह है कि इस फिल्म में कथा विकास को दर्शाने के लिए "हिन्दी टाइटल्स" का प्रयोग किया गया है और साथ में अंग्रेजी

---

34. महेन्द्र मित्तल, "पूर्वोक्त पुस्तक", पृ० 29.
35 हरीश एस. बूच, "फालके—भारतीय चलचित्र उद्योग के पिता", "इण्डियन टाकी", 1931-56, पृ० 20.
36. महेन्द्र मित्तल, "पूर्वोक्त पुस्तक" पृ० 30।
37. "इण्डियन टाकी", 1931-56, फिल्म फेडरेशन आफ इण्डिया, बम्बई, पृ० 75.
38. बच्चन श्रीवास्तव, पूर्वोक्त पुस्तक, पृ० 13.
39. द्वारका प्रसाद शास्त्री, पूर्वोक्त पृ० 13.
40. बी. डी. गर्ग, "भारतीय फिल्मों के पचास वर्ष", फिल्मफेयर (अंग्रेजी), बम्बई, 8 मार्च, 1963, पृ० 15.
41. "इण्डियन टाकी", 1931-56", पृ० 78.

अनुवाद भी किया गया है।[42] इस तरह मराठी भाषा होते हुए भी दादा साहब फालके ने महात्मा गांधी की भांति हिन्दी भाषा के राष्ट्रव्यापी स्वरूप को पहचान लिया था और उसी को उन्होंने अपनी इस प्रथम मूक फिल्म को समझाने का माध्यम स्वीकार किया था। मराठी और बंगला भाषा का प्रयोग उन्होंने नहीं किया।

इस फिल्म को, दादा फालके ने, भरत मुनि की नाट्य परम्परा के अनुरूप ही रंगमंचीय स्वरूप प्रदान करके हिन्दी साहित्य की नाट्य-परम्परा के रूप में हमारे सामने रखा था।

इस फिल्म के निर्माण की एक पूरी रील भी उपलब्ध होती है।[43] जिसमें दादा साहब फालके को निर्देशन आदि देते हुए देखा जा सकता है। इससे यह सिद्ध हो जाता है कि दादा साहब फालके यह जानते थे कि वे जिस नई विधा का सूत्रपात भारत में करने जा रहे हैं उसका एक ऐतिहासिक महत्त्व है।

अतः भारतीय सिनेमा के इतिहास का समारम्भ "राजा हरिश्चन्द्र" फिल्म से स्वीकार करना ही अधिक उपयुक्त है। सन् 1917 ई० तक क्षेत्र में, दादा फालके ही एकमात्र निर्माता थे। इस समय तक उन्होंने 23 फिल्मों का निर्माण किया था, जिनमें "भस्मासुर मोहिनी", "सत्यवान सावित्री" और "लंकादहन" आदि फिल्में विशेष लोकप्रिय सिद्ध हुईं।[44]

इन सभी फिल्मों में, पौराणिक कथानक ग्रहण किए गए थे। पटकथा-शिल्प पर परशियन थियेट्रिकल कम्पनियों का पूर्ण प्रभाव था और अभिनय, दृश्य-परिवर्तन तथा हाव-भाव प्रदर्शन के साथ रूप-सज्जा आदि में वही रंगमंचीय शिल्प के दर्शन किए जा सकते थे। छायांकन सूर्य की रोशनी में किया जाता था और पूर्ण फिल्म के निर्माण में प्रायः सभी विभागों को सम्भालने वाला एक ही व्यक्ति रहता था। अपनी अधिकांश फिल्मों के निर्माण में दादा साहब फालके स्वयं ही पटकथा लेखक, निर्देशक, छायाकार, निर्माता, कला-निर्देशक, सम्पादक और मैकअप मैन आदि हुआ करते थे।

यह वह समय था, जबकि फिल्म निर्माण के इस व्यवसाय को व्यापारिक दृष्टि से सन्देह की दृष्टि से देखा जाता था और तत्कालीन सामाजिक एवं राजनीतिक परिस्थितियां भी इस उद्योग के अनुकूल नहीं थीं। लेकिन दादा साहब फालके द्वारा निर्मित फिल्मों की जब लोकप्रियता बढ़ी, तब बहुत से धनिक व्यक्ति व्यवसाय में लाभ की इच्छा से इस क्षेत्र में आ गए। नये-नये व्यापारियों के आ

---

42. महेन्द्र मित्तल, "पूर्वोक्त पुस्तक", पृ० 31.
43. "फिल्म आर्काइव्ज ऑफ इण्डिया", पूना 1.
44. महेन्द्र मित्तल, "पूर्वोक्त पुस्तक", पृ० 32.

जाने से फिल्म उद्योग का विकास हुआ तथा फिल्मों के प्रदर्शन के लिए नये-नये टाकीज खुलने लगे।

सन् 1918 ई० में दादा साहब फालके नासिक चले गए और वहां जाकर उन्होंने "हिन्दू स्थान फिल्म कम्पनी" नामक एक संस्था की स्थापना की। इस संस्था की प्रथम महत्त्वपूर्ण फिल्म "कृष्ण जन्म" थी। इस फिल्म का निर्माण दादा साहब फालके ने उस प्रेरणा-स्वरूप किया था जो कि "दि लाइफ आफ क्राइस्ट" नामक दो रीलों वाली एक फिल्म को देखकर उन्हें मिली थी। उस फिल्म को देखकर उनके मन में यह भावना जागृत हुई थी कि ईसा के स्थान पर कृष्ण के चरित्र को क्यों न फिल्मांकित किया जाए। एक सफल फिल्म में कृष्ण की भूमिका उनकी पुत्री "मन्दाकिनी" ने की थी।

आरम्भिक महत्त्वपूर्ण फिल्म निर्मात्री संस्थायें

1913 में, भारतीय फिल्म उद्योग की स्थापना के बाद, देश के चारों कोनों बम्बई, बंगाल, मद्रास तथा पंजाब में कई फिल्म निर्मात्री संस्थाओं की स्थापना हुई, जिनमें से प्रमुख निम्न प्रकार थीं।

1. बम्बई क्षेत्र

बम्बई महानगर को भारतीय फिल्म उद्योग का संस्थापक नगर होने का गौरव प्राप्त है। यहीं पर सर्वप्रथम किसी फिल्म का प्रदर्शन हुआ था और यही नगर दादा साहब फालके का कर्म स्थल था। तब से लेकर आज तक बम्बई भारत का "हालीवुड" बना हुआ है। तकनीकी दृष्टि से भी बम्बई की फिल्मों ने कई कीर्तिमान स्थापित किए हैं तथा भारत में, सर्वाधिक फिल्में बम्बई में ही बनी हैं।

तालिका 1.1. बम्बई क्षेत्र की आरम्भिक प्रमुख फिल्म निर्मात्री संस्थाएं :

क्रमांक	फिल्म संस्था	स्थापना का वर्ष
1	2	3
1.	फालके फिल्म कम्पनी	1912
2.	हिन्दुस्तान फिल्म कम्पनी	1918
3.	महाराष्ट्र फिल्म कम्पनी	1919

1	2	3
4.	कोहीनूर फिल्म कम्पनी	1919
5.	स्टार फिल्म कम्पनी	1920
6.	श्री विष्णु फिल्म कम्पनी	1923
7.	शारदा फिल्म कम्पनी	1925
8.	इम्पीरियल फिल्म कम्पनी	1926
9.	लक्ष्मी पिक्चर्स	1927
10.	आयरन फिल्म कम्पनी	1927
11.	रंजीत मूवीटोन कम्पनी	1929
12.	सरोज फिल्म कम्पनी	1929
13.	प्रभात फिल्म कम्पनी	1929

उपरोक्त तालिका से स्पष्ट है कि 1920-1930 के दशक में, बम्बई फिल्म उद्योग उल्लेखनीय प्रगति कर चुका था।

2. बंगाल क्षेत्र

बंगालियों की कला की विभिन्न विधाओं में रुचि जगत विख्यात है। फिल्म क्षेत्र में बंगालवासी पीछे नहीं रहे। जैसा कि पूर्व में उल्लेख किया जा चुका है कि कुछ विद्वानों ने दावा किया था कि बंगाल को "भारत में फिल्म उद्योग का श्रीगणेश" करने का गौरव प्राप्त है। यद्यपि उनके दावों को ऐतिहासिक प्रमाणिकता के अभाव में स्वीकार नहीं किया गया। फिर भी, "राजा हरिश्चन्द्र" फिल्म के प्रदर्शन के कुछ समय बाद ही कलकत्ता में विधिवत फिल्म कम्पनियों की स्थापना हो चुकी थी।

तालिका 1.2. बंगाल देश की आरम्भिक महत्त्वपूर्ण फिल्म निर्मात्री संस्थाएं :

क्रमांक	फिल्म संस्था	स्थापना का वर्ष
1	2	3
1.	मदन थियेटर्स	1917
2.	अरोड़ा सिनेमा कम्पनी	1919

रेखाचित्र 1.1 : 1912-29 की अवधि में प्रत्येक वर्ष के अनुसार संस्थापित बम्बई क्षेत्र की फिल्म कम्पनियों की संख्या

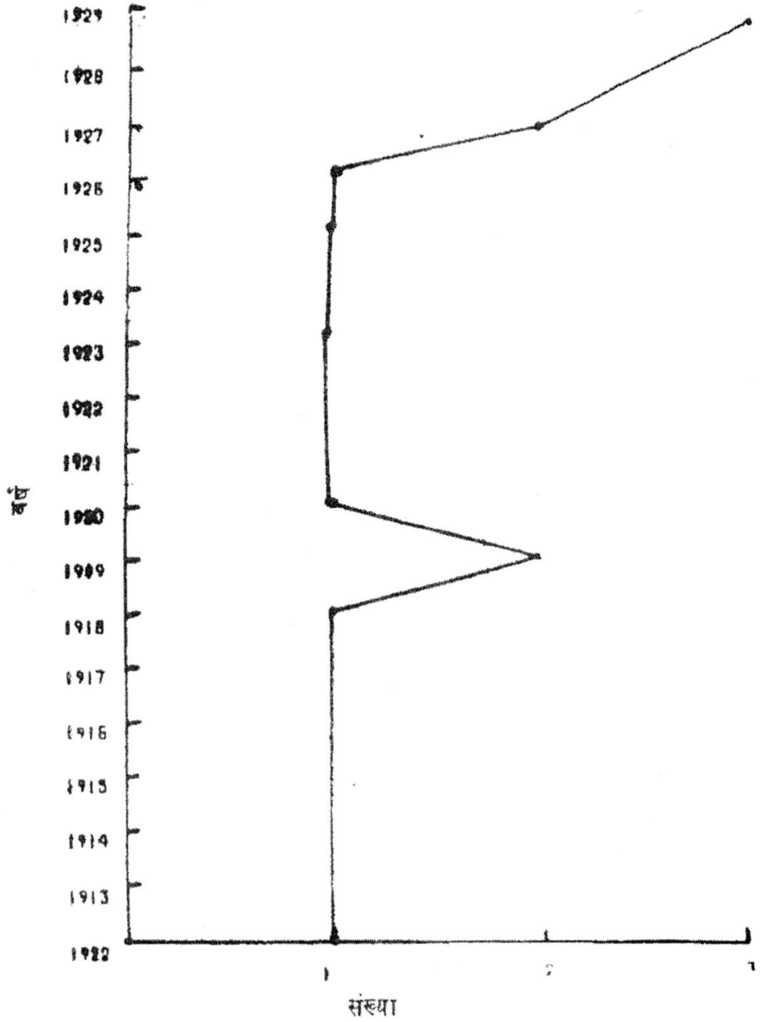

1	2	3
3.	इण्डो-ब्रिटिश फिल्म कम्पनी	1920
4.	ताजमहल फिल्म कम्पनी	1922
5.	इण्डियन सिनेमा आर्ट्स	1926
6.	ब्रिटिश डोमोनियन फिल्म्स लिमिटेड	1928
7.	इण्टरनेशल फिल्म क्राफ्ट्स	1930
8.	न्यू थियेटर्स लिमिटेड	1930

3. मद्रास क्षेत्र

मद्रास क्षेत्र में फिल्म उद्योग की प्रगति की रफ्तार आरम्भिक वर्ष में, बंबई व बंगाल की तुलना में काफी धीमी रही।

तालिका 1.3. मद्रास क्षेत्र की आरम्भिक महत्त्वपूर्ण फिल्म निर्मात्री संस्थाएं :

क्रमांक	फिल्म संस्था	स्थापना का वर्ष
1.	दि ईस्ट फिल्म कम्पनी	1921
2.	सूर्य फिल्म कम्पनी	1929
3.	जनरल पिक्चर्स कारपोरेशन लिमिटेड	1929
4.	एसोसियेटेड फिल्म्स	1929

4. पंजाब क्षेत्र

देश विभाजन के पूर्व लाहौर उत्तर भारत में, फिल्म निर्माण का प्रमुख केन्द्र था।

इस कलाकार ने अपनी संस्था के द्वारा जिस प्रथम महत्त्वपूर्ण और कलात्मक फिल्म का प्रदर्शन किया, वह महाभारत के पृष्ठ से उद्धृत कथानक पर आधारित "सैरन्धी" नामक फिल्म थी। इस फिल्म का प्रदर्शन 1919 में किया गया था और तत्कालीन कलात्मक फिल्मों में इसका प्रथम स्थान था। इस फिल्म के लिए

रेखाचित्र 1.2 : 1917-30 की अवधि में प्रत्येक वर्ष के अनुसार बंगाल क्षेत्र की फिल्म कम्पनियों की संख्या

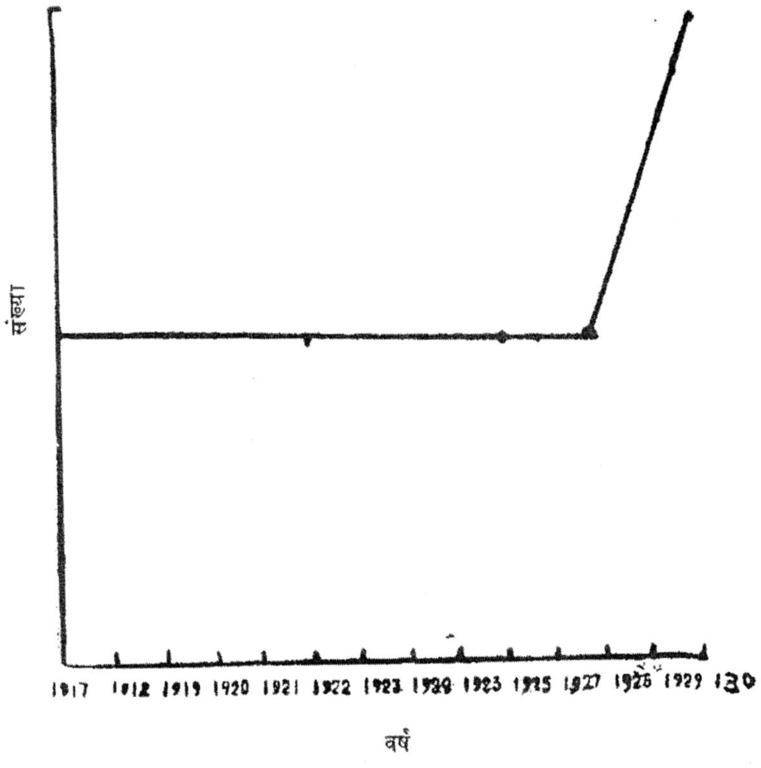

रेखाचित्र 1.3 : 1921-29 की अवधि में प्रत्येक वर्ष के अनुसार मद्रास क्षेत्र की फिल्म कम्पनियों की संख्या

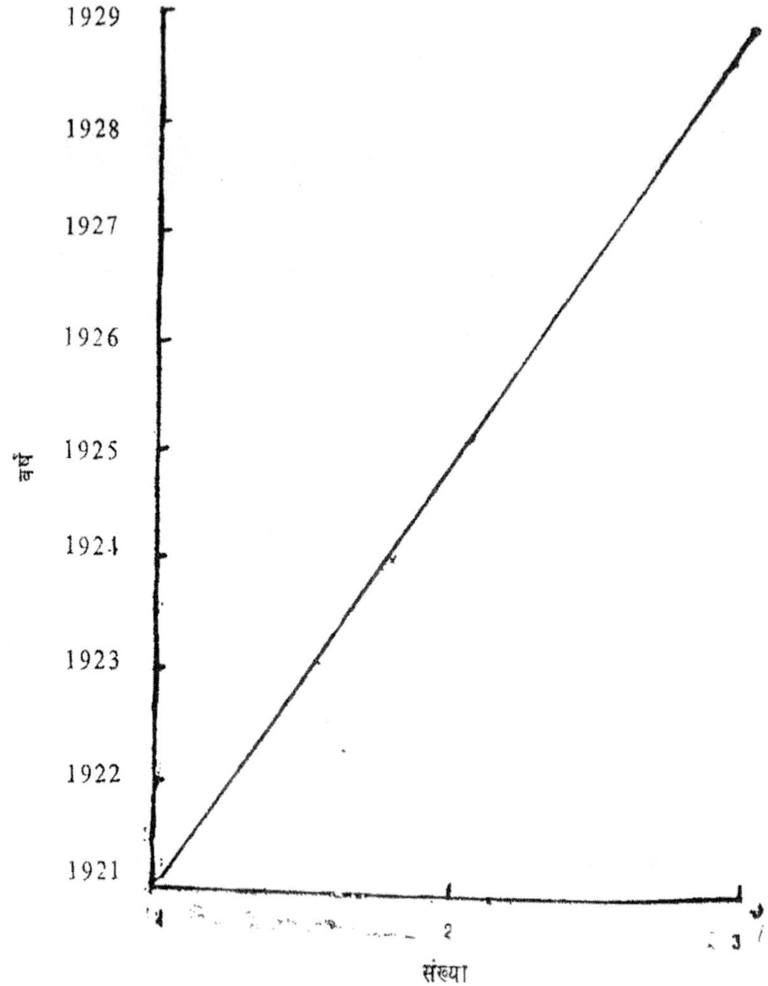

क्रमांक	फिल्म संस्था	स्थापना का वर्ष
1.	दि ग्रेट ईस्टर्न कार्पोरेशन	1924
2.	पायनियर फिल्म कम्पनी	1929
3.	युनाईटेड प्लेयर्स कार्पोरेशन	1928
4.	पंजाब फिल्म कम्पनी	1929

रेखाचित्र 1.4 : चारों क्षेत्र की आरम्भिक फिल्म कम्पनियों का तुलनात्मक चित्रण

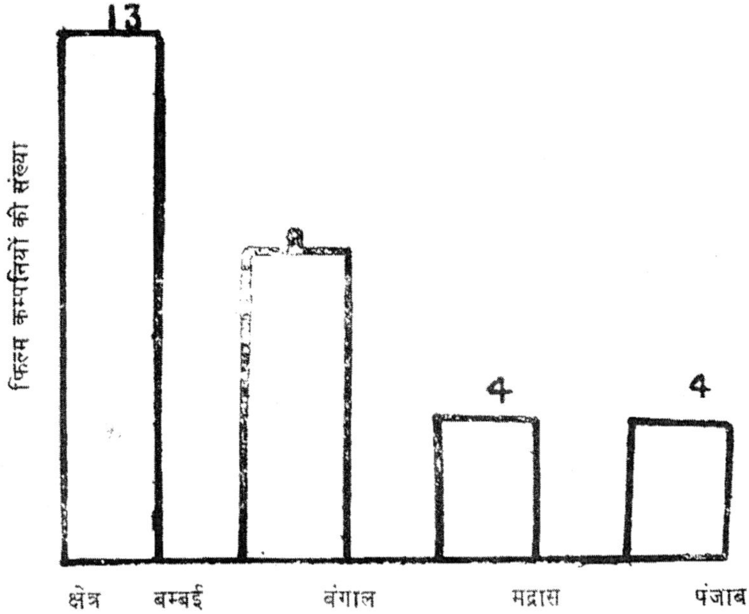

भारतीय सिनेमा के इतिहास में श्री बाबूराव पेण्टर का योगदान

भारतीय विशेषतः हिन्दी सिनेमा के आरम्भिक वर्षों में, महाराष्ट्र फिल्म कम्पनी के जनक बाबूराव पेण्टर का विशेष योगदान है। डा० महेन्द्र मित्तल के शब्दों में—

"बाबूराव पेण्टर प्रथम व्यक्ति थे, जिन्होंने फिल्म उद्योग में कला को स्थान दिया और फिल्म शिल्प में कलात्मक एवं व्यावसायिक सम्भावनाओं पर दृष्टि डाली"[45]

45. महेन्द्र मत्तल, "पूर्वोक्त पुस्तक", पृ० 33

बाबूराम पेन्टर ने लोकमान्य बाल गंगाधर तिलक के हाथों पूना के आर्य सिनेमा में, एक विशेष समारोह के अवसर पर स्वर्ग पदक प्राप्त किया था।

सन् 1920 ई० में, महाराष्ट्र फिल्म कम्पनी की एक अन्य उल्लेखनीय फिल्म "सिंहगढ़" प्रदर्शित की गई थी, जो कि दर्शकों तथा समीक्षकों द्वारा काफी सराही गई थी।

निष्कर्ष

सन् 1913 ई० में दादा साहब फालके द्वारा प्रदर्शित प्रथम भारतीय फीचर फिल्म "राजा हरिश्चन्द्र" ने भारत को फिल्म युग की दहलीज पर ला खड़ा किया। दादा साहब फालके एक दूरदर्शी राष्ट्रवादी थे। उन्हें "भारतीय फिल्म उद्योग का पितामह" कहना अतिशयोक्तिपूर्ण नहीं है। उनके द्वारा फिल्म उद्योग की जो स्थापना की गई, शीघ्र ही उसकी ओर अनेक प्रतिभाशाली व्यवसायी तथा कला प्रेमियों का ध्यान गया। जिसका यह परिणाम निकला कि बम्बई में तो फिल्मों का निर्माण तेजी से होने लगा, इसके अलावा, कलकत्ता, मद्रास और लाहौर भी फिल्म निर्माण के प्रमुख केन्द्र बन गए।

द्वितीय भाग

अध्याय द्वितीय

स्वाधीनता आन्दोलन सम्बन्धी तथा राजनीतिक हिन्दी सिनेमा

(अ) स्वाधीनता आन्दोलन सम्बन्धी फिल्में

मानव के राजनीतिक, सामाजिक, सांस्कृतिक, आर्थिक जीवन के सभी क्षेत्रों पर फिल्मों का उल्लेखनीय प्रभाव पड़ता है। भारतीय समाज भी इस परिवार से अछूता नहीं रहा है। जैसा कि प्रथम अध्याय में बतलाया जा चुका है कि सन् 1913 ई० में "राजा हरिश्चन्द्र" फिल्म के प्रदर्शन के साथ भारत में फिल्म युग का श्रीगणेश माना जाता है। "राजा हरिश्चन्द्र" फिल्म के निर्माता दादा साहब फालके को "भारतीय सिनेमा का जनक" होने का गौरव प्राप्त है।

यह उल्लेखनीय है कि भारत में, फिल्म कला का शुभारम्भ ही उस समय हुआ था, जिस समय अंग्रेज सरकार, भारतीय की राष्ट्रीय चेतना पर कई अंकुश लगा रही थी। सन् 1910 ई० में "भारतीय प्रेस एक्ट" पास कर समाचार पत्रों की स्वतंत्रता का हनन किया जा चुका था। सन् 1911 ई० में, "राजद्रोह सभा अधिनियम" द्वारा सरकार के खिलाफ सभायें करने पर कड़ी सजा की बात तय हो चुकी थी। सन् 1913 ई० में जिस वर्ष "राजा हरिश्चन्द्र" फिल्म का निर्माण व प्रदर्शन हुआ, उसी वर्ष आजादी के दीवानों को दबाने के लिये "फौजदारी

संशोधन अधिनियम" स्वीकृत हुआ था।[1] इसी समय प्रथम विश्वयुद्ध की तैयारियां भी आरम्भ हो चुकी थीं, जिसकी वजह से भारतीय जनता में राजनीतिक जागृति पैदा हो चुकी थी। इस जागृति का भारतीय फिल्मकारों पर जो प्रभाव पड़ा, उसे एक लेखक ने निम्न शब्दों में चित्रित किया है :

"इस जागरूकता से हमारे फिलमकार भी अलग नहीं रह सके। मुश्किल यह कि ऐसे हालात में, सरकार के प्रति विरोध या विद्रोह की आवाज नहीं उठाई जा सकती थी। इसीलिये थोड़ी ही सही, सिनेमा की ताकत का फायदा उठाते हुए भारतीय फिल्मकारों ने मूक फिल्मों के समय से ही देश के प्रति फर्ज निबाहना शुरू कर दिया।

उस समय के फिलमकारों ने ऐसे चरित्रों को उठाया, जिनके गुणों का असर इस देश की सांसों में रचा बसा था। साथ ही जिनके जरिये भारत के अतीत का गौरव भी दोहराया जा सकता था। ऐसे चरित्रों की खुद्दारी को फिल्माकर आजादी पाने के लिये देशवासियों को उकसाना ही उनका मकसद था।[2]

लेकिन राष्ट्रीय आन्दोलन के एक हथियार के रूप में, सिनेमा का उपयोग इतना आसान नहीं था। सरकार ने फिल्मों पर कड़ी सेंसर नीति लागू कर दी। किन्तु स्वतंत्रता पूर्व के भारतीय फिलमकारों ने सेंसर नीति की परवाह किये बिना स्वतंत्रता आन्दोलन से प्रत्यक्ष एवं अप्रत्यक्ष रूप से सम्बन्धित छोटी व बड़ी तथा वृत एवं फीचर फिल्मों का निर्माण किया। महात्मा गांधी के जीवन, व्यक्तित्व एवं विचार-प्रदर्शन पर कई फिल्मों का निर्माण हुआ, लेकिन सरकार ने कठोर सेंसरशिप लागू करके उनके प्रदर्शन को रोक दिया।[3] इस सम्बन्ध में एक लेखक श्री असीम चक्रवर्ती ने लिखा है कि :

"बात सन् 1933 ई० की है। बम्बई की ख्याति प्राप्त फिल्म संस्थाओं ने राष्ट्रपिता महात्मा गांधी पर ढेर सारी छोटी-छोटी फिल्मों का निर्माण किया। ये सभी फिल्में बोलती थीं और कई में गांधी जी की आवाज भी थी। फिल्म निर्माण संस्थाओं ने अपनी नियमित फिल्मों के साथ इन छोटी-छोटी फिल्मों के प्रदर्शन की व्यवस्था की थी। इन सभी फिल्मों में, गांधी जी की तत्कालीन गतिविधियों को सुन्दर ढंग से प्रस्तुत किया गया था। इन निर्माण संस्थओं के मालिकों को पूरा विश्वास था कि ये फिल्में आजादी की लड़ाई में सहायक होंगी

---

1. आलोक रंजन, "आजादी की लड़ाई और फिल्में—जंग जो बैन के बावजूद जारी रही", "माधुरी", हिन्दी पाक्षिक, बम्बई, 5 से 18 अगस्त 1983, पृ० 18.
2. पूर्वोक्त, पृ० 18.
3. असीम चक्रवर्ती, "भारत विरोधी प्रसार के विरुद्ध नेताजी की लड़ाई" अमर उजाला, हिन्दी दैनिक, आगरा, *15 अगस्त, 1983*, स्वतन्त्रता दिवस परिशिष्ट, पृ० 4.

और यही सोचकर जनवरी, 1933 के द्वितीय सप्ताह में, इन्होंने दिल्ली में, अपनी नियमित फिल्मों के साथ इन फिल्मों के प्रदर्शन की योजना बनायी। लेकिन 14 जनवरी सन् 1933 ई० के समाचार पत्रों में प्रकाशित एक प्रेस स्पष्टीकरण ने सब किये और धरे पर पानी फेर दिया। यह प्रेस विज्ञप्ति तत्कालीन चीफ कमिश्नर ने निकाली थी और उन्होंने इन सभी फिल्मों के प्रदर्शन की आज्ञा नहीं दी थी।[4]

लेकिन भारतीय फिलमकार भी आसानी से हार नहीं मान सकते थे। उन्होंने सिने कला के माध्यम से राष्ट्रीय आन्दोलन में अपना योगदान जारी रखा। ऐसे फिलमकारों में एक प्रमुख हस्ती थे—निर्माता निर्देशक श्री जे०बी०एच० वाडिया वे स्वयं सन् 1930 ई. से सन् 1938 ई० तक भारतीय राष्ट्रीय कांग्रेस में थे। यही कारण था कि उनकी फिल्मों में राष्ट्रवादी विचारों की झलक मिली सेंसर से बचने के लिये, काल्पनिक कथाओं को आधार बनाकर फिल्में बनने लगीं, लेकिन उनका उद्देश्य दर्शकों में मन में ब्रिटिश शासन के प्रति घृणा पैदा करना था। उदाहरणस्वरूप ऐसी एक फिल्म वाडिया मूवीटोन द्वारा सन् 1933 ई० में निर्मित "हन्टरवाली" थी।[6] "इस फलिम में विशवासघाती मंत्री द्वारा राजा को जेल भेज, प्रजा को परेशान करते दिखाया गया। मंत्री को हटाने के लिये राजकुमारी पुरुष वेश में गांव-गांव घूमकर जनता को संगठित करती है। आखिरकार जनता सभी कुछ बदल डालती है।"[7]

पहली नजर में, बालकथा नजर आती यह फिलम आजादी की ललक को तेज कर गयी। मंत्री का चरित्र दरअसल उन अंग्रेजों का था, जिन्होंने छल बल से हमें गुलामी ढोने को मजबूर कर दिया था।

इन्हीं फिल्मों के महत्त्व को समझते हुये स्वाधीनता आन्दोलन के प्रमुख नेताओं ने भी फिलमकारों और उनकी फिल्मों में रुचि जाहिर की। नेताजी सुभाष चन्द्र बोस का फिल्मों के प्रति गहरा लगाव था। प्रसिद्ध निर्माता-निर्देशक स्तीरेन्द्र नाथ सरकार तथा हिमांशु राय के साथ उनके सम्बन्ध अत्यन्त घनिष्ठ थे। फिल्मों के प्रति नेताजी के लगाव के सम्बन्ध में, श्री असीम चक्रवर्ती लिखते हैं :

"नेताजी फिल्म को आजादी की लड़ाई और जनजागरण का एक महत्त्वपूर्ण साधन समझते थे और इसका ठीक ढंग से उपयोग करना चाहते थे। इसी कारण

---

4. पूर्वोक्त।
5. आलोक रंजन, पूर्वोक्त लेख, पृ० 18.
6. पूर्वोक्त।
7. पूर्वोक्त।

उन्होंने फिल्मों के प्रति दिलचस्पी दिखलायी।"[8] उनकी यह रुचि समयानुकूल भी थी। फिल्मों के प्रति नेताजी सुभाष चन्द्र बोस की रुचि का पता इस बात से भी चलता है कि "आजाद हिन्द सरकार" के गठन के समय उन्होंने अन्य विभागों के अलावा एक "सांस्कृतिक विभाग" भी बनाया था। इस विभाग की एक शाखा को विशेष रूप से यह कार्य सौंपा गया था कि वह आजाद हिन्द सरकार की कार्यप्रणाली को तथा उसकी सेना के लड़ाई के दृश्यों को फिल्मबद्ध करें। इस शाखा ने बड़ी सफलता के साथ यह कार्य किया था। स्वतंत्रता प्राप्ति के बाद भारत सरकार ने किसी तरह इस फिल्म को हासिल कर के लघु चित्र के रूप में इसका प्रदर्शन सम्पूर्ण भारत में किया था। सात हजार फुट लम्बी इस फिल्म का शीर्षक दिया गया था "नेताजी सुभाष" और निर्माता के रूप में बल्लभ भाई पटेल का नाम दिया गया था।[9] यह फिल्म देश भर में काफी चली भी थी। ब्रिटिश सरकार फिल्मकारों और राष्ट्रीय नेताओं के पारस्परिक सम्बन्धों से काफी चिन्तित थी। किसी भी रूप में राष्ट्रीय नेताओं को पर्दे पर देखना पसन्द नहीं कर सकती थी। सन् 1939 ई० में द्वितीय विश्व युद्ध शुरू होते ही ब्रिटिश सरकार ने एक आदेश जारी कर दिया था कि गांधी, नेहरू तथा किसी भी कांग्रेसी नेता तथा चर्खे को किसी भी रूप में परदे पर नहीं दिखाया जा सकता था।[10] सरकार को भय था कि इससे कांग्रेस का प्रचार होता, किन्तु अंग्रेजों के इन समस्त बन्धनों के बावजूद स्वतंत्रता आंदोलन में, भारतीय फिल्मों विशेषतः हिन्दी फिल्मों का योगदान उल्लेखनीय रहा है।

स्वतंत्रता आन्दोलन के नायकों तथा घटनाओं की पृष्ठभूमि पर स्वतंत्रता प्राप्ति के पूर्व तथा उत्तर काल में कई फिल्में बनीं, जिनके राष्ट्रीय, गीतों ने जनमानस की देशभक्ति तथा राष्ट्रीय चेतना को काफी प्रभावित किया। "बालक" "सन आफ इण्डिया", "जाग्रति", "हकीकत", "लम्बे हाथ", "आक्रमण", "जुम और सजा", "शहीद", "हिन्दुस्तान की कसम", "लीडर", "मुझे जीने दो", "शहीदे आजम", "भगत सिंह", चन्द्रशेखर आजाद", "सुभाषचन्द्र बोस", "आनन्द मठ" आदि फिल्में इस सम्बन्ध में उल्लेखनीय हैं।[11]

स्वतंत्रता आन्दोलन में, इन फिल्मों के राष्ट्रीय गीतों का तथा स्वतंत्रता प्राप्ति के बाद के काल की हिन्दी फिल्मों के राष्ट्रीय गीतों का जनमानस पर

---

8. असीम चक्रवर्ती, पूर्वोक्त लेख, पृ० 4.
9. पूर्वोक्त।
10. आलोक रंजन, पूर्वोक्त लेख, पृ० 19.
11. अशोक ग्रोवर, (संकलन कर्त्ता, "फिल्मों के राष्ट्रीय गीत", नूतन पाकेट बुक्स, मेरठ, पृ० 5 व 6.

काफी गम्भीर प्रभाव पड़ा है। लेकिन आवश्यकता इस बात की है कि इन गीतों के उच्च स्तर को बनाये रखा जाये।

(ब) राजनीतिक हिन्दी सिनेमा

सिनेमा का महत्व आज सभी व्यक्ति भलीभांति समझते हैं। प्रेम विषयक, पारिवारिक व सामाजिक फिल्मों की भांति राजनीतिक फिल्मों का महत्व भी कम उल्लेखनीय नहीं है। सिनेमा को राष्ट्रीय एकता का एक सशक्त माध्यम माना जाता है। इस दृष्टि से भी राजनीतिक सिनेमा की उपयोगिता है। किसी विकासशील देश में तो यह और भी उपयोगी है। फिल्म एक कला है और कला के रूप में उसके राजनीतिक महत्व को नकारा नहीं जा सकता। अपने जीवन काल में राजनीतिक सिनेमा के एक प्रमुख स्तम्भ रहे टर्की के महान लेखक, फिल्म अभिनेता निर्माता-निर्देशक स्वर्गीय इलमाज गुणे ने एक अमरीकी पत्रिका को दिये अपने साक्षात्कार में कहा था—"कला अपने आप क्रान्ति नहीं करती, लेकिन एक सही राजनीतिक समझ रखने वाला कलाकार, जिसका विश्व के प्रति सही राजनीतिक दृष्टिकोण हैं, अपने काम के माध्यम से जनता से व्यापक स्तर पर सम्बन्ध कायम कर सकता है। इस अर्थ में कला राजनीतिक प्रतिरोध, राजनीतिक प्रचार के लिये उपयोगी साबित हो सकती है"[12] उनके अनुसार सिनेमा कला का एक प्रमुख अंग होने के कारण राजनीतिक और प्रचार दोनों का एक प्रमुख माध्यम है।

इलजाम मुने ने टर्की की राजनीतिक पृष्ठभूमि पर कई राजनीतिक फिल्में बनायीं। उनकी इस फिल्म में "शोषण व उत्पीड़न" का बड़ा ही मार्मिक चित्रण है। उनकी राजनीतिक फिल्मों के प्रदर्शन पर टर्की में प्रतिबन्ध था तथा उनकी एक फिल्म की प्रशंसा करने के कारण एक पत्रकार को कारागार में डाल दिया गया था।[13]

भारत में भी राजनीतिक सिनेमा का अपना इतिहास है। भारत की जनता राजनीतिक दृष्टि से काफी परिपक्व है और व राजनीतिक फिल्मों में पर्याप्त रुचि लेती है। इसी कारण, हाल के वर्षों में, प्रदर्शित कुछ राजनीतिक फिल्मों में

12. प्रदीप सौरभ, "इलमाज मुने, राजनीतिक सिनेमा के एक युग का अन्त", नवभारत टाइम्स, हिन्दी दैनिक, नगर संस्करण, नई दिल्ली, 30 अक्तूबर, 1984, पृ० 4
13. पूर्वोक्त।

जनता ने अपनी रुचि दिखलायी है।[14] "तन्नीर तन्नीर" (तमिल), "अल्बर्ट पिण्टो को गुस्सा क्यों आता है",

"आक्रोश", "अर्धसत्य", "गांधी", "इन्कलाब", "आज का एम०एल०ए० राम अवतार", "अंधा कानून" आदि विगत वर्षों में प्रदर्शित प्रमुख राजनीतिक फिल्में हैं।

भारत की राजनीतिक फिल्मों और उनके कलाकारों ने विदेशों में आयोजित अन्तर्राष्ट्रीय फिल्म समारोहों में, पुरस्कार प्राप्त करके अपनी उपयोगिता सिद्ध कर दी है। "कर्लोवीवारी फिल्मोत्सव" में ओमपुरी ने "अर्धसत्य" के लिए सर्वश्रेष्ठ अभिनेता का पुरस्कार प्राप्त किया।[15] इसी प्रकार एक अन्य राजनीतिक फिल्म "पार" में अभिनय के लिए नसीरुद्दीन शाह को वेनिस फिल्मोत्सव में सर्वश्रेष्ठ अभिनेता का पुरस्कार मिला।[16] "अर्धसत्य" फिल्म में "सत्ता के अपराधीकरण की झलक" है।[17] इस कारण इस फिल्म की इतनी चर्चा हुई। इस फिल्म का प्रस्तुतीकरण भी प्रभावकारी है, इसके लिए इसके निदेशक श्री गोविन्द निहालनी को "भारतीय फिल्म निदेशक संघ" का पुरस्कार भी मिला है।[18] कुछ फिल्म समीक्षकों ने इन राजनीतिक फिल्मों को मिले अन्तर्राष्ट्रीय सम्मान को "हिन्दी सिनेमा के इतिहास में परिवर्तन" का सूचक माना है।

इस सम्बन्ध में एक लेखक का मत है :

---

14. इन फिल्मों की सफलता के विषय में "इण्डियन सिनेमा 83/84" में उल्लेख है।—

"The success of these films has not been lost on the Industry. Socially relevant themes are the emergent reality of the populars cinema. Films like "Thenneer" (Water Water) have launched a scathing attack on callows officialdom to continuing popular applause. The major trend in "relevance", however relates to women and their position in society. This my be the compromise between the percived needs of the audience and the extent to which the industry is willing to challenge the status quo, but its importance can hardly be denied."
— उषा दा कुन्हा (सम्पादक), "इण्डियन सिनेमा 83/84", नेशनल फिल्म डेवलपमेंट कारपोरेशन, नई दिल्ली, 1984, पृ० 23.

15. अली, "हिन्दी सिनेमा-मंथन हो रहा है अमृत निकल रहा है", जनसत्ता, हिन्दी दैनिक, नगर संस्करण, नई दिल्ली, 5 अक्तूबर 1984, पृ० 5.

16. पूर्वोक्त।

17. रेनू शर्मा, "यथार्थ" या "अर्धसत्य" पंजाब केसरी, हिन्दी दैनिक, दिल्ली नगर संस्करण, 13 जनवरी 1984, पृ० 1.

18. नवभारत टाइम्स, हिन्दी दैनिक, नई दिल्ली, 23 जुलाई 1984, नगर संस्करण, पृ० 1.

"फिर अचानक हिन्दी सिनेमा के इतिहास ने एक करवट ली। अंतर्राष्ट्रीय स्तर पर हिन्दी सिनेमा का ऐसा नाम कभी नहीं हुआ था। दुनिया में हिन्दी सिनेमा की नयी पहचान बनी। इससे पहले दुनिया सत्यजीत राय के नाम से ही भारतीय सिनेमा को कुछ समझती थी। उनके बाद थोड़ा बहुत नाम मृणाल सेन का था या फिर समाजवादी देशों में राजकपूर का। लेकिन इस बार हिंदी सिनेमा ने कुछ ऐसी करवट बदली कि सिनेमा के इतिहास का एक सुनहरा अध्याय खुल गया।"[19] वस्तुत: भारतीय फिल्म दर्शक प्रेम-त्रिकोण और मारधाड़ की फिल्में देखते-देखते ऊब गये हैं, और अब वे जन समस्याओं पर आधारित कथानक पर बनी फिल्मों में रुचि ले रहे हैं।

राजनीतिक फिल्मों के फिलमकार के लिए यह जरूरी है कि वह जनता के साथ अपनी कला को जोड़े। "चोख" (बंगला) फिल्म के निदेशक श्री उत्पलेंदु चक्रवर्ती ने इस सम्बन्ध में कहा है :

"मैं जनता का शिक्षक नहीं बल्कि जनसमुदाय का विनम्र छात्र हूं और उत्पीड़न व शोषण के खिलाफ सामाजिक राजनीतिक बदलाव के लिए संघर्षशील जनता के हित में ही ऐसी कला समर्पित है।...... ...मौजूदा व्यवस्था में कदम-कदम पर घेराबन्दी, जकड़न व अवरोध के बावजूद शक्तिशाली फिल्म माध्यम को सक्रिय, जीवन्त व सृजनात्मक ढंग से जनता की इच्छा आकांक्षा और संघर्ष से जोड़ा जा सकता है, बशर्ते ऐसा करने का इरादा व संकल्प हो।"[20] वस्तुत: सार्थक राजनीतिक फिल्म वही है जो जनता की इच्छा आकांक्षा व संघर्ष का दर्पण हो। उदाहरणत: भारत में "बंधुआ मजदूरी प्रथा" को समाप्त करने के लिए लम्बा संघर्ष चल रहा है। इसी घृणित प्रथा का सर्वाधिक शर्मनाक पहलू है—"बाल बंधुआ मजदूरी"। अभी हाल में बंधुआ मजदूरी पर एक फिल्म "मुंडु" बनी है, जिसमें इस प्रथा की बुराइयों का चित्रण है।

हम कह सकते हैं कि भारतीय राजनीतिक सिनेमा ने जन समुदाय को उद्वेलित करने वाले सभी विषयों को अपनाया है। किन्तु राजनीतिक सिनेमा का कोई सुपारिभाषित दृष्टिकोण हमारे यहां नहीं है। यह बहस का विषय हो सकता है कि राजनीतिक सिनेमा और क्रान्तिकारी सिनेमा में हमें अन्तर करना पड़ेगा या यह कि हमारी अपनी सीमाओं में जो और जितना कुछ भी जागरूक सिनेमा हमारे यहां है, उसे ही राजनीतिक सिनेमा के रूप में देखा जाये।

---

19. अली, पूर्वोक्त लेख पृ० 5.
20. संदीप राय चौधरी, "चोख" याने "आंख" याने "उत्पलेन्दु चक्रवर्ती", "अमर उजाला", हिन्दी दैनिक, आगरा, 14 अगस्त 1983, पृ० 4.

भारतीय सिनेमा की परम्परा में यही त्रासदी है कि एक ही सांचे में ढली सैकड़ों और हजारों फिल्मों का राजनीतिक सन्दर्भ कोई व्यक्ति बन ही नहीं पाया है। एक ओर या तो विशुद्ध जातीय और अपने भीतर सिमटा हुआ क्षेत्रीय सिनेमा है, तो दूसरी ओर फिल्म की संरचना को थोड़ी आधुनिक कला की वेश-भूषा पहनाता हुआ नई धारा का सिनेमा है। यह दुर्भाग्यपूर्ण है कि कला के नाम पर जातीय द्वेष, पूर्वाग्रह, पारस्परिक सन्देह और अलग, ववाद जैसी विकृतियां राजनीतिक सिनेमा की संरचना में आवश्यक मानकर शामिल की जा रही हैं और इनके पक्ष में तर्क भी प्रस्तुत किये जा रहे हैं। इस सम्बन्ध में सार्थक सिनेमा के प्रसिद्ध फिलमकार श्याम बेनेगल ने अपना मत प्रस्तुत करते हुए कहा है कि "मेरी राय में तो हर फिल्म एक राजनीतिक फिल्म है क्योंकि फिल्म में सामाजिक स्वरूप के आचार-व्यवहार का चित्रण किया जाता है। सत्ता का सामाजिक स्वरूप ही राजनीतिक है इसलिए प्रत्येक सामाजिक फिल्म राजनीतिक हैं।"[21] वे प्रासांगिक फिल्म के सन्दर्भ में राजनीतिक से हर चीज को जोड़ना चाहते हैं, जबकि एक अन्य प्रसिद्ध फिलमकार सईद मिर्जा का मानना है कि सम्पूर्ण व्यवस्था ही ऐसी है कि कोई प्रश्न पूछा ही नहीं जा सकता हैं। पुलिस अफसर, वकील, संगीतकार, फिलमकार सब यथास्थिति ही बनाये रखना चाहते हैं। व्यवस्था हमेशा यह चाहती है कि लोगों को सोचने मत दो।

अतः ऐसी स्थिति में सिनेमा के माध्यम से जनता की समग्र चेतना में एक राजनीतिक सूत्रपात कहां से शुरू किया जा सकता है ? इस प्रश्न के उत्तर में कहा जा सकता है कि हमारा भारतीय सिनेमा सनसनीखेज, विलक्षण वस्तु तथा तमाशे आदि की छवि से अलग होकर जनता के संघर्षशील जीवन को निकटता से पहचान लेने से जुड़े, लेकिन यह तभी सम्भव है जबकि उसका मार्ग राजनीति से होकर गुजरता है। राजनीतिक सिनेमा से होकर गुजरने वाला मार्ग की प्रासांगिकता वहां जरूरी है जहां कि फिल्म निर्माण की सचमुच कोई प्रतिष्ठित परम्परा नहीं हो। इसकी प्रासंगिकता भारत जैसे देश में विशेषतः है, जहां की परम्परा के नाम पर भावुकता कथानकों, उत्तेजनात्मक जासूसी घटनाओं, हिंसात्मक तथा आपराधिक कथानकों पर आधारित फिल्मों की अधिकता है।

कुछ प्रमुख राजनीतिक फिल्में

भारत में, विशेषतः हिन्दी भाषा में अनेक ऐसी फिल्मों का निर्माण हुआ है, जोकि राजनीतिक-पृष्ठ भूमि पर आधारित हैं। यहां उदाहरण स्वरूप, ऐसी

21. अनवर जमाल, "राजनीतिक सिनेमा का रास्ता कहां है ?" जनसत्ता, हिन्दी दैनिक, नई दिल्ली, 23 जनवरी 1987, नगर संस्करण, पृ० 5.

चार फिल्मों का विश्लेषण प्रस्तुत किया जा रहा है। ये फिल्में हैं—"अर्धसत्य", "बम्बई हमारा शहर", "न्यू दिल्ली टाइम्स" तथा "इन्कलाब"। इन चारों फिल्मों के कथानक हमारे देश के राजनीतिक जीवन को कलुषित करने वाले विषयों से सम्बन्धित हैं।

1. अर्धसत्य

गोविन्द निहालिनी द्वारा निदेशित तथा विजय तेंदुलकर की कहानी पर आधारित 1983 में निर्मित फिल्म "अर्धसत्य" हमारे समाज और राजनीतिक व्यवस्था की बुराइयों का जीता-जागता चित्रण है। फिल्म के कथानक के अनुसार सब-इंस्पेक्टर आनन्द वेलणकर (ओमपुरी) आपराधिक तत्वों की राजनीतिक तत्वों के साथ सांठगांठ को देखकर परेशान हो उठता है। वह राजनीतिक दबाव के कारण आपराधिक तत्वों के खिलाफ कार्यवाही करने में स्वयं को असमर्थ पाता है और अन्ततः कानून हाथ में लेकर स्वयं अपराध कर बैठता है। फिल्म की नायिका ज्योत्सना गोखले (स्मिता पाटिल) हैं। अन्य मुख्य पात्र हैं—हैदर अली (शफी इनामदार), माइक लोबो (नसीरुद्दीन शाह), सब-इंस्पेक्टर आनन्द के पिता (अमरीश पुरी) तथा रामा शेट्टी (सदाशिव अमरापुरकर) आदि। फिल्म के संगीतकार अजीत बर्मन हैं।

"अर्धसत्य" को उसकी कथानक श्रेष्ठता के कारण कई पुरस्कारों से भी पुरस्कृत किया गया। अप्रैल 1984 में इक्तीसवें फिल्म फेयर पुरस्कारों की घोषणा की गयी। जिसके अन्तर्गत "अर्धसत्य" को वर्ष की "सर्वश्रेष्ठ फिल्म" के रूप में पुरस्कृत किया गया। इसके अतिरिक्त इसी फिल्म को सर्वश्रेष्ठ निदेशक (गोविन्द निहालनी), सर्वश्रेष्ठ कथा लेखक (डी० पानवलकर), सर्वश्रेष्ठ अभिनेता (सदाशिव अमरापुरकर) तथा सर्वश्रेष्ठ पटकथा लेखक (विजय तेंदुलकर) को भी फिल्म फेयर पुरस्कार मिला।[22]

1984 में आयोजित "कारलोवी वेरी" अन्तर्राष्ट्रीय फिल्मोत्सव में फिल्म के मुख्य कलाकार ओमपुरी को, इस फिल्म में अभिनय के लिए "सर्वश्रेष्ठ पुरुष कलाकार" के पुरस्कार से पुरस्कृत किया गया। उनसे पूर्व "कारलोवी वेरी" में अभिनय के क्षेत्र में श्रेष्ठता का पुरस्कार नरगिस दत्त को "मदर इण्डिया" के लिए तथा पृथ्वीराज कपूर को "आसमान महल" के लिए दिया गया था।[23] इसके अतिरिक्त यह फिल्म तथा इसके कलाकार अन्य कई अन्तर्राष्ट्रीय फिल्म समारोहों में भी पुरस्कृत हुए हैं।

---

22. "नवभारत टाइम्स", पूर्वोक्त दैनिक, 12 अप्रैल 1984, नगर संस्करण, पृ० 1.
23. "स्क्रीन", अंग्रेजी साप्ताहिक, बम्बई, 27 जुलाई 1984, पृ० 1.

2. बम्बई—हमारा शहर (वृतचित्र)

1984 में निर्मित निर्माता-निदेशक व सम्पादक आनन्द पटवर्धन का यह वृतचित्र बम्बई की झोपड़ पट्टियों तथा उनमें निवास करने वाले लगभग चालीस लाख लोगों की दयनीय दशा का चित्रण करता है। साथ ही उनके नारकीय जीवन के प्रति कथित प्रगतिशीलता, शासकीय अधिकारियों, नेताओं, उद्योगपतियों के दृष्टिकोण को भी प्रदर्शित करता है। फिल्म में बतलाया गया है कि यह जानते हुए भी कि इन झोपड़ पट्टी वालों के बिना बम्बई का उत्पादन तन्त्र नहीं चल सकता, इन गरीब नागरिकों को उजाड़ने की योजनायें बनायी जाती हैं, ताकि शानदार बंगलों में फुटपाथ वालों की "बदबु" नहीं पहुंचे। सम्भ्रान्त नागरिक उन्हें हमेशा उजाड़ने की स्थिति में रखना चाहते हैं। यानि ये गरीब मजदूर "सम्भ्रान्त" लोगों की गगनचुम्बी इमारतें तो बनायें, मगर इन्हें जमीन के दो गज टुकड़े का भी अधिकार नहीं है। फिल्म में इस बात का अच्छा चित्रण है कि बम्बई के पुलिस आयुक्त और सी० आर० पी० महानिदेशक को इस बात का गम है कि अब लोग पुलिस की वर्दी देखकर भयभीत नहीं होते। गरीब झोपड़पट्टीवासी अब संगठित होकर इस अन्याय के विरुद्ध आवाज क्यों उठाने लगे हैं।

वस्तुतः बियासी मिनट की इस रंगीन फिल्म में,' झोपड़पट्टी वासियों की भयावह स्थिति और सरकार के उपेक्षापूर्ण दृष्टिकोण का मार्मिक चित्रण है।[24]

इस वृत्त चित्र ने महानगरों में बढ़ती हुई झोपड़पट्टी की समस्या के सामाजिक एवं राजनीतिक समाधान की ओर जन साधारण तथा गणमान्य व्यक्तियों का ध्यान खींचा। राजनीतिक उद्देश्यों की पूर्ति के लिए झोपड़पट्टियों को बनने देना अथवा उन्हें उजाड़ देना, किसी भी सभ्य समाज के लिए शर्मनाक है। फिल्म, इस कठोर सत्य को उजागर करने में सफल रही कि पुनर्वास के बिना झोपड़पट्टियों को उजाड़ना एक लोक कल्याणकारी राज्य के आदर्श के विपरीत है।

3. न्यू दिल्ली टाइम्स

पत्रकारिता को लोकतंत्र एक प्रमुख आधार स्तम्भ माना जाता है। स्वतंत्र और निष्पक्ष पत्रकारिता के बिना, किसी देश में लोकतन्त्र और लोक कल्याण-

---

24. आनन्द स्वरूप वर्मा (वार्ताकार), "काश, मेरी फिल्में अप्रासंगिक हो जातीं (फिल्मकार आनन्द पटवर्धन से वार्ता)", "जनसत्ता", पूर्वोक्त दैनिक, नगर संस्करण रविवारीय जनसत्ता, 30 मार्च 1986, पृ० 2 व 4.

कारी राज्य के आदर्श का भविष्य उज्जवल नहीं हो सकता। पत्रकारों का भी यह दायित्व है कि वे निष्पक्षता से राष्ट्रहित और मानव कल्याण के हितों को ध्यान में रखते हुए कार्य करें।

इन सब बातों का अच्छा चित्रण रमेश शर्मा द्वारा निर्देशित फिल्म "न्यु दिल्ली टाइम्स" में है। 1985 के पूर्वार्द्ध में बनकर तैयार हुई इस फिल्म के निर्माता पी० के० तिवारी हैं। पटकथा गुलजार की है। प्रमुख कलाकार शशि कपूर, शर्मिला टैगौर, ओमपुरी, कुलभूषण खरबन्दा, ए० के० हंगल; मनोहर सिंह तथा एम० के० रैना हैं।[25] पत्रकारिता के कथानक पर आधारित इस फिल्म में वर्तमान सामाजिक-राजनीतिक वातावरण में खोजी पत्रकारिता के महत्व पर विचारोत्तजक तथा दिलचस्प ढंग से प्रकाश डाला गया है। शशि कपूर ने आदर्श पत्रकार के रूप में विकास पांडे के पात्र के साथ न्याय किया है।

हमारे देश में, प्रेस और राजनीतिज्ञों के मध्य एवं कटु सम्बन्ध चलते रहते हैं। सत्ता पक्ष यदा-कदा प्रेस को प्रभावित करने का प्रयत्न करता रहा है, जबकि विपक्ष यह आशा करता है कि प्रेस की आलोचना में, निष्पक्षता को त्यागकर उसका साथ दे। ऐसे वातावरण में "न्यू दिल्ली टाइम्स" फिल्म सत्तापक्ष, विपक्ष तथ प्रेस तीनों को परस्पर सन्तुलन बनाये रखने की प्रेरणा दे सकती है।

4. इन्कलाब

भ्रष्ट राजनीति की सही तस्वीर वीरास्वामी की फिलम "इन्कलाब" में प्रस्तुत की गई है। एक प्रसिद्ध राजनीतिज्ञ स्टेनली वाल्डविन ने एक बार कहा था कि "राजनीति आपराधिक तत्वों का अन्तिम आश्रय है।" राजनीति में ऐसे व्यक्ति भी होते हैं, जोकि जनता को गुमराह कर, भूठे वायदों से लुभाकर और मगरमच्छी आंसू बहाकर उनके शुभचिन्तक बनते हैं और इस प्रकार जनता का विश्वास प्राप्त कर उसका शोषण करते हैं। ऐसे व्यक्ति सत्ता प्राप्ति के लिए जघन्य अपराध भी कर सकते हैं, देश व समाज के हितों को तिलांजलि दे सकते हैं। अपना पक्ष मजबूत रखने के लिए अपराधियों को शरण दे सकते हैं तथा राजनीतिक शतरंज की चालें जीतने के लिए उन्हें अपना मोहरा भी बना सकते सकते हैं। विपक्ष में रखते हुए ऐसे व्यक्ति सत्ताधारी दल को बदनाम कर उसे सत्ताच्युत करने के लिए देश में दंगा-फसाद, लूट, डकैती, अपहरण आदि स्वयं करवा सकते हैं तथा उसके लिए सत्तारूढ़ दल को दोषी ठहरा सकते हैं।[26]

---

25. रंगनाथ पांडे, "न्यू दिल्ली टाइम्स" "नवभारत टाइम्स", पूर्वोक्त दैनिक, 18 अगस्त 1984, नगर संस्करण, पृ० 7.
26. रंगनाथ पांडे, "भ्रष्ट राजनीति के खिलाफ "इन्कलाब", "नवभारत टाइम्स", पूर्वोक्त दैनिक, 28 जनवरी 1984, नगर संस्करण, पृ० 7.

सत्ता पक्ष और विपक्ष में घुसपैठ किए हुए ऐसे ही आपराधिक तत्वों का "इन्कलाब" में अच्छा चित्रण है। फिल्म के नायक अभिताभ बच्चन हैं, जिनके कारण फिल्म व्यवसायिक दृष्टि से भी सफल रही। अन्य कलाकार श्री देवी, कादरखान, उत्पल दत्त, रणजीत, शक्ति कपूर आदि हैं।

निष्कर्ष

देश के स्वाधीनता आन्दोलन को फिल्मों के माध्यम से जन साधारण तक पहुंचाने के लिए 1984 में एक वृहद योजना बनायी गयी। तत्कालीन सूचना एवं प्रसारण मंत्री श्री हरिकिशन लाल भगत ने अपने मंत्रालय की संसदीय सलाहकार समिति की एक बैठक में बतलाया कि "इन फिल्मों के निर्माण में सत्यता और वस्तुपरकता का ध्यान रखा जायेगा। उन्हें किसी संकीर्ण व दल-गत दृष्टिकोण से नहीं बनाया जा रहा है। उन राष्ट्रीय नेताओं की भूमिका निभायी थी। इस सम्बन्ध में, भूतपूर्व केन्द्रीय गृह मंत्री तथा वयोवृद्ध राष्ट्रीय नेता पंडित उमाशंकर दीक्षित जी की अध्यक्षता में एक सम्पादकीय बोर्ड का गठन किया गया है, जिसमें इतिहासज्ञ भी शामिल हैं। यह बोर्ड फिल्मों के आलेख और शीर्षकों के बारे में सरकार को सलाह देगा। इस बोर्ड ने काफी सराहनीय कार्य किया और इसकी सलाह पर राष्ट्रीय आन्दोलन पर सरकार ने कई फिल्में बनायीं लेकिन आवश्यकता इस बात की है कि स्वाधीनता आन्दोलन से सम्बन्धित अभी तक बनी समस्त फिल्मों को देश की अन्य भाषाओं में भी "डब" करके प्रदर्शित किया जाये तथा उन्हें दूरदर्शन पर भी दिखलाया जाये, ताकि युवा पीढ़ी उनसे लाभान्वित हो सके। राष्ट्रीय एकता और अखण्डता की रक्षा के लिए भी ऐसा करना आवश्यक है। जहां तक राजनीतिक फिल्मों का सम्बन्ध है, भ्रष्ट राजनीति पर आधारित् किसी कथानक पर फिल्म बनाना एक नाजुक कार्य है। ऐसी किसी भी फिल्म में, किसी दल विशेष पर प्रहार नहीं होना चाहिए, बल्कि राजनीति में व्याप्त भ्रष्टता का चित्रण होना चाहिए। फिल्म का उद्देश्य भी होना चाहिए। इसी में राजनीतिक सिनेमा की सार्थकता है।"

अध्याय तृतीय

आधुनिक हिन्दी सिनेमा के प्रमुख कलाकार तथा उनका सामाजिक व राजनीतिक योगदान

किसी भी फिलम में अभिनेताओं-अभिनेत्रियों (कलाकारों) का प्रमुख स्थान होता है। हिन्दी फिल्मों में तो आरम्भ से वर्तमान तक कलाकारों का महत्वपूर्ण स्थान रहा है। उनके अभिनय का दर्शकों पर गम्भीर प्रभाव पड़ता है।

(अ) फिल्म अभिनय का अर्थ एवं विभिन्न विचार

अभिनय के अर्थ के विषय में एकमत प्रकट नहीं किया जा सकता है। रंगमंचीय अभिनय सदियों से होता आ रहा है, लेकिन फिल्म अभिनय से वह काफी भिन्न है।

1. फिल्म अभिनय का अर्थ

अभिनय का अर्थ है कि शारीरिक चेष्टाओं, विविध मुद्राओं एवं संवादों के द्वारा उस व्यक्ति के कार्यकलाओं का अनुकरण करना, जिसका कि वे अभिनय कर रहे हैं। किन्तु इस बात को स्पष्ट रूप से समझ लेना चाहिए कि किसी का केवल अनुकरण करना ही अभिनय नहीं है। "पात्र की चेष्टाओं से रस और भावों की अभिव्यक्ति होनी चाहिए और यह अभिव्यक्ति तभी हो सकती है, जबकि नाटक अथवा फिल्म के कलात्मक उद्देश्य को भली भांति समझ लेना चाहिए।"[1] सच्चे नाटक या फिल्म का उद्देश्य साधारणीकरण द्वारा दर्शकों की कोमल भावनाओं को उभारकर उन्हें असाधारण आन्नद प्रदान करना है। यह

1. दिनेश, फिल्मों में प्रवेश कैसे करें, पृ० 102-103.

तभी सम्भव है जबकि अभिनेता स्वयं को अभिनेता न मानकर उस मूल चरित्र का प्रतिरूप मान ले जिसका वह अभिनय कर रहा है।

अभिनय के अर्थ के सम्बन्ध में कैप्टन एम० के० शिन्दे का भी यही मत है। उन्होंने स्पष्टत: विचार प्रकट किया है कि रंगमंचीय अभिनय को स्क्रीन अभिनय के तुल्य नहीं समझ लेना चाहिए।[2] वस्तुत: फिल्म अभिनय में सम्प्रणन क्षमता, रंगमंचीय अभिनय की अपेक्षा काफी अधिक होती है, अत: इसी सन्दर्भ में समझना चाहिए।

2. फिल्म अभिनय सम्बन्धी विभिन्न विचार

फिल्म अभिनय के सम्बन्ध में, इस क्षेत्र के अनुभवी प्रतिष्ठित व्यक्तियों ने अपने विचार प्रकट किए हैं, जिनसे अभिनय कला को गहराई से समझा जा सकता है।

---

2. कैप्टन ए० के० शिन्दे ने "अभिनय" का अर्थ बतलाते हुए लिखा है कि—

"It is difficult to say at which point film acting became a technique on its own, and it is a hesitant, dotted line that is drawn even today between the technique of acting on the stage and that of acting before a film camera. There are obvious divisions, of course. It may may generally be said that, the actress (or actor) uses her body and her voice to project the character she is playing on the stage, and her eyes and her voice for the screen portrayal.

It is better to come to screen acting with stage acting experience behind you ; it is essential when you act before the camera to reject all that you remember about stage acting ; conversely, it is good to remember all that you have learned in a film studio when going back to the stage.

In the theatre the actress is an entiry. The performance she gives, good or bad, is her own. In a film studio she is a part of a vast and complicated mechanism. While she gives her performance, the camera, in the creative hands of another person is giving its performance too, and that is not all. The final performance she gives she plays no part in it at all. It is made in the cutting rooms.

The secret of screen acting is the secret of the imaginative use of realism of the quality of detail which accompanies the magnification of the screen.

It requires imagination and great self-discipline of body and face to enact subjective feeling in terms of minute objective changes of expression and attitude."

—कैप्टन एम. के. शिन्दे, (कम्पाइल्ड एण्ड एडीटेड), शिन्देज डिक्शनरी आफ सिने आर्ट एण्ड फिल्म क्राफ्ट, पृ० 1-2.

2. फिल्म कला मर्मज्ञ मिस्टर पुडवोकिन के विचार

फिल्म अभिनेताओं और रंगमंचीय अभिनेताओं के अभिनय के सम्बन्ध में फिल्म कला के विशेषज्ञ तथा विद्वान स्वर्गीय मिस्टर पुडवोकिन ने लिखा है कि[3] :

"वास्तविक जीवन की साधारण परिस्थितियों में, मानवीय गतिविधियों के रूप को निर्धारित करने की एक निश्चित पद्धति है। रंगमंच पर इस पद्धति में विवश होकर थोड़े बहुत अतिरंजन द्वारा रंगमंच का अभिनेता अपने हाव-भाव के अतिरिक्त अर्थ को अधिक महत्व देने की चेष्टा करता है, ताकि प्रदर्शन गृह में बैठे हुए दर्शकों को उसके समस्त हाव-भाव स्पष्ट रूप से दिखाई पड़ सकें।

फिल्म में अभिनेताओं से इस बात की अपेक्षा नहीं की जाती है कि कम-से-कम गतिविधि एवं अधिक-से-अधिक नियन्त्रण के बावजूद भी दर्शक कैमरा और माइक्रोफोन के माध्यम से उसके हाव-भावों को स्पष्ट रूप से समझ सकते हैं। फिल्म की अभिनय पद्धति का गुण विशेष है—यथार्थ। अतएव उसकी यांत्रिक पद्धति अभिनेताओं को अधिक सुविधाएं प्रदान करती है और अभिनेता अपने अभिनय को अतिरंजित न कर अधिक स्वाभाविकता प्रदान करने में समर्थ होते हैं। इसी प्रकार, रूप-विन्यास के लिए भी यहां अतिरंजना की विशेष आवश्यकता नहीं पड़ती। इसका अर्थ यह कदापि नहीं है कि फिल्म में रूप-विन्यास की आवश्यकता है ही नहीं। आवश्यकता है परन्तु मानवीय आकृति के सूक्ष्म स्वरूप को प्रदर्शित करने के लिए रूप-विन्यास की विशेष आवश्यकता पड़ती है। फिल्म में बनावटी अर्थात् अतिरंजित अभिव्यक्ति को मूर्खतापूर्ण माना जाता है। कारण यह है कि रंगमंच के अभिनेता की भांति फिल्म के अभिनेता को अपने से दूर बैठे दर्शकों की चिन्ता नहीं रहती। यदि वह ऐसा करेगा तो उसकी अभिव्यक्ति विकृत हो जाएगी और "क्लोज अप" व्यंग्यात्मक हो जाएगा।

मेरा ऐसा मत है कि फिल्म अभिनेता के अभिनय में मुख्य तत्व यह होना चाहिए कि वह अपने सहयोगियों के साथ बिना किसी हिचकिचाहट या कृत्रिमता के इस प्रकार वार्तालाप करे कि वह सभी प्रकार से यथार्थ मालूम पड़े। फिल्म में कोई भी अभिनेता अपनी विज्ञता के आधार पर अभिनय नहीं कर सकता। इसका कारण यह है कि वहां निर्देशक इस बात के लिए प्रस्तुत रहता है कि वह अपनी भूमिका को वास्तविकता हाव-भाव से ही अभिव्यक्ति करे।

सृजनात्मक अभिनय के लिए किसी भी अभिनेता को सर्वप्रथम यथार्थता

---

3. दिनेश, "पूर्वोक्त पुस्तक", पृ० 104-106.

का ज्ञान प्राप्त करना चाहिए। इस यथार्थता के ज्ञान के बाद ही अभिनेता अभिनय करना सीख सकेगा और तभी दर्शकों पर भी वास्तविक प्रभाव पड़ सकेगा। किसी भी कला में यथार्थता से मेरा तात्पर्य है, जितना सम्भव हो उतना जीवन की निकटता या स्पष्ट जीवन का आभास मिलता है। इस दृष्टि से हम कह सकते हैं कि कला में यथार्थता ही, वास्तविक प्रवृत्ति ही सर्वोपरि है। परन्तु यह नहीं भूलना चाहिए कि कला मे यथार्थता, वास्तविकता तथा आदर्शवादिता एक दूसरे से पृथक नहीं है।

वस्तुत: मि० पुडवोकिन ने फिल्म अभिनेता का वास्तविक चित्रण उपरोक्त विचारों के अन्तर्गत प्रस्तुत कर दिया है। कोई भी फिल्म अभिनेता इन विचारों से शिक्षा ग्रहण कर चिरस्मरणीय अभिनय प्रस्तुत कर सकता है।

4. हिन्दी फिल्म अभिनेताओं—अभिनेत्रियों के विचार

हिन्दी फिल्मों के सुप्रसिद्ध कलाकारों दिलीप कुमार, राजकुमार, मीना कुमारी, नर्गिस दत्त आदि ने भी समय-समय पर फिल्म अभिनय सम्बन्धित अपने विचार अभिव्यक्त किए हैं। इन सब की राय यह है कि कोई भी व्यक्ति निरन्तर अभ्यास के द्वारा अपने अभिनय में निखार ला सकता है।

हिन्दी फिल्मों के एक सुप्रसिद्ध अभिनेता स्वर्गीय बलराज साहनी अभिनय कला को जन्मजात नहीं मानते थे। इस सम्बन्ध में उन्होंने अपनी आत्मकथा में लिखा है कि

"...... अभिनय कला भी अन्य दुनियावी कामों की तरह ही एक काम है। बढ़ई मेज-कुर्सी बनाकर या इंजीनियर मशीन बनाकर आदमी की कोई-न-कोई शारीरिक आवश्यकता पूरी करता है। इसी प्रकार लेखक नाटक की रचना करके या अभिनेता पात्र का रोल करके आदमी की मानसिक आवश्यकता पूरी करता है। दोनों तरह के काम एक से ही पवित्र और प्रशंसा के हकदार हैं।

हमारे देश में आमतौर पर यह धारणा बनी हुई है कि कला एक ईश्वरीय देन है। कलाकार बनता नहीं, बल्कि वह जन्मजात होता है। उसे ईश्वर की ओर से प्रेरणा मिलती है वह अलौकिक व्यक्ति होता है।

अब इस धारणा में, मेरा विश्वास बिल्कुल खत्म हो गया था। मैं समझता हूँ कि यह ठीक ही हुआ था। कला में आध्यात्मवाद को लाने से नुकसान ही नुकसान है, फायदा बिल्कुल नहीं है।

हम हर साल कितनी ही अमरीकी फिल्में देखते हैं। उनमें केवल मुख्य पात्र ही नहीं, बल्कि हर छोटे-से-छोटे पात्र को भी इतनी सुन्दरता से पेश किया

गया होता है कि कहीं त्रुटि दिखाई नहीं देती। पर हमारी हिन्दुस्तानी फिल्मों में दो-चार मुख्य पात्रों को छोड़कर बाकी किसी पात्र के काम में अच्छे अभिनय का आभास नहीं मिलता। कई बार तो नामी कलाकार भी पैसे के लालच में, एक साथ बीस-बीस फिल्मों में काम करते हुए अपनी कला का स्तर बहुत नीचे ले आते हैं।

अगर अभिनय ईश्वरीय देन है तो क्या यह हैरानी की बात नहीं है कि पश्चिमी देशों में, जहां धर्म का कोई विशेष महत्व नहीं है, यह देन हर किसी को इतनी आसानी से मिल जाती है, पर हमारे देश में किसी-किसी को ही नसीब होती है।

अभिनय सिर्फ कला ही नहीं, विज्ञान भी है। वैज्ञानिक ढंग से अध्ययन और अभ्यास करने पर कोई भी व्यक्ति अच्छा अभिनेता बन सकता है।

वैसे यह कहना भी गलत है कि किसी व्यक्ति को जन्म से कुछ मिलता ही नहीं है। हर किसी के संस्कार एक से नहीं होते। कोई व्यक्ति अच्छा वैज्ञानिक बनने की प्रतिभा लेकर जन्म लेता है, कोई गणितज्ञ, कोई खिलाड़ी, कोई चित्रकार, संगीतकार या अभिनेता बनने की प्रतिभा लेकर जन्म लेता है। उसी व्यक्ति का पूरी तरह विकास हो सकता है, जिसकी प्रतिभा को छोटी उम्र से ही फलने-फूलने का वातावरण मिले। पर ऐसी सहूलतें हमारे देश में कितने लोगों को मिलती हैं? गरीबी, अज्ञान और कई किस्म के अभावों के कारण बहुत से व्यक्तियों की आकांक्षाएं बचपन में ही कुचली जाती हैं।

अभिनेता बनने के लिए और ऊंची उड़ान वाली कल्पना का होना जरूरी है। कई बच्चों की कल्पना बहुत तीव्र होती है, जिसे सूक्ष्म दृष्टि वाले माता-पिता और शिक्षक झट पहचान जाते हैं। ऐसे बच्चों में, बड़े होने पर, कला का शिखर छूने की योग्यता होती है। अच्छा कलाकार तो हर कोई बन सकता है परन्तु महान कलाकार कोई-कोई ही बन सकता है।

पर यह बात शुरू में, कौन कह सकता है कि अमुक कलाकार महान कलाकार बनेगा या साधारण कलाकार रह जाएगा। बेहतर यही है कि आदमी खुद को असाधारण समझने के बजाय साधारण समझे, और ईश्वरीय प्रेरणा और प्रतिभा पर भरोसा करने के बजाय अपनी लगन और मेहनत पर भरोसा करे।"[4]

वस्तुत: बलराज साहनी के उपरोक्त विचार सही हैं। एक फिल्म अभिनेता या अभिनेत्री बनने के लिए जन्मजात प्रतिभा की बजाय निरन्तर विकासोन्मुख

4. बलराज साहनी, "मेरी फिल्मी आत्मकथा", पृ० 105-107.

अभ्यास का प्रमुख स्थान होता है। हिन्दी फिल्मों के इतिहास पर दृष्टिपात करने पर यह ज्ञात होता है कि कई ऐसे कलाकार हैं, जिनकी आरम्भिक फिल्में निराशाजनक थीं किन्तु कालान्तर में उन्होंने अभिनय के क्षेत्र में नये कीर्तिमान स्थापित किये।

(ब) आधुनिक हिन्दी फिल्मों के प्रमुख अभिनेता

आधुनिक हिन्दी फिल्मों के प्रमुख अभिनेताओं की ही सूची काफी लम्बी है। हिन्दी फिल्मों के निर्माण का प्रमुख क्षेत्र बम्बई है, अतः सभी फिल्म अभिनेता स्थायी रूप से वहीं निवास करते हैं।

आधुनिक हिन्दी फिल्मों के प्रमुख अभिनेताओं की फिल्मों और उनके अभिनय की गुणवत्ता निम्न प्रकार है—

1. अमिताभ बच्चन

आधुनिक हिन्दी फिल्मों के इतिहास में, अमिताभ बच्चन का स्थान उल्लेखनीय है। उन्हें "सुपर स्टार" के पद से विभूषित किया जाता है।

अमिताभ बच्चन का क्लोज अप इस प्रकार है।

1.	जन्म तिथि	अक्तूबर 11, 1942
2.	पिता का नाम	डा० हरिवंश राय बच्चन
3.	माता का नाम	श्रीमती तेजी बच्चन
4.	पत्नी का नाम	श्रीमती जया बच्चन
5.	प्राथमिक शिक्षा	शेरवुड स्कूल, नैनीताल से
6.	उच्च शिक्षा	बी० एस० सी०
7.	शौक	अध्ययन, सितार वादन
8.	भाषा ज्ञान	हिन्दी, अंग्रेजी, बंगला, पंजाबी तथा भोजपुरी भाषाओं के ज्ञाता
9.	प्रिय लेखक	खुशवन्त सिंह तथा हेडली चेज

अमिताभ बच्चन की सर्वप्रथम ख्वाजा अहमद अब्बास की "सात हिन्दुस्तानी" थी, जो कि सन् 1969 ई० में बनी थी। तब से लेकर वर्तमान

समय तक वे दर्जनों फिल्मों में काम कर चुके हैं। फिल्म अभिनय के क्षेत्र में उन्होंने चमत्कारिक सफलता एवं अपार लोकप्रियता अर्जित की है।

तालिका 3.1 : अमिताभ बच्चन की हिट (अत्यधिक सफल) फिल्में :

क्रमांक	वर्ष	सुपर हिट फिल्में
1.	1974	जंजीर, रोटी, कपड़ा और मकान
2.	1975	दीवार, शोले
3.	1976	हेराफेरी, कभी-कभी
4.	1977	अमर अकबर ऐन्थनी, परवरिश
5.	1978	अनुसंधान (बंगला)
6.	1981	लावारिस
7.	1982	नमक हलाल

तालिका 3.2 : अमिताभ बच्चन की हिट (सफल) फिल्में :

क्रमांक	वर्ष	हिट फिल्में
1.	1971	आनन्द
2.	1973	बाम्बे टू गोवा, अभिमान, नमक हराम
3.	1974	कसौटी
4.	1977	चुपके-चुपके, खून पसीना
5.	1978	गंगा की सौगन्ध, कसमें वादे
6.	1979	मिस्टर नटवर लाल, सुहाग, जुर्माना
7.	1980	दोस्ताना
8.	1981	नसीब, कालिया, याराना
9.	1982	सत्ते पे सत्ता, बेमिसाल, देशप्रेमी, खुद्दार

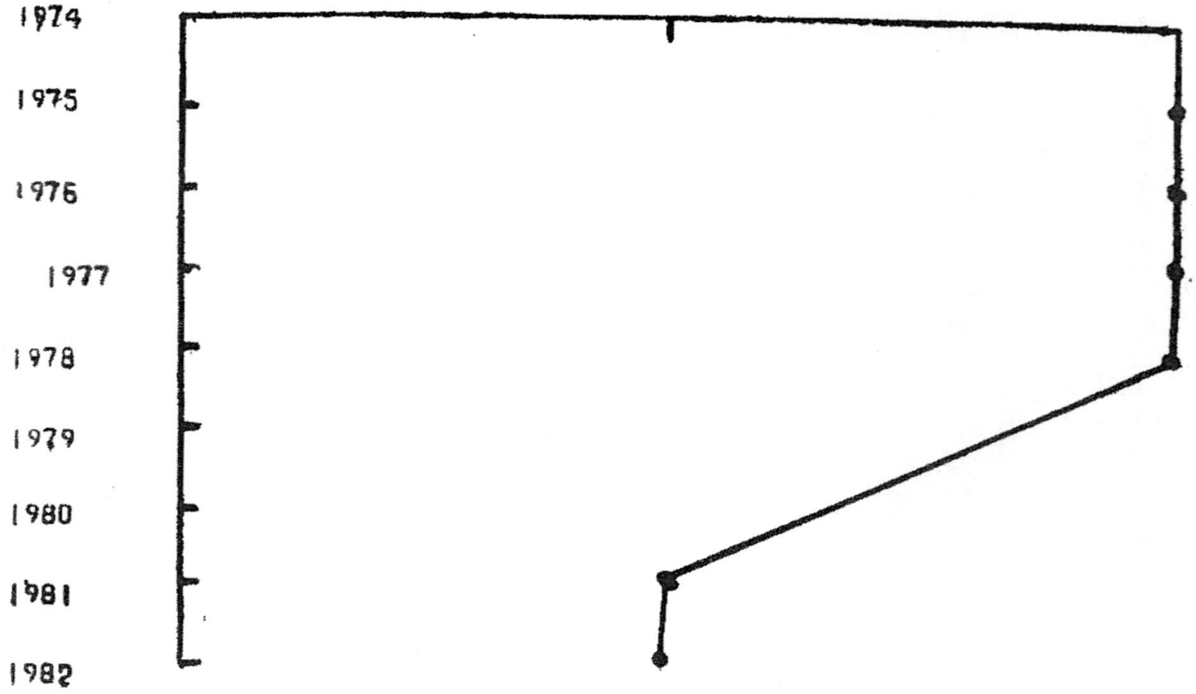
1974
1975
1976
1977
1978
1979
1980
1981
1982

तालिका 3.3 : अमिताभ बच्चन की फ्लाप (असफल) फिल्में :

क्रमांक	वर्ष	फ्लाप फिल्में
1.	1969	सात हिन्दुस्तानी
2.	1971	रेश्मा और शेरा, प्यार की कहानी, परवाना
3.	1972	एक नजर, संयोग, बंसी बिरजू, रास्ते का पत्थर
4.	1973	बंधे हाथ, गहरी चाल, सौदागर, बेनाम
5.	1974	मजबूत
6.	1975	फरार, जमीर
7.	1976	ईमान धर्म, दो अनजाने
8.	1977	अलाप
9.	1978	बेशर्म
10.	1979	काला पत्थर, मंजिल, दि ग्रेट गैम्बलर
11.	1980	दो और दो पांच, राम बलराम, शान
12.	1981	बरसात की एक रात, सिलसिला

उपरोक्त तालिकाओं को देखने से ज्ञात होता है कि सन् 1974 ई० में जंजीर फिलम के प्रदर्शन से पूर्व अमिताभ बच्चन की सभी फिल्में बाक्स आफिस (टिकट खिड़की) पर फ्लाप हो गई थीं। लेकिन जंजीर की अप्रत्याशित सफलता में अमिताभ बच्चन के भाग्य को बदल डाला और उन्हें "सुपर स्टार" के शिखर पर पहुँचा दिया।

अमिताभ बच्चन की फिल्मों की प्रमुख हीरोइनें (अभिनेत्रियाँ)

अमिताभ बच्चन ने आधुनिक हिन्दी फिल्मों की लगभग सभी प्रमुख हीरोइनों के साथ अभिनय किया है, जिनमें रेखा, राखी, हेमा मालिनी, जया भादुड़ी, वहीदा रहमान, जीनत अमान, परवीन बाबी, जयाप्रदा तथा श्री देवी आदि सम्मिलित हैं।

रेखाचित्र 3.2 : अमिताभ बच्चन की 1971-82 की अवधि में प्रत्येक वर्ष के अनुसार हिट (सफल) फिल्मों की संख्या

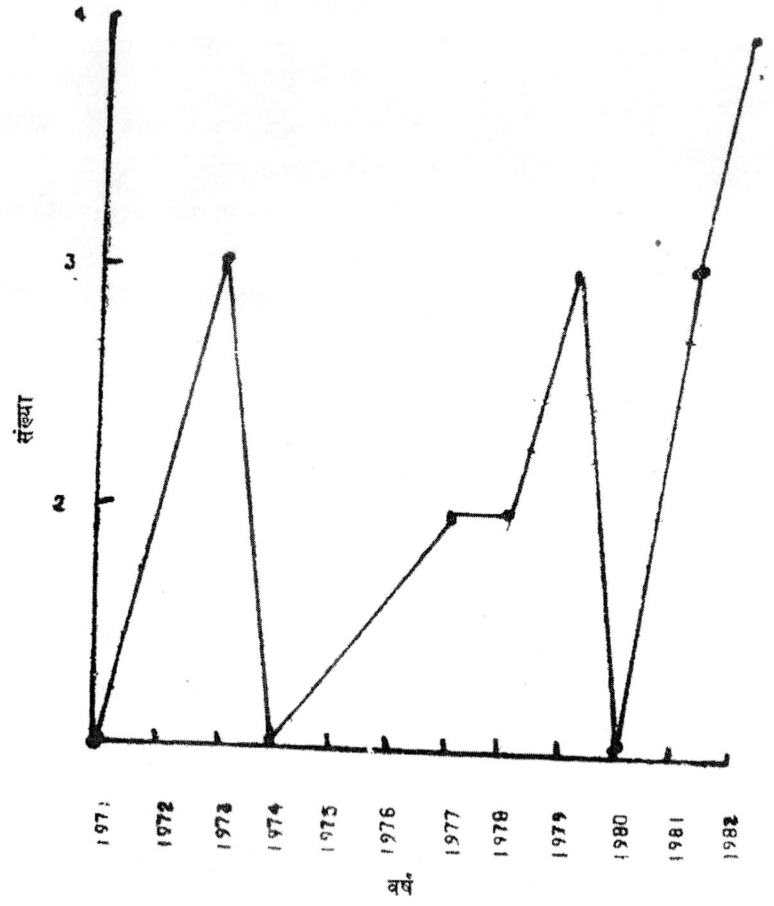

तालिका 3.4 : प्रमुख अभिनेत्रियों के साथ अमिताभ बच्चन की फिल्में :

क्रमांक	अभिनेत्रियां	फिल्में
1.	जया भादुड़ी	बंसी-बिरजु, एक नजर, अभिमान, जंजीर, मिली, शोले, चुपके-चुपके, सिलसिला
2.	जीनत अमान	डान, दि ग्रेट गैम्बलर, लावारिस, दोस्ताना
3.	राखी	कभी-कभी, मुकद्दर का सिकन्दर, त्रिशूल, काला पत्थर, बरसात की एक रात, जुर्माना, बेमिसाल, अनु-संधान (बंगला)
4.	हेमा मालिनी	गहरी चाल, कसौटी, नसीब, सत्ते पे सत्ता
5.	रेखा	दो अनजाने, ईनाम धर्म, आलाप, खून पसीना, गंगा की सौगन्ध, मुकद्दर का सिकन्दर, मिस्टर नटवर लाल, सुहाग, राम बलराम, सिलसिला
6.	नीतु सिंह	अदालत, परवरिश, दि ग्रेट गैम्बर, याराना
7.	परवीन बाबी	मजबूर, दीवार, अमर अकबर अन्थोनी, दो और दो पांच, शान, कालिया, खुद्दार
8.	मौसमी चटर्जी	बेनाम, मंजिल
9.	शर्मिला टैगोर	फरार, बेशर्म, देशप्रेमी
10	वहीदा रहमान	अदालत कभी-कभी,
11.	अरुणा ईरानी	बाम्बे टू गोआ, संजोग
12.	शहनाज	सात हिन्दुस्तानी
13.	मुमताज	बंधे हाथ
14.	माला सिन्हा	संजोग

रेखाचित्र 3.3 : अमिताभ बच्चन की 1961-81 की अवधि में प्रत्येक वर्ष के अनुसार फ्लाप फिल्मों की संख्या

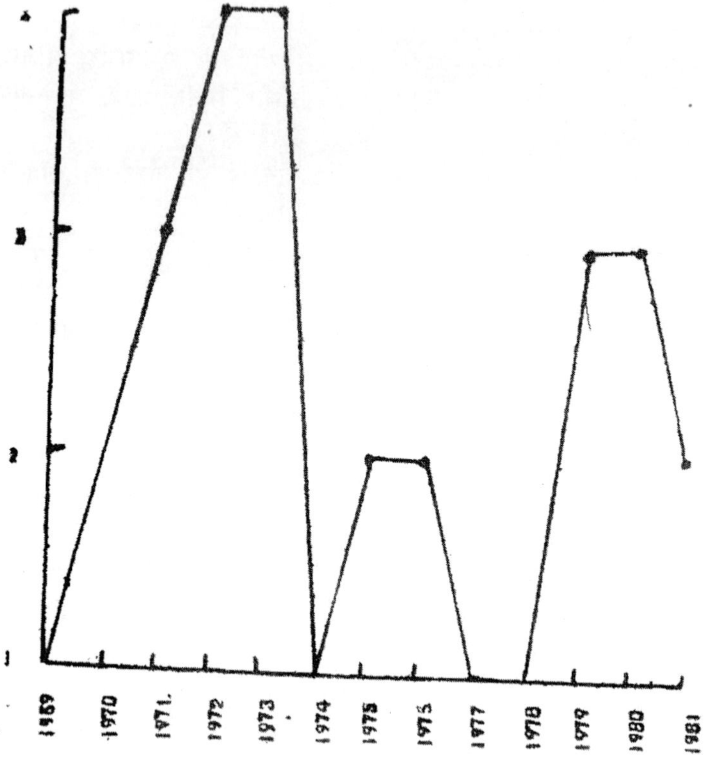

अमिताभ बच्चन अपनी नवीनतम फिल्मों में जयाप्रदा, श्री देवी, पदमिनी कोल्हापुरे तथा रति अग्निहोत्री आदि हीरोइनों के साथ भी आए हैं।

अमिताभ बच्चन की प्रमुख फिल्मों के निर्देशक

अमिताभ बच्चन ने अपने फिल्मी जीवन में, हिन्दी फिल्मों के लगभग सभी सुप्रसिद्ध निर्देशकों के साथ फिल्में की हैं।

तालिका 3.5 : प्रमुख निर्देशकों के साथ अमिताभ बच्चन की फिल्में :

क्रमांक	निर्देशक	फिल्में
1	2	3
1.	ऋषिकेश मुखर्जी	आनन्द, अभिमान, नमक हराम, चुपके - चुपके, मिली, अलाप, जुर्माना, बेमिसाल
2.	यश चोपड़ा	दीवार, कभी-कभी, त्रिशूल, काला पत्थर, सिलसिला
3.	प्रकाश मेहरा	जंजीर, हेराफेरी, मुकद्दर का सिकन्दर, लावारिस, नमक हलाल
4.	मनमोहन देसाई	अमर अकबर एन्थोनी, परवरिश, सुहाग, नसीब, देशप्रेमी
5.	राकेश कुमार	खून पसीना, मिस्टर नटवरलाल
6.	शक्ति सामन्त	दो और दो पांच, याराना, दि ग्रेट गैम्बर, बरसात की एक रात, अनुसंधान (बंगला)
7.	रवि टण्डन	खुद्दार
8.	रमेश सिप्पी	शोले, शान
9.	नरेन्द्र बेदी	बेनाम, अदालत
10.	ख्वाजा अहमद अब्बास	सात हिन्दुस्तानी
11.	सुनील दत्त	रेशमा और शेरा
12.	ज्योति स्वरूप	परवाना

रेखाचित्र 3.4 : प्रमुख अभिनेत्रियों के साथ अमिताभ बच्चन की प्रमुख फिल्मों की संख्या

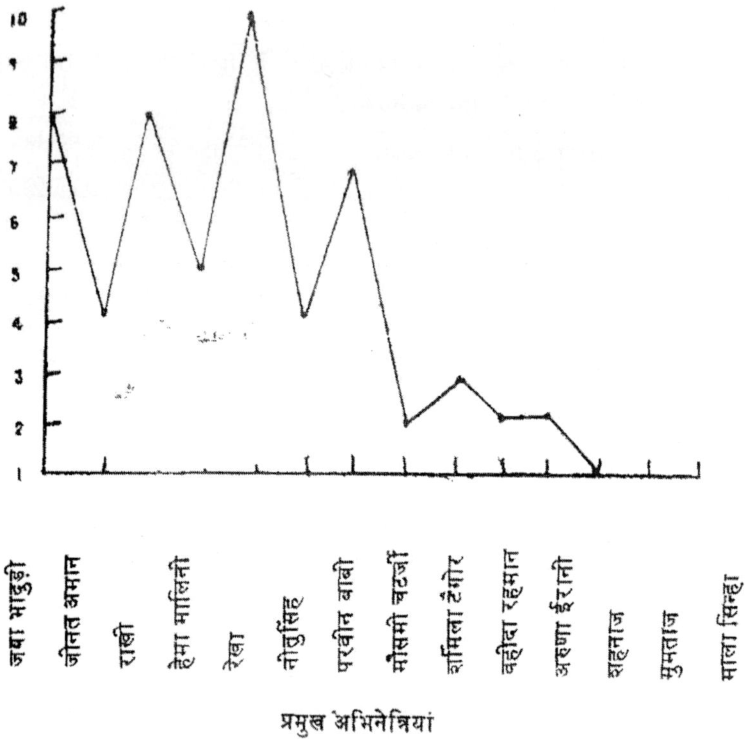

1	2	3
13.	रवि नगाइच	प्यार की कहानी
14.	एस० एस० बालन	संयोग
15.	एस० रामानाथन	बाम्बे टू गोआ
16.	बी० आर० इशारा	एक नजर
17.	प्रकाश वर्मा	बंसी बिरजु
18.	ओ० पी० गोयल	बंधे हाथ
19.	मुकल दत्त	रास्ते का पत्थर
20.	श्रीधर	गहरी चाल
21.	अरविन्द सेन	कसौटी
22.	मनोज कुमार	रोटी कपड़ा और मकान
23.	शंकर मुखर्जी	फरार
24.	रवि चौपड़ा	जमीर
25.	दुलाल गुहा	दो अंजाने
26.	देश मुखर्जी	ईमान धर्म
27.	सुल्तान अहमद	गंगा की सौगन्ध
28.	देवेन वर्मा	बेशर्म
29.	चन्द्रा बारोट	डान
30.	रमेश बहल	कसमे वादे
31.	बासु चटर्जी	मंजिल
32.	विजय आनन्द	राम बलराम
33.	राज खोसला	दोस्ताना
34.	टीनू आनन्द	कालिया
35.	राज एन० सिप्पी	सत्ते पे सत्ता

अमिताभ बच्चन के साथ कोई भी निर्देशक काम करना अपना गौरव समझता है, क्योंकि उसका नाम फिल्म की सफलता की गारण्टी है। फिल्मी दुनिया में सफल कलाकार की ही पूजा होती है। इस सम्बन्ध में रूपा गुप्ता ने लिखा है कि;

मनमोहन देसाई, प्रकाश मेहरा, यश चोपड़ा और रमेश सिप्पी उसके दीवाने हैं। इस समय अमिताभ बच्चन बाक्स आफिस की सबसे बड़ी गारण्टी है कल तक ठुकराया जाने वाला आज मानो सबका भाग्य विधाता बन गया है। यहां चढ़ते सूरज की कीमत है। सबसे रुपया बड़ा है। अमित रुपये की गारण्टी हो गया तो सब उसके इशारे पर नाचने लगे वरना कल तक वह लम्बू था, जिराफ था, घोड़ा था।

आज जिसकी जेब में, अमिताभ बच्चन के दस्तख्त वाला कागज है, वह बिना पैसे के फिल्म बना लेगा। वितरक मुंह मांगी रकम एडवांस दे जाएंगे। जितना बड़ा नगर, वहां प्रदर्शक उतना ही एडवांस, प्रदर्शक फिल्म चलाने के बाद वितरक को रुपया देता था, पर वह अमित की फिल्म बुक करने के लिए लाख-डेढ़ लाख रुपया तक एडवांस कर सकता है। "शान", "नमक हलाल", "नसीब" के लिए वितरकों ने प्रदर्शकों से पहले ही लाख दो लाख रुपया बतौर एडवांस लिया था।

अमिताभ फिल्म जगत की सबसे बड़ी गारण्टी और शतरंज का सबसे कीमती मोहरा है।[5] कुछ समालोचक लेखक के इस विचार को अतिशयोक्तपूर्ण कह सकते हैं लेकिन उपरोक्त कथन में काफी सत्यता है। ऐसे भी कई निर्देशक हैं, जिनकी पहली फिल्म में, अमिताभ बच्चन ने काम करके उनके कैरियर को स्थायित्व प्रदान किया है। इस सम्बन्ध में सुप्रसिद्ध फिल्म समीक्षक अशोक चोपड़ा ने लिखा है कि "बड़े अभिनेता किसी निर्देशक की प्रथम फिल्म में काम करना पसन्द नहीं करते।" दिलीप कुमार को रवि चोपड़ा की तीसरी फिल्म "मजदूर" में काम करते हुए झिझक रहे थे, पर अमिताभ ने तो रवि की प्रथम फिल्म "जमीर" में काम किया था। इसी प्रकार जब देश मुखर्जी कला-निर्देशक से निर्देशक बने तो उसकी प्रथम फिल्म "ईमान धर्म" में, अमिताभ बच्चन ने काम किया। राकेश कुमार ने "खून पसीना" में अमिताभ के साथ ही अपना कैरियर आरम्भ किया। "डान" चन्द्रा बारोट की पहली फिल्म थी और इसका नायक अमिताभ ही था। लेखक-अभिनेता कादिर खान के निर्देशक बनने का निर्णय लिया, तो उसकी फिल्म

5. रूपा गुप्ता, "विद्रोही अभिनेता अमिताभ बच्चन", पृ० 110-111.

रेखाचित्र 3.5 : अमिताभ बच्चन की एक से अधिक फिल्में निर्देशित करने वाले कुछ प्रमुख निर्देशक तथा फिल्मों की संख्या

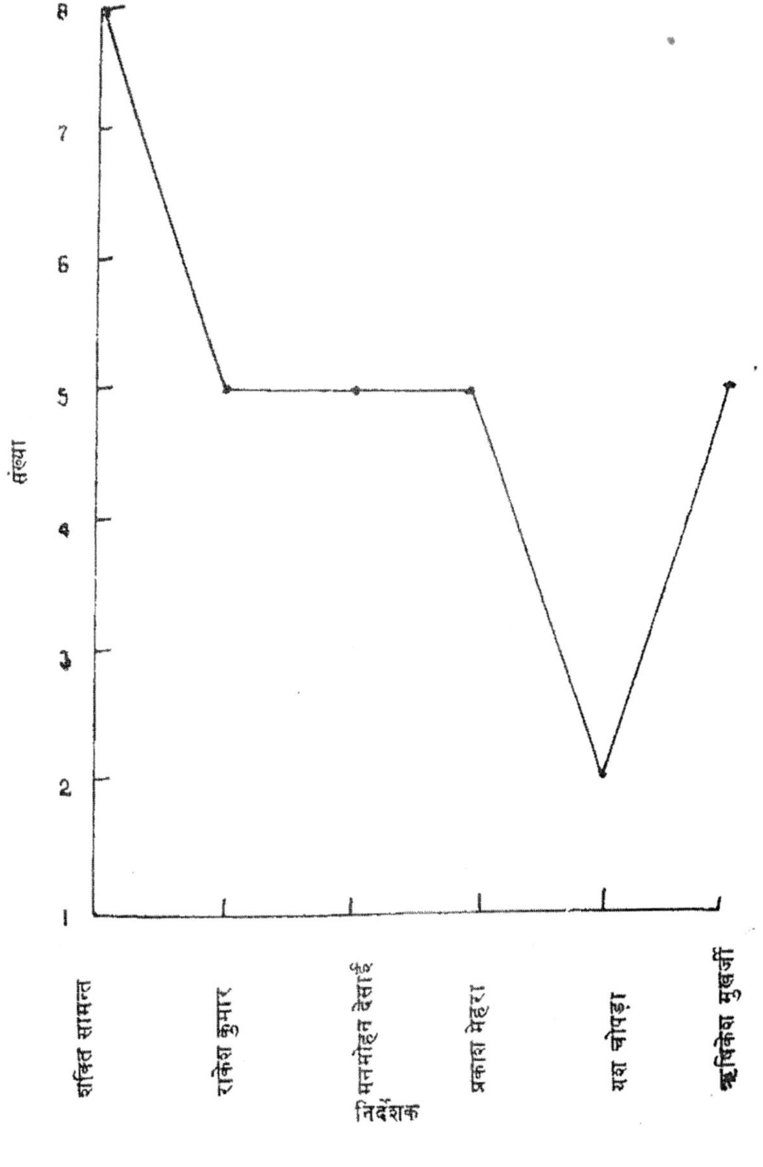

"जाहिल" का नायक अमिताभ ही है।"[6]

अमिताभ बच्चन ने अपने फिल्मी जीवन के आरम्भ में काफी संघर्ष किया है, अत: किसी भी नये निर्देशक की मदद करना वह अपना कर्त्तव्य समझते हैं। इसके अतिरिक्त उसका यह विश्वास भी रहा है कि उसकी फिल्म उसके नाम के बलबूते पर ही चलती है, निर्देशक के नये या पुराने होने से उसकी फिल्म पर कोई प्रभाव नहीं पड़ता है।

सामाजिक एवं राजनीतिक योगदान

अमिताभ बच्चन की अधिकांश फिल्मों में उनकी भूमिका 'एंग्री यंग मैन" की रही है। इसीलिए उन्हें "युवा आक्रोश का प्रतीक" कहा जाता है।[7]

स्वतन्त्रता प्राप्ति के बाद, भारत के सामाजिक एवं राजनीतिक जीवन में काफी परिवर्तन आया है। देश की युवा पीढ़ी की महत्वाकांक्षा भी काफी बढ़ी है। उन महत्वाकांक्षाओं की पूर्ति न होने पर युवाओं का आक्रोश से भर उठना स्वाभाविक है। अमिताभ बच्चन हिन्दी फिल्मों में युवा पीढ़ी के इसी आक्रोश के प्रतीक के रूप में उभरे हैं। यद्यपि अमिताभ बच्चन की अधिकांश फिल्में व्यावसायिक स्तर की ही हैं, जिनका उद्देश्य मनोरंजन मात्र होता है। जिनमें सामाजिक और राजनीतिक सन्देश कम ही रहता है। अमिताभ बच्चन इसीलिए एक फिल्म कलाकार के रूप में, कोई उल्लेखनीय सामाजिक एवं राजनीतिक योगदान के लिए अवसर प्राप्त नहीं कर सके। यद्यपि एक सांसद के रूप में इस क्षेत्र में उनका योगदान सर्वविदित है।

मनोरंजन प्रधान व्यावसायिक बम्बई या हिन्दी फिल्मों या यह सामाजिक योगदान तो स्वीकार करना ही पड़ेगा कि उन्होंने देश की युवा पीढ़ी को "आधुनिक" बनाया है। यद्यपि अमिताभ बच्चन पर यह आरोप लगाया जाता रहा है कि उनकी फिल्में हिंसा प्रधान रही हैं। लेकिन आज हमारा समाज विभिन्न टकरावों के दौर से गुजर रहा है, ऐसे में युवा वर्ग जब अमिताभ की फिल्मों को देखता है तो एक प्रकार से उसकी हिंसात्मक प्रवृत्तियों को शान्ति ही मिलती है। अमिताभ बच्चन के इस सामाजिक-राजनीतिक योगदान को भुलाया नहीं जा सकता है।

2. राजेश खन्ना

राजेश खन्ना आधुनिक हिन्दी फिल्मों के एक प्रमुख स्टार हैं। अमिताभ

---

6. अशोक चोपड़ा, "अमिताभ बच्चन की कहानी चित्रों की जुबानी", पृ० 32.
7. कैलाश चन्द्र शर्मा, "युवा आक्रोश का प्रतीक अमिताभ", "दैनिक नवज्योति", जयपुर, रविवारीय परिशिष्ट, 11 दिसम्बर 1983, पृ० 7.

बच्चन के सुपर स्टार बनने से पूर्व उन्हें ही सुपर स्टार का दर्जा प्राप्त था। राजेश खन्ना ने अपनी रोमांटिक भूमिकाओं द्वारा देश की युवा पीढ़ी को काफी प्रभावित किया है।

राजेश खन्ना की फिल्में

चेतन आनन्द की 1966 में निर्मित फिल्म "आखिरी खत" में राजेश का अभिनय था, तब से लेकर अब तक राजेश खन्ना अनेक फिल्मों में रोल कर चुके हैं। इन फिल्मों ने उन्हें "सुपर स्टार" तक बनाया। लेकिन अमिताभ बच्चन की तरह उनकी भी अधिकांश फिल्में मनोरंजन प्रधान रही हैं, कलात्मक नहीं। 1976-1980 की अवधि में जिन फिल्लों में राजेश खन्ना ने काम किया, वे तालिका 3.6 के अनुसार हैं।[8]

8. "फिल्म मिरर", अंग्रेजी मासिक, नई दिल्ली, मई 1981 पृ० 43-45।

तालिका 3.6 : 1966-1980 की अवधि में राजेश खन्ना की प्रमुख फिल्मों का विवरण :

क्र०	वर्ष	फिल्म	निर्माता	निर्देशक	संगीत निर्देशक	अन्य कलाकार
1	2	3	4	5	6	7
1.	1966	आखिरी खत	चेतन आनन्द	चेतन आनन्द	खैयाम	इन्द्राणी मुखर्जी, बन्टी
2.	1967	औरत	एस० एस०बालन	एस० एस० बालन	रवि	पदमिनी, फीरोज खान, प्राण
3.	1967	राज	जी० पी० सिप्पी	रविन्द्र दवे	कल्याण जी-आनन्द जी	बबीता, आई०एस०जौहर, राहुल
4.	1967	बहारों के सपने	नासिर हुसैन	नासिर हुसैन	आर० डी० बर्मन	आशा पारेख, प्रेमनाथ, मदनपुरी
5.	1969	बन्धन	जी० पी० सिप्पी	नरेन्द्र बेदी	कल्याण जी आनन्द जी	मुमताज, अरुणा, जीवन

6. 1969	दो रास्ते	राज खोसला	राज खोसला	लक्ष्मीकांत-प्यारे लाल	मुमताज, प्रेम चोपड़ा, बिंदु
7. 1969	डोली	हरगोबिन्द	ए० सुब्बाराव	रवि	बबीता, प्रेम चोपड़ा, नाजिमा
8. 1969	इत्तफाक	बी० आर० चोपड़ा	यश चोपड़ा	सलिल चौधरी	नन्दा, बिन्दु, मदनपुरी
9. 1969	आराधना	शक्ति सामन्त	शक्ति सामन्त	एस० डी० बर्मन	शर्मिला, फरीदा, सुजीत कुमार
10. 1969	खामोशी	हेमन्त कुमार	असित सेन	हेमन्त कुमार	वहीदा, स्नेहलता, फरीदा
11. 1970	आन मिलो साजन	जगदीश कुमार	मुकुल दत्त	लक्ष्मीकांत-प्यारे लाल	आशा पारेख, विनोद खन्ना, अरुणा
12. 1970	आनन्द	रूपम चित्रा	ऋषिकेश मुखर्जी	सलिल चौधरी	अमिताभ, सुमिता सान्याल, रमेश देव
13. 1970	कटी पतंग	शक्ति सामन्त	शक्ति सामन्त	आर० डी० बर्मन	आशा पारेख, प्रेम चोपड़ा, बिन्दु

(क्रमशः)

1	2	3	4	5	6	7
14.	1970	सच्चा झूठा	दोकी देसाई	मनमोहन देसाई	कल्याण जी-आनन्द जी	मुमताज, विनोद खन्ना, फरियाल
15.	1970	सफर	मुशीर रियाज	असित सेन	कल्याण जी-आनन्द जी	शर्मिला, फीरोज खान
16.	1970	दि ट्रेन	रमेश बहल	रवि नागाईच	आर० डी०बर्मन	नन्दा, हेलन, अरुणा, मदन पुरी
17.	1971	अमर प्रेम	शक्ति सामन्त	शक्ति सामन्त	आर० डी० बर्मन	शर्मिला, विनोद मेहरा, फरीदा
18.	1971	छोटी बहू	दरिस गोटिया	के० बी० तिलक	कल्याण जी-आनन्द जी	शर्मिला, शशिकला, जौहर
19.	1971	दुश्मन	प्रेम जी	दुलाल गुहा	लक्ष्मीकांत प्यारे लाल	मुमताज, मीना कुमारी, रहमान
20.	1971	हाथी मेरे साथी	देवर	एम० ए० थिरुमुगम	लक्ष्मीकांत प्यारेलाल	तनुजा, सुजीत, के० एन० सिंह

21.	1971	मेहबूब की मेंहदी	एच०एस०रिवाल	एच० एस० रिवाल	लक्ष्मीकांत-प्यारेलाल	लीना, प्रदीप कुमार, मनोरमा, सुन्दर
22.	1971	मर्यादा	अरविन्द सेन	अरविन्द सेन	कल्याण जी-आनन्द जी	माला सिन्हा, राजकुमार, प्राण
23.	1972	अपना देश	ओलम्पिक पिक्चर्स	जम्बू	आर० डी० बर्मन	मुमताज, मदन पुरी, ओम प्रकाश
24.	1972	दिल दौलत दुनिया	पी० एन० अरोड़ा	पी० एन० अरोड़ा	शंकर जयकिशन	अशोक, साधना, हेलन, आगा
25.	1972	बावर्ची	रूपम चित्रा	ऋषिकेश मुखर्जी	मदन मोहन	जया भादुड़ी, दुर्गा खोटे, असरानी
26.	1972	जोरू का गुलाम	यूनाइटेड फोर	ए० भीम सिंह	कल्याण जी-आनन्द जी	नन्दा, शरद कुमार, मनीषा, रमेश देव
27.	1972	मेरे जीवन साथी	शिल्पकार	रवि नागाईच	आर० डी० बर्मन	तनुजा, बिन्दु, हेलन, उत्पल दत्त
28.	1972	शाहजादा	सुरेन्द्र कपूर	के० शंकर	आर० डी० बर्मन	राखी, मदन पुरी, करन दीवान, सुन्दर

(क्रमशः)

1	2	3	4	5	6	7
29.	1972	मालिक	वाश मेनन	ए० भीम सिंह	कल्याण जी-आनन्द जी	शर्मिला, देवन शर्मा, सोनिया
30.	1973	आविष्कार	बासु भट्टाचार्य जी	बासु भट्टाचार्य जी	कनुराय	शर्मिला टैगोर, मीना जौहर, सत्येन कप्पु
31.	1973	नमक हराम	वाग्लई पांडया	ऋषिकेश मुखर्जी	आर० डी० बर्मन	अमिताभ, रेखा, सिम्मी, असरानी
32.	1973	दाग	यश चोपड़ा	यश चोपड़ा	लक्ष्मीकांत प्यारेलाल	शर्मिला, राखी, पद्मा खन्ना
33.	1973	राजारानी	जगदीश कुमार	सचिन भौमिक	आर० डी० बर्मन	शर्मिला, राज मेहरा, इफ्तखार
34.	1974	आपकी कसम	जे० ओम प्रकाश	जे० ओम प्रकाश	आर० डी० बर्मन	मुमताज, संजीव, असरानी
35.	1974	अजनबी	गिरजा सामन्त	शक्ति सामन्त	आर० डी० बर्मन	जीनत, योगिता बाली, प्रेम चोपड़ा
36.	1974	हमशक्ल	ओलम्पिक पिक्चर्स	जम्बु	आर० डी० बर्मन	तनुजा, मौसमी, असरानी, अरुणा

37. 1974	प्रेम नगर	एम० डी० रामानायडु	के० प्रकाश राव	एस० डी० बर्मन	हेमा, अशोक, प्रेम चोपड़ा, असरानी
38. 1974	रोटी	रजनी देसाई	मनमोहन देसाई	लक्ष्मीकांत-प्यारेलाल	मुमताज, निरूपाराय, जगदीप
39. 1975	प्रेम कहानी	राज खोसला	राज खोसला	लक्ष्मीकांत-प्यारेलाल	मुमताज, शशि कपूर, विनोद खन्ना
40. 1976	महाचोर	नरेन्द्र बेदी	नरेन्द्र बेदी	आर० डी० बर्मन	नीतु, प्रेम चोपड़ा, अरुणा ईरानी
41. 1976	महबूबा	मुशीर रियाज	शक्ति सामन्त	आर० डी० बर्मन	हेमा, प्रेम चोपड़ा, असरानी
42. 1977	आशिक हूं बहारों का	तलवार बधीजा	जे० ओमप्रकाश	लक्ष्मीकांत-प्यारेलाल	जीनत, डेनी, असरानी, रहमान
43. 1977	अनुरोध	गिरजा सामन्त	शक्ति सामन्त	लक्ष्मीकांत-प्यारेलाल	अशोक, सिम्पल, असरानी
44. 1977	चलता पुर्जा	भप्पी सोनी	भप्पी सोनी	आर० डी० बर्मन	परवीन बाबी, अजीत
45. 1977	कर्म	बी० आर० चोपड़ा	बी० आर० चोपड़ा	आर० डी० बर्मन	विद्या, असरानी

(क्रमशः)

1	2	3	4	5	6	7
46.	1977	छैला बाबू	शोमू मुखर्जी	जय मुखर्जी	लक्ष्मीकांत-प्यारेलाल	जीनत, पदमा खन्ना, असरानी
47.	1977	पलकों की छांव में	नव संपाती प्रोडक्शन	मीराज	लक्ष्मीकांत-प्यारेलाल	हेमा, असरानी, फरीदा, अमजद
48.	1977	बंडलबाज	एच० ए० नाडियादवाला	शम्मी कपूर	आर० डी० बर्मन	सुलक्षणा, शम्मी कपूर, रणजीत
49.	1978	भोलाभाला	बी० गोपाल कृष्ण	सतपाल	आर० डी० बर्मन	रेखा, मौसमी, जोगिन्दर, देवेन शर्मा
50.	1978	प्रेम बन्धन	आर० आर० नन्दा	रामानन्द सागर	लक्ष्मीकांत-प्यारेलाल	रेखा, मौसमी, विक्रम, प्रेमा नारायण
51.	1978	नौकरी	आर० जे० प्रोडक्शन	ऋषिकेश मुखर्जी	आर० डी० बर्मन	राज कपूर, जाहिरा, नादिरा
52.	1979	अमर दीप	के० बालाजी	विजयन कृष्णामूर्ति	लक्ष्मीकांत-प्यारे लाल	शबाना, बिन्दु, विनोद मेहरा

53.	1979	चक्रव्यूह	यूसुफ हसन	बामू चटर्जी	लक्ष्मीकांत-प्यारेलाल	नीतु सिंह, सिम्पल, विनोद मेहरा
54.	1979	जनता हवलदार	छबरिया जयसिंह	मेहमूद	राजेश रोशन	अशोक, हेमा मालिनी, योगिता
55.	1980	रेडरोज	एम० पी० जैन, रवि कुमार	भारती राजा	आर० डी० बर्मन	पूनम, सत्येन कप्पू
56.	1980	थोड़ी सी बेवफाई	कोणार्क कम्बाइन	इस्माईल सर्राफ	ख्याम	शबाना, पदमनी कोल्हापुरे, सुशांत राय
57.	1980	फिर वही रात	एन० एन० सिप्पी	डेनी	आर० डी० बर्मन	किम, डेनी, शशिकला, तमन्ना
58.	1980	बंदिश	डी० रामानायडू	के० बपैया	लक्ष्मीकांत-प्यारेलाल	हेमा मालिनी, डेनी, असरानी
59.	1980	आंचल	गुहा चटर्जी	अनिल गांगुली	आर० डी० बर्मन	राखी, रेखा, अमोल, प्रेम चोपड़ा

रेखाचित्र 3.6 : 1966-80 की अवधि में प्रत्येक वर्ष के अनुसार राजेश खन्ना की प्रमुख फिल्मों की संख्या।

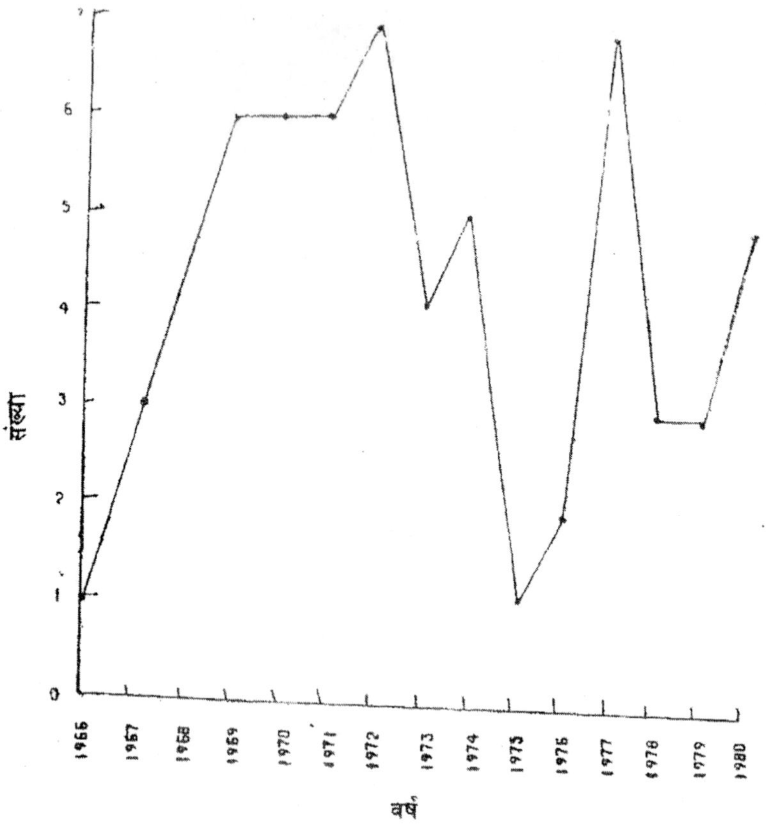

सन् 1980 के बाद भी राजेश खन्ना फिल्मों में निरन्तर काम करते रहे हैं।

1981 से अब तक राजेश खन्ना की अनेक फिल्में आ चुकी हैं, जिनमें प्रमुख है—"चमत्कार", "हम दोनों", "राजपूत", "बायें हाथ का खेल" "धर्मकांटा", "दर्द". "दिल ए नादान", "फिफ्टी-फिफ्टी", "गोरा", "जानवर", "निशान", "नसीहत", "वापसी", "जमाना", "दुश्मन दोस्त", "धनवान", "कुदरत", "आज का एम. एल. ए., रामअवतार", "अवतार", "सौतन", आदि।

फिल्म अभिनेता के रूप में राजेश खन्ना का सामाजिक एवं राजनीतिक योगदान।

राजेश खन्ना की अधिकांश फिल्में मनोरंजन प्रधान हैं, जिनमें उनकी भूमिका रोमंटिक ही रही है। एक अभिनेता के रूप में, उन्होंने समाज की युवा पीढ़ी पर गम्भीर प्रभाव डाला है। यह प्रभाव युवा पीढ़ी के व्यक्तिगत जीवन के सभी क्षेत्रों पर पड़ा है।

राजेश खन्ना की फिल्म "आज का एम. एल. ए. रामअवतार" एक यादगार राजनीतिक फिल्म है। इस फिल्म में उनकी भूमिका की दर्शकों ने काफी प्रशंसा की थी। राजनीतिज्ञों के भ्रष्ट कारनामों को प्रस्तुत करने वाली इस फिल्म में येन-केन-प्रकारेण सत्ता में पहुंचने वाले भ्रष्ट राजनीतिज्ञों के चरित्र का प्रस्तुतीकरण राजेश खन्ना ने सफलतापूर्वक किया है। एक राजनीतिक चरित्र का कुशल अभिनय करने में वह सफल रहे हैं।

इस फिल्म में राजेश खन्ना के अभिनय का दर्शकों पर इतना प्रभाव पड़ा कि खादी की बिक्री में कमी आ गयी। एक समाचार के अनुसार उन्नाव जिले के सैकड़ों व्यक्तियों ने जो अभी तक खादी वस्त्र पहनते थे, अब अपना पहनावा इस कारण बदल दिया, क्योंकि लखनऊ-कानपुर यात्रा के दौरान उन्हें आये दिन "रामअवतार" नाम की छींटाकशी सहन करनी पड़ती थी। ठीक ऐसी ही घटनायें अन्य क्षेत्रों में भी हुई थीं।

राजेश खन्ना की कई फिल्मों में सामाजिक समस्याओं को उठाया गया है और इन समस्याओं के प्रति, उन्होंने अपने अभिनय के द्वारा जन-साधारण का ध्यान आकर्षित किया है।[9]

3. राजकपूर

आधुनिक हिन्दी फिल्मों के इतिहास में कपूर खानदान का विशेष स्थान है। राज कपूर के पिता स्वर्गीय पृथ्वीराज कपूर हिन्दी फिल्मों के एक जाने माने

9. "पंजाब केसरी", हिन्दी दैनिक, नई दिल्ली, नगर संस्करण, 5 अप्रैल 1984, पृ० 1.

अभिनेता थे। वे चालीस वर्षों तक फिल्मों में सक्रिय रहे।[10] फिल्म क्षेत्र में उनके योगदान के कारण ही, उन्हें (पृथ्वीराज कपूर) राज्य सभा का सदस्य मनोनीत किया गया था।

राज कपूर का पूरा परिवार फिल्मों में सक्रिय रहा है। उनके दोनों भाई शम्मी कपूर और शशि कपूर, तीनों पुत्र रणधीर कपूर, ऋषि कपूर तथा राजीव कपूर फिल्मों में सक्रिय रहे हैं। इतना ही नहीं, राज कपूर की दो पुत्र वधुयें बबीता और नीतू सिंह भी हिन्दी फिल्मों की मशहूर अभिनेत्रियां रही हैं।[11] एक फिल्म समीक्षक ने कपूर खानदान को "फिल्मी दुनिया का प्रथम परिवार" (फिल्मडम्स फर्स्ट फैमली) ठीक ही कहा है।[12] राजकपूर को वर्ष 1987 के लिये "दादा साहब फालके पुरस्कार" से भी सम्मानित किया गया है। इससे पूर्व, भारतीय सिनेमा का यह सर्वोच्च पुरस्कार उनके स्वर्गीय पिता पृथ्वीराज कपूर को भी मिल चुका है। इस प्रकार राजकपूर ने यह सिद्ध कर दिया है कि वे "लायक पिता के लायक पुत्र" हैं। इस पुरस्कार प्राप्ति के कुछ दिनों बाद ही नई दिल्ली में ही उनकी मृत्यु हो गयी।

राजकपूर की फिल्में

राजकपूर हिन्दी फिल्मों के प्रमुख अभिनेता, निर्माता तथा निर्देशक थे। अतः उनके द्वारा निर्मित, निर्देशित तथा अभिनेता, तीनों ही प्रकार की फिल्मों का विश्लेषणात्मक अध्ययन काफी रोचक तथा प्रेरणास्पद है।

राजकपूर ने सिने कला की समस्त विधाओं पर अपनी पारंगतता का परिचय दिया है। एक कुशल निर्देशक के रूप में, उन्होंने अपने द्वारा निर्देशित फिल्मों में जिस सूक्ष्मता का परिचय दिया है, वह उल्लेखनीय है। एक बात और है जिस प्रकार ब्रिटेन का संविधान अलिखित है ठीक उसी प्रकार राजकपूर की फिल्मों की पटकथा भी अलिखित होती थी। अपनी किसी भी फिल्म के निर्माण के समय "सिनेरियो" का वास्तविक खाका उनके मस्तिष्क में होता था कागज पर नहीं। इसी कारण उनके निर्देशन में "विविधता से परिपूर्ण एकरूपता" पायी जाती है, जो कि अन्यत्र दुर्लभ है। वस्तुतः उनकी फिल्में कालजमी बन चुकी हैं, जो राजकपूर के नाम को सदा अमर रखेंगी।

10. रमाशंकर "चंचल", "अभिनय के अग्रदूत—पृथ्वीराज कपूर", "अमर उजाला", हिन्दी दैनिक, आगरा, नगर संस्करण, 30 दिसम्बर 1983, पृ० 8.
11. शकुनी, "फिल्मों पर खानदानी कब्जा", "अमर उजाला", पूर्वोक्त दैनिक, नगर संस्करण, 8 फरवरी 1984, पृ० 7.
12. सुनील मेठी, "दि कपूरस फिल्डम्स फर्स्ट फैमिली", "इण्डिया टूडे", अंग्रेजी पाक्षिक, नई दिल्ली, 15 अगस्त 1982, पृ० 120.

रेखाचित्र 3.7 : कपूर खानदान की वंशावली का दिग्दर्शन —

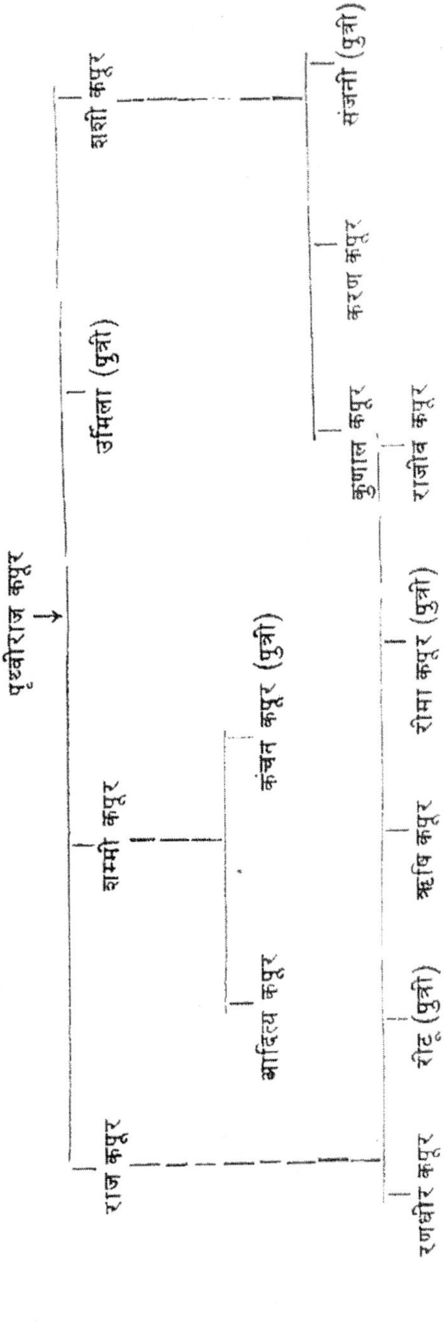

तालिका 3.7 : राजकपूर की प्रमुख फिल्मों का विवरण :

क्रमांक	वर्ष	फिल्म	नायिका	निर्देशक	क्या रिपोर्ट रही
1	2	3	4	5	6
1.	1943	हमारी बात	देविका रानी	—	फ्लाप
2.	1946	बाल्मिक	शांता आप्टे	भालजी पेंढारकर	100 दिन से अधिक
3.	1946	नील कमल	मधुबाला	केदार शर्मा	रजत जयंती
4.	1946	चित्तौड़ विजय	मधुबाला	मोहन सिन्हा	100 दिन से अधिक
5.	1946	दिल की रानी	मधुबाला	मोहन सिन्हा	100 दिन से अधिक
6.	1946	जेल यात्रा	कामिनी कौशल	गजानन जागीरदार	100 दिन से अधिक
7.	1948	आग	नरगिस	राजकपूर	100 दिन से अधिक
8.	1948	अमर प्रेम	मधुबाला	एन०एम० केलकर	100 दिन से अधिक

9.	1948	गोपी नाथ	तृप्ती मित्र	महेश कौल	100 दिन से अधिक
10.	1949	अंदाज	नरगिस	महबूब	स्वर्ण जयन्ती
11.	1949	बरसात	नरगिस	राजकपूर	हीरक जयन्ती
12.	1949	सुनहरे दिन	रेहाना	सतीश निगम	100 दिन से अधिक
13.	1950	भंवरा	निम्मी	जी० राकेश	फ्लाप
14.	1950	बावरे नयन	गीता बाली	केदार नाथ शर्मा	100 दिन से अधिक
15.	1950	दास्तान	सुरैया	ए० आर० कारदार	रजत जयन्ती
16.	1950	जान पहचान	नरगिस	फली मिस्त्री	फ्लाप
17.	1950	प्यार	नरगिस	बी० एम० व्यास	फ्लाप
18.	1950	सरगम	रेहाना	पी० एल० संतोषी	रजत जयन्ती
19.	1951	आवारा	नरगिस	राजकपूर	स्वर्ण जयन्ती
20.	1952	अम्बर	नरगिस	जयन्त देसाई	रजत जयन्ती
21.	1952	अनहोनी	नरगिस	के० ए० अब्बास	फ्लाप
22.	1952	आशियाना	नरगिस	बी० त्रिलोचन	100 दिन से अधिक

(क्रमशः)

1	2	3	4	5	6
23.	1952	बेवफा	नरगिस	एम० एल० आनन्द	100 दिन से अधिक
24.	1953	आह	नरगिस	राजा नवाबे	100 दिन से अधिक
25.	1953	धुन	नरगिस	कुमार	फ्लाप
26.	1953	पापी	नरगिस	चन्दु लाल शाह	फ्लाप
27.	1954	बूट पालिश	नरगिस	प्रकाश अरोड़ा	रजत जयन्ती
28.	1955	श्री चार सौ बीस	नरगिस	राजकपूर	रजत जयन्ती
29.	1956	चोरी चोरी	नरगिस	अनन्त ठाकुर	रजत जयन्ती
30.	1956	जागते रहो	नरगिस	सोम मित्र एवं अमित मित्र	100 दिन से अधिक
31.	1957	शारदा	मीना कुमारी	एल० वी० प्रसाद	रजत जयन्ती
32.	1958	परवरिश	माला सिन्हा	एस० बनर्जी	100 दिनों से अधिक
33.	1958	फिर सुबह	माला सिन्हा	रमेश सहगल	फ्लाप
34.	1959	अनाड़ी	नूतन	ऋषिकेश मुखर्जी	रजत जयन्ती

35.	1959	चार दिन चार राहें	मीना कुमारी	के० ए० अब्बास	फ्लाप
36.	1959	दो उस्ताद	मधुबाला	तारा हरीश	100 दिन से अधिक
37.	1959	कन्हैया	नूतन	ओम प्रकाश	100 दिन से अधिक
38.	1959	मैं नशे में हूँ	माला सिन्हा	नरेश सहगल	100 दिन से अधिक
39.	1960	छलिया	नूतन	मनमोहन देसाई	100 दिन से अधिक
40.	1960	जिस देश में गंगा बहती है	पद्मिनी	राधू करमाकर	रजत जयन्ती
41.	1960	श्रीमान सत्यवादी	शकीला	एस० एम० अब्बास	फ्लाप
42.	1961	नजराना	वैजयन्ती माला	श्री धर	रजत जयन्ती
43.	1962	आशिक	पद्मिनी	ऋषिकेष मुखर्जी	100 दिन से अधिक
44.	1963	दिल ही तो है	नूतन	पी० ए० सन्तोषी एवं सी० एल० रावल	100 दिन से अधिक
45.	1963	एक दिल सौ अफसाने	वहीदा रहमान	आर० सी० तलवार	100 दिन से अधिक

(क्रमशः)

1	2	3	4	5	6
46.	1964	दूल्हा दुल्हन	साधना	रविन्द्र दुबे	100 दिन से अधिक
47.	1964	संगम	बैजयन्ती माला	राजकपूर	स्वर्ण जयन्ती
48.	1966	तीसरी कसम	वहीदा रहमान	वासू भट्टाचार्य	फ्लाप
49.	1967	अराउन्ड दि वर्ल्ड	राजश्री	पाछी	100 दिन से अधिक
50.	1967	दीवाना	सायराबानो	महेश कौल	100 दिन से अधिक
51.	1968	सपनों का सौदागर	हेमा मालिनी	महेश कौल	100 दिन से अधिक
52.	1970	मेरा नाम जोकर	सिम्मी, क्षण राबिनकिना, पद्मिनी	राजकपूर	फ्लाप
53.	1972	कल, आज और कल	बबीता	रणधीर कपूर	फ्लाप
54.	1973	बॉबी	डिम्पल कपाड़िया	राजकपूर	स्वर्ण जयन्ती
55.	1975	धर्म कर्म	रेखा	रणधीर कपूर	100 दिन से अधिक
56.	1978	सत्यम शिवम् सुन्दरम्	जीनत अमान	राजकपूर	रजत जयन्ती
57.	1982	प्रेम रोग	पद्मिनी कोल्हापुरे	राजकपूर	स्वर्ण जयन्ती
58.	1985	राम तेरी गंगा मैली	मन्दाकिनी	राजकपूर	स्वर्ण जयन्ती

रेखाचित्र 3.8 : राजबब्बर की बारह प्रमुख नायिकायें तथा उनके साथ की फिल्मों की सफलता की स्थिति ।

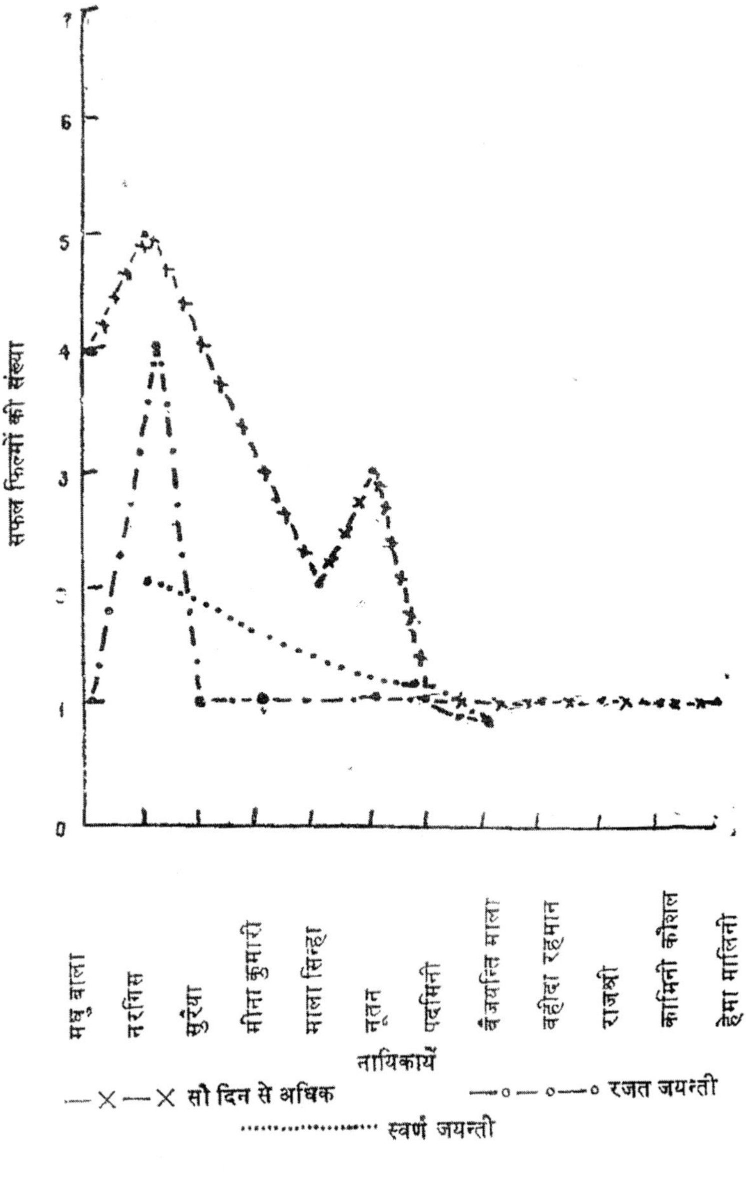

उपरोक्त तालिका में दर्शायी गई फिल्मों में से "बाबी", "धरम करम", "सत्यम शिवम सुन्दरम", "प्रेम रोग" तथा "राम तेरी गंगा मैली" में राजकपूर ने स्वयं अभिनय नहीं किया है।

उपरोक्त फिल्मों में से, राजकपूर ने जो फिल्में नरगिस के साथ की हैं, वे विशेष रूप से चर्चा का विषय रही हैं। एक समय राजकपूर-नरगिस की जोड़ी हिन्दी फिल्मों की सर्वाधिक लोकप्रिय जोड़ी थी। राजकपूर ने आर० के० स्टूडियो बम्बई की भी स्थापना की तथा "आर० के० फिल्म्स" के नाम पर अपनी फिल्म कम्पनी भी स्थापित की।

फिल्म अभिनेता तथा फिल्मकार के रूप में राजकपूर का सामाजिक एवं राजनीतिक योगदान

राजकपूर हिन्दी फिल्मों के एक सफल निर्माता निर्देशक हैं। इस सम्बन्ध में एक लेखक ने लिखा है कि—

"राजकपूर सफल नुस्खेबाज निर्माता हैं, इस बात से तो उनके आलोचक भी इन्कार नहीं कर सकते। बाक्स-आफिस की सफलता की कसौटी मानने वाले उद्योग में उनकी साख है।" गुरु की सफलताओं से बनी छवि को तोड़ पाना आसान नहीं होता। राजकपूर भी कोई अपवाद नहीं है। छवि के सहारे राजकपूर आगे बढ़े हैं। कभी-कभी इस गुण को उनकी विशिष्टता मान लिया जाता है। वैसे भी सिनेमा में एक छवि का बन जाना फायदे का सौदा माना जाता है। राजकपूर की खूबियां उनके आर० के० बैनर की बनी फिल्मों में ढूंढी जाती हैं।"[13] वस्तुतः राजकपूर की छवि ने जनता के सामाजिक जीवन पर गम्भीर प्रभाव डाला है।

राजकपूर में आत्म-विश्वास कूट-कूटकर भरा है। उन्होंने "आग" फिल्म का निर्माण जब प्रारम्भ किया था, तब उसके पास कोई पूंजी नहीं थी।[14] फिर

---

13. मधुर चतुर्वेदी, "सफलता का कैदी राजकपूर", "नवभारत टाइम्स", हिन्दी दैनिक, नई दिल्ली, 30 नवम्बर 1985, पृ० 5.

14. इस सम्बन्ध में राजकपूर ने कहा कि

"When I started my first movie 'Aag' it was without any money at all. But I had a proper 'mahurat' with a proper first shot and all the paraphernalia of starting a movie. I remember my mother saying to my father, in a sarcastic, Punjabi phrase, that you can not fry 'pakoras' in spit, meaning that I would never be able to make the film without any resources. He just turned around to her and said, "you wait and watch. The boy will make the film. He has the confidence and the conviction." I could not forget those words, and have not, because that is all you need in this business. But the point is that he believed in each one of us."

सुनील सेठी, पूर्वोक्त लेख, पृ० 124.

भी अपने दृढ़ विश्वास के बलबूते पर उन्होंने अपना स्थान बनाया। राजकपूर की विभिन्न सामाजिक समस्याओं को उठाया गया है। "प्रेम रोग" में विधवा समस्या का प्रस्तुतीकरण मार्मिक है। "बूट पालिस" राजकपूर की एक कलात्मक फिल्म होते हुए भी बाक्स आफिस पर काफी सफल सिद्ध हुई। राजकपूर ने अपनी इस फिल्म के द्वारा स्वर्गीय प्रधान मन्त्री पंडित जवाहरलाल नेहरू के स्वप्न को साकार करने का प्रयास किया, जिनका मत था कि आज के बच्चे ही कल के कर्णधार हैं।[15] उन्हें भीख नहीं मांगनी चाहिए। बच्चों की इस फिल्म में, हालांकि राजकपूर ने काम नहीं किया, लेकिन इस फिल्म के एक दृश्य में, उन्हें रेलगाड़ी में जाते हुए दिखाया गया, जिसे देखकर बच्चे कहते हैं कि राजकपूर जा रहा है।

राजकपूर ने भारत के "गैर सरकारी सांस्कृतिक राजदूत" के रूप में कार्य किया था। यह उनका प्रमुख राजनीतिक योगदान था। विदेशों में राजकपूर को काफी सम्मान की दृष्टि से देखा जाता था। सोवियत संघ में तो स्वर्गीय पंडित जवाहरलाल नेहरू के बाद वे सर्वाधिक लोकप्रिय भारतीय माने जाते थे।

राजकपूर की फिल्मों में अनेक सामाजिक समस्याओं का अच्छा चित्रण है। एक जागरूक फिल्मकार होने के कारण ही उन्हें, सन् 1972 ई० में भारत सरकार में "पद्मभूषण" से सम्मानित किया था।[16] मनोरंजन प्रधान फिल्मों को भी सामाजिक उद्देश्यों से परिपूर्ण कर देना राजकपूर की कला की विशेषता है। राजकपूर का राजनीतिक क्षेत्रों में प्रभाव इतना अधिक था कि संसर बोर्ड (फिल्म सर्टिफिकेशन बोर्ड) उनकी फिल्मों के प्रति काफी नरम रुख अपनाता था। इस सम्बन्ध में, राजकपूर के प्रभाव की चर्चा करते हुए एक फिल्म समीक्षक ने लिखा है — "सच्चाई तो यह है कि आज सारा फिल्म उद्योग राजकपूर से ईर्ष्या करता है। इसलिए नहीं कि वह बहुत अच्छे निर्देशक और बहुत सफल फिल्म निर्माता हैं। न ही इसलिए कि राजकपूर व्यावसायिक दृष्टि से बेहद कामयाब फिल्में बनाते हैं, बल्कि उनकी ईर्ष्या का कारण केवल यह सोचना है कि फिल्मों के सेंसर सर्टिफिकेट देने वाला बोर्ड राजकपूर के प्रति पक्षपातपूर्ण रवैया अपनाता है। वह उनकी फिल्मों की जांच करते समय बहुत ही नर्म हो जाता है उसी का यह परिणाम है कि राजकपूर जो चाहते हैं, जैसे चाहते हैं अपनी फिल्म में दिखा लेते हैं। उस पर न आपत्ति होती है और न सेंसर की कैंची चलती है।"

---

15. महावीर सिंह चौहान, "ग्रेट शोमेन राजकपूर", पृ० 20-21.
16. प्रदीप सरदाना, "राजकपूर लम्बे सफर के उतार-चढ़ाव", "नवभारत टाइम्स" हिन्दी दैनिक, नई दिल्ली, नगर संस्करण, 25 फरवरी 1984, पृ० 5.

वास्तविकता तो यह है कि राजकपूर का अपना व्यक्तित्व इतना प्रभावशाली है कि उसके सम्मुख सेंसर की कैंची अपने आप रुक जाती है। उनकी फिल्मों को जांचने वाले पैनल में शायद ही कोई ऐसा सदस्य होता है जिसने उनकी फिल्में न देखी हों, जो उनकी लोकप्रियता से परिचित न हो या जाने अनजाने उनका फैन न रहा हो तथा उनकी पिछली फिल्मों से प्रभावित न रहा हो। जब वे लोग राजकपूर की फिल्म जांचने-परखने बैठते हैं तब उनको लगता है, वे क्या परखें। विद्या का ज्ञान तो उनसे अधिक उस व्यक्ति को है, जिसने इस कृति की रचना की है। यह एक ऐसा कम्पलैक्स है जिससे जांच करने वाले सम्भवतः मुक्त नहीं हो पाते।[17]

वस्तुतः भारतीय सामाजिक एवं राजनीतिक जीवन में राजकपूर ने वह स्थान पा लिया था, जिससे सभी उनकी कला के प्रशंसक बन गए थे।

4. अन्य प्रमुख फिल्म अभिनेता

हिन्दी फिल्मों के अभिनेताओं की सूची काफी लम्बी है। लेकिन इन अभिनेताओं में से ऐसे अभिनेता उंगलियों में गिने जाने वाले हैं, जिनकी अभिनय कला विविधतापूर्ण है तथा जिनका जनमानस पर गहरा असर पड़ा है।

आधुनिक हिन्दी फिल्मों के अन्य प्रमुख अभिनेताओं की फिल्मों का विश्लेषणात्मक अध्ययन तथा सामाजिक एवं राजनीतिक योगदान निम्न प्रकार है।

देवानन्द (देव आनन्द)

देवानंद को हिंदी फिल्मों का "सदाबहार अभिनेता" माना जाता है। देवानन्द की फिल्म "हम नौजवान" के प्रदर्शन के साथ ही फिल्मी दुनिया में देवानन्द का अभिनय-शतक पूरा हो गया है।[18] यह फिल्म उनके द्वारा अभिनीत सौवीं फिल्म है।

देवानन्द का जन्म 26 सितम्बर, 1923 को पंजाब के गुरदासपुर जिले में हुआ।[19] उनका पूरा नाम धर्मदेव आनन्द है। उनकी पत्नी कल्पना कार्तिक

---

17. बी. सुशीला, "क्यों नहीं चलती सेंसर की कैंची राजकपूर की फिल्मों पर", "साप्ताहिक हिन्दुस्तान", हिन्दी, नई दिल्ली, राजकपूर-फिल्म-यात्रा "आग" से "राम तेरी गंगा मैली" तक (विशेषांक) 22 से 28 दिसम्बर 1985, पृ० 11.
18. सुभाष शिरढोनकर, "देव आनन्द" अभिनय का शानदार शतक, "पंजाब केसरी", पूर्वोक्त दैनिक, नगर संस्करण, 5 अप्रैल 1986, पृ० 1.
19. पूर्वोक्त, पृ० 1.

बीते जमाने की मशहूर अभिनेत्री रही हैं। कल्पना कार्तिक और देव आनन्द ने एक साथ "बाजी", "आंधियां", "हम सफर", "टैक्सी ड्राइवर", "मकान नं० 44" और "नौ-दो ग्यारह" आदि फिल्मों में काम किया है।

देव आनन्द की फिल्में

देव आनन्द का फिल्मी सफर 1946 में "हम एक हैं" से शुरू हुआ।[20] लेकिन फिल्मी प्रवेश के लिए देव आनन्द को काफी संघर्ष करना पड़ा। इस बारे में श्री सुभाष शिरढोनकर लिखते हैं—"देश की आजादी के कुछ दिनों पहले देव साहब कुछ करने के मकसद से बम्बई आ गए। देव साहब के बड़े भाई चेतन आनन्द फिल्मों में काफी व्यस्त हो चुके थे, अतः देव के दिल में फिल्मों में काम करने की इच्छा होना स्वाभाविक ही था। लेकिन चेतन आनन्द ने उन्हें कभी भी अवसर नहीं दिया, बल्कि उनकी मान्यता तो यह थी कि देव आनन्द को कभी भी फिल्मों के अभिनय क्षेत्र में सफलता नहीं मिल सकेगी, लेकिन देव आनन्द ने फिल्मों में जाने के लिए अपना संघर्ष जारी रखा। संघर्ष करते कलाकारों के एक रेस्तरां में अक्सर देव साहब की शामें गुजरतीं। ऐसी ही एक शाम उनकी मुलाकात निर्माता पी० एल० सन्तोषी से हुई। पी० एल० सन्तोषी उन दिनों "हम एक हैं" के लिए एक चेहरे की तलाश में थे। देव को पांच साल के लिए, पांच सौ रुपये मासिक अनुबन्ध पर इस फिल्म के लिए चुन लिया गया। इस फिल्म में देव साहब की नायिका थी कमला कोटनीस। यह फिल्म 1946 के दिसम्बर माह में प्रदर्शित हुई।"[21]

"हम एक हैं" के पश्चात् 1947 में देव आनन्द "जिद्दी" और "विद्या" फिल्मों में दिखाई दिए। उसके बाद "जीत", "शायद", "अफसर", "दो सितारे" और "सनम" जैसी कई फिल्में प्रदर्शित हुईं और देव आनन्द फिल्म उद्योग में मजबूती से जम गए। निर्माता के रूप में, 1950 में, "अफसर" उनकी प्रथम फिल्म थी। लगभग सत्रह वर्ष पूर्व "प्रेम पुजारी" फिल्म का निर्देशन करके वे निर्देशक के रूप में भी सामने आए। यद्यपि निर्देशक के रूप में वे कोई उल्लेखनीय योगदान नहीं कर सके फिर भी उनकी कुछ फिल्में सुपरहिट रही हैं।

---

20. मधुर चतुर्वेदी, "देव आनन्द" आगे ही बढ़ायेंगे कदम, "नवभारत टाइम्स", पूर्वोक्त दैनिक, नगर संस्करण, 14 दिसम्बर 1985, पृ० 7.
21. सुभाष शिरढोनकर पूर्वोक्त लेख, पृ० 1.

तालिका 3.8 : देव आनन्द की प्रमुख फिल्में :

क्रमांक	वर्ष	फिल्म
1.	1946	हम एक हैं
2.	1951	बाजी
3.	1956	फंटूश
4.	1960	हम दोनों
5.	1966	गाइड
6.	1972	हरे राम हरे कृष्ण
7.	1974	हीरा पन्ना
8.	1975	इश्क इश्क इश्क
9.	1978	देश परदेश
10.	1980	लूटमार
11.	1983	स्वामी दादा
12.	1984	आनन्द और आनन्द
13.	1986	हम नौजवान

अपने चालीस वर्षों के फिल्म कैरियर में देव आनन्द ने 28 फिल्मों का निर्माण किया। "गाइड" फिल्म में उनका अभिनय अविस्मरणीय रहेगा।

फिल्म अभिनेता के रूप में देव आनन्द का सामाजिक एवं राजनीतिक योगदान :

देव आनन्द की अधिकांश फिल्में मनोरंजन प्रधान रही हैं। यद्यपि जनमानस पर सामाजिक समस्याओं के प्रति, वे अपनी फिल्मों से कोई विशेष प्रभाव नहीं छोड़ सके हैं, फिर भी उनकी "रोमाण्टिक इमेज" का दर्शकों के मानस पर गहरा प्रभाव पड़ा है। इस सम्बन्ध में एक लेखक का मत है कि देव आनन्द फिल्म उद्योग का एक शानदार व्यक्तित्व है। पिछले चार दशक से बतौर नायक वह निरन्तर फिल्मी दुनिया में जमा हुआ है। निर्माता-निर्देशक और अभिनेता के रूप में, आज देव आनन्द के अदम्य उत्साह, सतत् लगन एवं शाश्वत निष्ठा ज्यों की त्यों बनी हुई है। आज देव अपने जीवन के 63 साल पार कर चुके हैं, लेकिन

इसके बावजूद आज भी उनमें कला की फुर्ती है। देव आनन्द हिन्दी फिल्म उद्योग के उन कलाकारों में से एक हैं, जिन्होंने अपनी कामयाबी का एक लम्बा रास्ता तय किया है। वे पिछले 40 सालों से लोकप्रियता के शिखर पर बड़ी ही मजबूती से जमा हुआ है। उसकी लोकप्रियता पर वक्त की धुंध का प्रभाव कभी भी दिखाई नहीं दिया।"[22]

अपनी फिल्मों के लिए देव आनन्द अनेक बार पुरस्कृत हो चुके हैं। राजनीतिक दृष्टि से भी देव आनन्द सक्रिय रहे हैं। 1977 में जनता पार्टी के चुनाव अभियान में उन्होंने खुलकर भाग लिया तथा 1980 के लोक सभा चुनाव के समय फिल्मी हस्तियों के राजनीतिक दल "नेशनल पार्टी" के संस्थापकों में एक वे भी थे। एक अभिनेता के रूप में अर्जित सम्मान के कारण ही वे राजनीतिक क्षेत्र में इतना योगदान कर सके।

इसमें दो मत नहीं हैं कि देव आनन्द का फिल्म उद्योग में बिकल्प नहीं है। भले ही दर्शक उनके द्वारा बनायी गयी फिल्मों को अधिक उत्साह से न देखें लेकिन उनका अक्षण्ण चिर यौवन, उनकी फुर्ती, एकनिष्ठ तन्मयता तथा अदम्य उत्साह प्रशंसनीय है।

स्वर्गीय संजीव कुमार

आधुनिक हिन्दी फिल्मों के इतिहास में, स्वर्गीय संजीव कुमार का नाम सदैव अमर रहेगा। उन्हें "हिन्दुस्तान मार्लन ब्रांडो" के रूप में जाना जाता था[23] एक लम्बे समय तक हिन्दी फिल्मों में छाये रहने वाले इस लोकप्रिय अभिनेता का निधन 6 नवम्बर, 1985 को सैंतालीस वर्ष की अल्पायु में ही हो गया।[24] लेकिन उनकी फिल्में उनकी उत्कृष्ट अभिनय क्षमता को सदैव याद दिलाती रहेंगी।

संजीव कुमार की फिल्में

संजीव कुमार फिल्मों में आने से पूर्व नाटकों में कार्य करते थे। फिल्मों में प्रवेश करने के लिए उन्हें काफी संघर्ष करना पड़ा। शुरू-शुरू में उन्हें स्टण्ट

---

22. पूर्वोक्त.
23. राजपाले राजे, "नवभारत टाइम्स", पूर्वोक्त दैनिक, नगर संस्करण, 7 दिसम्बर 1985, पृ० 5.
24. सरोश मोदी, "दि संजीव कुमार आई न्यू", "स्क्रीन", अंग्रेजी साप्ताहिक, बम्बई, 6 दिसम्बर 1985, पृ० 8.

फिल्में मिलीं लेकिन शीघ्र ही वे सामाजिक फिल्मों के एक प्रमुख अभिनेता बन गए। 1964 में "हिन्दुस्तानी" से अपना कैरियर शुरू करने वाले[25] संजीव कुमार को "नया दिन नयी रात" फिल्म में नौ विभिन्न भूमिका का अवसर मिला।[26] अभिनय प्रतिभा के धनी संजीव कुमार की एक के बाद एक यादगार फिल्में आती रहीं।

हिन्दी फिल्मोद्योग में अक्सर होता यह है कि यहाँ कलाकार को "टाइप्स" बना दिया जाता है। संजीव कुमार ने इस परम्परा को तोड़ा और "अनोखी रात", "आशीर्वाद", "गौरी", "राजा और रंक" आदि फिल्मों में उन्हें जहां-जहां अभिनय निपुणता दिखाने का अवसर मिला, उन्होंने खोया नहीं। "शिकार" में धर्मेन्द्र के साथ सहनायक बने और पहली बार फिल्मफेयर पुरस्कार प्राप्त किया। इसी वर्ष यानि 1968 में संजीव कुमार ने "संघर्ष" में दिलीप कुमार व बलराज साहनी से बाजी मारी ओर इस भूमिका के लिए रातोंरात चर्चित हो उठे। "संघर्ष" की छोटी-सी भूमिका के एक दृश्य में, दिलीप कुमार को शतरंज की चौपड़ बिछाये बैठे हुए एक तीखी हंसी हंसते हुए मात दे देते हैं। इसी तरह "धरती कहे पुकार के" फिल्म के भी संक्षिप्त भूमिका के बावजूद आखिरी दृश्य में दर्शकों को रुला जाते हैं।

संजीव कुमार की सबसे बड़ी खूबी यह थी कि भूमिका छोटी हो या बड़ी, वे अपनी मौजूदगी का अहसास करा देते थे। "चंदा और बिजली", "गुस्ताखी माफ", "इंसाफ का मन्दिर", "ज्योति", "सच्चाई", "सत्यकाम" आदि ऐसी ही

---

25. राजपाल राजे, पूर्वोक्त लेख, पृ० 5.
26. "नया दिन नयी रात" में संजीव कुमार की भूमिका के संबंध में फ़ौजिया खासाई शिराजी ने लिखा है कि

> "The most fantastic, the most superb thing to happen to Sanjeev, the actor, the creative artistic, was a film titled 'Naya Din Nayi Raat.' In this film he dared to play nine different roles, each a different character with a different temperament, habit and style. This is by far the greatest achievement any actor could have dreamt of. This film was introduced by another film actor Dilip Kumar, who showered genuine praise on his fellow actor Sanjeev. I do not think any actor in India or abroad can claim such an achievement which is unsurpassed in the history of film historionic. We still remember the leper in the film as we do the dramatist who has a feminine voice and manners and who repeats the words 'Lucha Kahin Ka' every now and again with the charm he alone could have lent to it."

फौजिया खमाई शिराजी "फार संजीव कुमार—ए ब्रेथ बोवन विद पलावर्स आफ प्रेज", "स्क्रीन", पूर्वोक्त साप्ताहिक, 29 नवम्बर 1985, पृ० 12.

फिल्में थीं, जहां संजीव कुमार की भूमिका तो गौण रहती है, लेकिन उनकी मौजूदगी का अहसास दर्शक को हो जाता है ।

तालिका 39 : संजीव कुमार की प्रमुख फिल्में :

क्रमांक	फिल्म	क्रमांक	फिल्म
1.	दस्तक	13.	पापी
2.	खिलौना	14.	शतरंज के खिलाड़ी
3.	कोशिश	15.	चेहरे पे चेहरे
4.	परिचय	16.	शोले
5.	आंधी	17.	त्रिशूल
6.	मौसम	18.	सिलसिला
7.	नमकीन	19.	नौकर
8.	अंगूर	20.	यही है जिंदगी
9	अनहोनी	21.	अर्जुन पंडित
10.	मनचली	22.	जिन्दगी
11.	विश्वासघात	23.	ईमानधर्म
12.	मुक्ति	24.	बेरहम

यद्यपि संजीव कुमार ने अनेक मनोरंजन प्रधान घटिया फिल्मों में भी काम किया है, किन्तु इससे उनकी अभिनय प्रतिभा में गिरावट नहीं आयी । उनका विश्वास था कि कलाकार के लिए अपनी अभिनय प्रतिभा व लगन महत्वपूर्ण होती है न कि फिल्म का घटिया या उच्च स्तर का होना ।

फिल्म अभिनेता के रूप में संजीव कुमार का सामाजिक व राजनीतिक योगदान ।

संजीव कुमार को ऐसी अनेक फिल्मों में भूमिका करने का अवसर मिला जिनमें कथानक किसी-न-किसी सामाजिक कथानक अथवा किसी-न-किसी सामाजिक समस्या से सम्बन्धित था ।

हमारे समाज में शारीरिक रूप से विकलांग व्यक्तियों का जीवन उपेक्षापूर्ण है। फिल्म "कोशिश" में संजीव कुमार को एक गूँगे व बहरे व्यक्ति का अभिनय करने का अवसर मिला था। इस फिलम में, उत्कृष्ट अभिनय के द्वारा उन्होंने बताया कि किस प्रकार एक गूँगा-बहरा व्यक्ति प्रगति के पथ पर अग्रसर होकर समाज में अपना स्थान बना पाता है।

अभिनेता के रूप में संजीव कुमार का राजनीतिक योगदान उनकी दो फिल्मों "आंधी" और "शतरंज के खिलाड़ी" के रूप में सामने आया। इन दोनों फिल्मों ने उन्हें अभिनय की चोटी तक पहुंचाने में भरपूर मदद की। "आंधी" फिल्म गुलजार के निर्देशन में बनी थी। इस फिलम में, संजीव कुमार ने राजनीति में व्यस्त रहने वाली पत्नी (सुमित्रा सेन) के पति को भूमिका अदा की थी। पत्नी की अत्यधिक राजनीति व्यस्तता के कारण वे उससे अलग हो जाते हैं, लेकिन जब-जब उससे मिलते हैं तो एक नये रूप में।[27] यह फिल्म काफी विवाद का विषय बनी थी। लेकिन कुछ समीक्षकों द्वारा इस फिल्म के कथानक को राजनीतिक रूप दिया जाना सर्वथा अनुचित था। दूसरी महत्वपूर्ण फिल्म थी "शतरंज के खिलाड़ी"। इसका कथानक भी राजनीतिक था। इस फिल्म में, बतलाया गया था कि किस प्रकार अंग्रेजों ने एक के बाद एक देसी रियासतों पर अधिकार करते हुए अवध को अपने शासन में मिलाया। सत्यजीत राय की इस फिल्म में संजीव कुमार का अभिनय बेजोड़ था।

विभिन्न सामाजिक समस्याओं वाले कथानकों पर आधारित फिल्मों के अभिनेता संजीव कुमार को फिल्म "दस्तक" में अपनी भूमिका के लिए, सर्वश्रेष्ठ फिल्म अभिनेता का "राष्ट्रीय फिल्म पुरस्कार" प्रदान किया गया था। "कोशिश" फिलम में अपने सर्वश्रेष्ठ अभिनय के लिए उन्हें यह राष्ट्रीय पुरस्कार पुनः प्रदान किया गया।

दारा सिंह

दारा सिंह आधुनिक हिन्दी फिल्मों के एक ऐसे अभिनेता हैं, जोकि पहलवान भी हैं। वे अब तक तो सौ से अधिक फिल्मों में काम कर चुके हैं।

दारा सिंह की फिल्में

19 नवम्बर, 1928 को अमृतसर जिले के "धरम चाक" गांव के एक सिख परिवार में जन्मे, दारा सिंह की प्रथम फिल्म 1962 में प्रदर्शित "किंग कांग"

---

27. राजपाल राजे, पूर्वोक्त लेख, पृ० 5.

थी।[28] यद्यपि दारा सिंह को वह सफलता नहीं मिल सकी, जोकि उन्हें एक स्टार बना पाती, फिर भी फिल्मों में वे निरन्तर सक्रिय रहे हैं। उन्होंने सौ फिल्मों में अभिनय किया है।[29]

तालिका 3.10 : दारा सिंह की सौ फिल्में :

क्रमांक	फिल्म	क्रमांक	फिल्म
1.	किंग कांग	16.	हरक्युलस
2.	रुस्तम-ए-बगदाद	17.	जग्गा
3.	एक था अली बाबा	18.	वीर भीमसेन (पुरानी फिल्म)
4.	फौलाद	19.	संग्राम
5.	आवारा अब्दुल्ला	20.	शेरदिल
6.	सेम्सन	21.	बोक्सर
7.	दारासिंह	22.	हम सब उस्ताद हैं
8.	रूस्तम-ए-रोम	23.	महाभारत
9.	बादशाह	24.	राका
10.	आँधी और तूफान	25.	खाकन
11.	आया तूफान	26.	लुटेरा
12.	सात समन्दर पार	27.	बेकसूर
13.	टार्जन	28.	अपना खून
14.	रूस्तम-ए-हिन्द	29.	अपना दुश्मन
15.	इंसाफ	30.	हम एक हैं

28. अली पीटर जान, "सो सटांग एन्ड येट सो सोफ्ट (सेवन हंड्रड फाइट्स, ट्वेन्टी फाइव ईयर्स; ए हंडर्ड फिल्म्स एण्ड स्टिल गोइंग स्ट्रोंग)", "स्क्रीन", पूर्वोक्त साप्ताहिक, 7 जुलाई 1985, पृ० 12.

29. पूर्वोक्त ।

क्रमांक	फिल्म	क्रमांक	फिल्म
31.	सिकन्दर-ए-आजम	54.	चोरों का चोर
32.	जवान मर्द	55.	गुनाहों के रास्ते
33.	ठाकुर जनरल सिंह	56.	इल्जाम
34.	खून का खून	57.	नानक दु:खिया सब संसार
35.	दादा	58.	शेर-ए-वतन
36.	डाकू मंगल सिंह	59.	तुलसी विवाह
37.	नौजवान	60.	डाकू मानसिंह
38.	शंकर खान	61.	रामू उस्ताद
39.	सरदार	62.	ललकार
40.	नसीहत	63.	सुल्ताना डाकू
41.	दो दुश्मन	64.	मेले मित्रे दे
42.	वतन से दूर	65.	क्रिमिनल्स
43.	जंग और अमन	66.	मेरा शिकार
44.	बलराम श्रीकृष्ण	67.	मेरा देश मेरा धर्म
45.	संगदिल	68.	फिर आया तूफान
46.	दुरून का गुलाम	69.	हर हर महादेव
47.	दुलाभाटी	70.	धना जाट
48.	चालबाज	71.	किसान और भगवान
49.	थीफ आफ बगदाद	72.	वारन्ट
50.	तूफान	73.	धर्मात्मा
51.	किल्लर्स	74.	जहरीला इंसान
52.	जालसाज	75.	धर्म कर्म
53.	डंका	76.	राखी और राइफल

क्रमांक	फिल्म	क्रमांक	फिल्म
77.	बजरंग बली	89.	लम्बरदारनी
78.	अली बाबा	90.	खेल मुकद्दर का
79.	सवा लाख से एक लड़ाऊ	91.	गुरु सुलेमान चेला पहलवान
80.	राम भरोसे	92.	मैं इंतकाम लूंगा
81.	बीरू उस्ताद	93.	रुस्तम
82.	ध्यानू भगत	94.	भुलेखा
83.	भक्ति में शक्ति	95.	आन और शान
84.	सोने का दिल लोहे के हाथ	96.	माया बाजार
85.	नालायक	97.	वीर भीमसेन
86.	चम्बल की रानी	98.	मेरा नाम जोकर
87.	वन मानुष	99.	बला नमोरी
88.	शिव शक्ति	100.	मर्द

उपरोरक्त फिल्मों में दारासिंह ने विभिन्न भूमिकायें अदा की हैं। अधिकतर फिल्मों में, उन्होंने कुश्ती के रोल भी किए हैं। वे फिल्म निर्माता-निदेशक के रूप में भी सफल रहे हैं, यद्यपि उनकी फिल्में बाक्स आफिस पर सुपर हिट नहीं रहीं, फिर भी व्यावसायिक दृष्टि से असफल भी नहीं रहीं। फिल्म निर्माता बनने से पूर्व उन्होंने इस विद्या का गम्भीर अध्ययन किया।[30] दारा सिंह ने हिंदी के अतिरिक्त पंजाबी भाषा की फिल्में भी बनायी हैं।

30. इस विषय पर अली पीटर जान ने लिखा है कि

"Dara soon learned all amount film business and made his debut as a full-fledged film maker after thirty six films as an actor, 'Nasihat' made in 1967 was the first of this films. He went on to make (produce and direct) 'Nanak Dukhiya Sab Sansar' (Punjabi) 'Mera Desh Mera Dharam', 'Dhana Jat' (Punjabi) 'Kisan aur Bhagwan', 'Dhayanu Bhagat', 'Rustour' and 'Unkheeli Mutiyar' which is still to be released. He put all that he earned into his films. He started Dara Studio in Punjab where he shot all his films and which gave a new impetus to the Punjabi film movement."

—पूर्वोक्त।

सामाजिक एवं राजनीतिक योगदान

दारा सिंह एक अच्छे पहलवान भी हैं। इस क्षेत्र में उनकी देन हमारे समाज व देश के लिए गौरव का विषय है। 28 वर्ष की छोटी उम्र में ही दारा सिंह ने विश्व के कई देशों के पहलवानों को चित्त कर दिया। इसके बाद दारा सिंह ने विश्व चैम्पियनशिप की तैयारी शुरू कर दी। 1959 में वे कामनवैल्थ चैम्पियन बने। फिर 1959 में ही ब्रिटिश पहलवान लूथस को हराकर वे विश्व चैम्पियन बने।[31] बत्तीस साल की आयु तक दारा सिंह सारे विश्व में अपनी पहलवानी की धाक जमा चुके थे।

एक पहलवान के रूप में, समाज को उनके योगदान के बारे में, सुभाष शिरढोनकर ने लिखा है कि "फिल्मों में काम करने के साथ दारासिंह ने अपनी कुश्तियों का दौर भी जारी रखा। इस बीच कोलम्बो, मद्रास और लाहौर आदि में प्रसिद्धि के शिखर तक पहुंचे। पाकिस्ताम के पहलवान मजीद अक्कारा से लड़ी उनकी कुश्ती अत्यधिक लोकप्रिय रही। इस कुश्ती में मजीद अक्कारा का हाथ टूट गया था और बाद में इस कारण उसकी मृत्यु भी हो गयी थी।"[32] किसी भी समाज में खेलों का महत्वपूर्ण स्थान होता है। लेकिन हिन्दी फिल्मों में इस कथानक पर फिल्मों का अभाव है। दारा सिंह ने इस ओर भी ध्यान दिया। 1983 में खेल समस्या पर एक फिल्म "रूस्तम" बनायी। इस फिल्म का विषय इतना प्रासंगिक व रुचिकर था कि इस फिल्म को कर मुक्त कर दिया गया।

यद्यपि दारा सिंह राजनीतिक क्षेत्र से सदा दूर रहे हैं, लेकिन नेहरू परिवार से उनके सदा घनिष्ठ सम्बन्ध बने रहे।

दारा सिंह का एक प्रमुख सामाजिक योगदान यह रहा है कि फिल्म क्षेत्र में उन्होंने कई नये व्यक्तियों को प्रवेश का अवसर प्रदान किया है।[33] यह उनकी

---

31. सुभाष शिरढोनकर, "वापसी एक पहलवान अभिनेता की", "नवभारत टाइम्स", पूर्वोक्त दैनिक, नगर संस्करण, 28 दिसम्बर 1985, पृ० 5.

32. पूर्वोक्त।

33. इस संबंध में अली पीटर जान ने लिखा है कि

"His coming to films showed many a new way. Producers who did not know what to do, what kind of films to make and with whom to make them saw new hope in Dara Singh. Directors, Music Directors, Technicians and Casual Workers who were unemployed found new opportunities. The new Dara Singh factor also gave work to a number of actresses and character artistes."

—अली पीटर जान, पूर्वोक्त लेख, पृ० 12.

सामाजिकता और विशाल हृदयता का द्योतक है। फिल्म क्षेत्र में नवागन्तुकों का स्वागत करने वाले व्यक्ति विरले ही होते हैं। हमारे समाज को ऐसे ही व्यक्तियों की आवश्यकता है।

दिलीप कुमार

आधुनिक हिन्दी फिल्मों के इतिहास में दिलीप कुमार का स्थान उल्लेखनीय है। उन्हें "दुखान्त अभिनय का बादशाह" कहा जाता है।[34] यद्यपि दिलीप कुमार की फिल्मों की सूची काफी लम्बी नहीं है, लेकिन अभिनय क्षमता में वे बेजोड़ हैं।

दिलीप कुमार की फिल्में

दिलीप कुमार की हीरो के रूप में, पहली फिल्म "ज्वार भाटा" 1944 में आयी। इस फिल्म में उनके अभिनय को देखकर उस समय के प्रसिद्ध फिल्म अभिनेता मोतीलाल ने कहा था कि "आखिर मेरी जगह लेने वाला कलाकार आ गया है।[35] 11 दिसम्बर" 1923 को पेशावर (पाकिस्तान) में जन्मे दिलीप कुमार (यूसफ खान) ने शीघ्र ही हिन्दी फिल्मों में अपनी जगह बना ली।

तालिका 3.11 : दिलीप कुमार की प्रमुख फिल्में

क्रमांक	वर्ष	फिल्म
1	2	3
1.	1944	ज्वार भाटा
2.	1945	मिलन
3.	1947	जुगनु
4.	1948	मेला तथा "शहीद"

34. धर्मेन्द्र गौड़, "दु:खान्त अभिनय का बादशाह", दिलीप कुमार (संस्करण) "अमर उजाला", पूर्वोक्त दैनिक, 23 दिसम्बर 1983, पृ० 8.
35. भरत, "दिलीप कुमार कल आज और कल" "पूर्वोक्त दैनिक" 18 नवम्बर 1983, पृ० 6.

1	2	3
5.	1948	नदिया के पार
6.	1949	शबनम
7.	1450	जोगन
8.	1950	आरजू
9.	1951	दीदार
10.	1954	फुटपाथ
11.	1955	देवदास
12.	1955	आजाद
13.	1958	यहूदी
14.	1959	पैगाम
15.	1960	कोहिनूर
16.	1960	मुगले आजम
17.	1961	गंगा जमुना
18.	1964	लीडर
19.	1964	राम और श्याम
20.	1974	सगीना

दिलीप कुमार की उपरोक्त लगभग सभी फिल्में सफल रही हैं। एक अभिनेता के रूप में वे दुःखान्त भूमिकाओं में ही अधिक सफल रहे हैं।

वर्तमान समय में चरित्र अभिनेता के रूप में दिलीप कुमार ने अपनी "इमेज" बनायी है। चरित्र अभिनेता के रूप में वे कई फिल्मों में अमिताभ बच्चन तथा संजीव कुमार के साथ अभिनय कर चुके हैं। दर्शकों में आज भी उनके नाम का "क्रेज" है।

रेखाचित्र 3.9 : 1944-48, 1949-54, 1955-59, 1960-64, 1965-69, 1970-74 की अवधि में दिलीप कुमार की प्रमुख फिल्मों की संख्या।

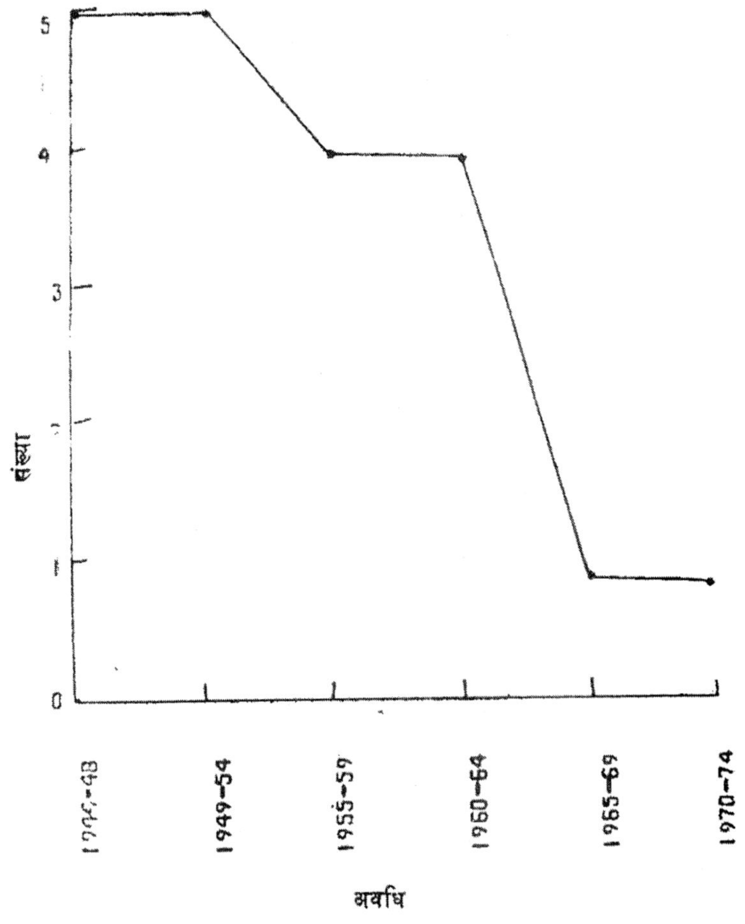

सामाजिक और राजनीतिक योगदान

दिलीप कुमार एक ऐसे अभिनेता हैं, जो कि सामाजिक समस्याओं को उजागर करने वाली फिल्मों में अभिनय करने के अतिरिक्त समाज सेवा के कार्य में भी सदा अग्रणी रहे हैं।

इतना ही नहीं, उनका राजनीतिक योगदान भी काफी उल्लेखनीय है। मौलाना आजाद, कृष्णा मेनन, रजनी पटेल तथा मोहन कुमार मंगलमय से उनकी मित्रता रही है। नेहरू जी के चुनाव प्रचार में तथा बाद में वे काफी तत्पर रहे। यही कारण है कि नरगिस दत्त की मृत्यु के बाद राज्य सभा की रिक्त हुई सीट के लिए उनके नाम की काफी चर्चा हुई थी। चन्द्रशेखर की ऐतिहासिक पद यात्रा में भी दिलीप कुमार सपत्नीक शामिल हुए थे। बम्बई के शेरिफ पद पर भी वे रहे और इस पद पर रहते हुए उन्होंने अनेक सामाजिक व राजनीतिक गतिविधियों में भाग लिया।

मनोज कुमार

मनोज कुमार आधुनिक हिन्दी फिल्मों का एक ऐसा अभिनेता है, जिसे "भारत कुमार" कहा जाता है। वह अभिनेता के साथ-साथ फिल्म निर्माता-निर्देशक भी है। मनोज कुमार की फिल्मी सफलता के विषय में एक लेखक प्रमोद लायटू ने लिखा है कि "मनोज कुमार हिन्दी फिल्म उद्योग का एक सुपरिचित नाम है। अभिनय के क्षेत्र में ही नहीं, लेखन-निर्देशन एवं निर्माण के क्षेत्र में भी मनोज कुमार ने अपनी अद्वितीय क्षमता एवं योग्यता उन अनेकानेक फिल्मों से सिद्ध कर दिया है, जिनको जन सामान्य ने बेहद पसन्द किया और व्यावसायिक सफलता के साथ ही साथ उन फिल्मों को बुद्धिजीवी वर्ग ने भी सराहा और यहीं मनोज कुमार का फिल्म निर्माण के क्षेत्र में हस्तक्षेप चर्चित हुआ, उसे अपार प्रसंशा मिली। फलतः उसका फिल्म अभिनेता के रूप में जो कैरियर प्रारम्भ हुआ था। वह शनैः शनैः स्वयं पर ही इतना केन्द्रित हो गया कि वह अभिनय के अतिरिक्त स्वयं ही लेखक, संवाद लेखक, निर्माता-निर्देशक भी बन बैठा। इतना कुछ हो जाने के पश्चात मनोज ने बाहर की फिल्मों के अनुबन्ध स्वीकार करने कम कर दिये और स्वयं की "वी० आई० पी०" के बैनर के अन्तर्गत एक फिल्म निर्माण संस्था आरम्भ कर दी, जिसने अब तक अनेकानेक बहुचर्चित एवं सफल फिल्मों का निर्माण कर मनोज कुमार की यश एवं कीर्ति में अत्यधिक वृद्धि की है।"[36]

---

36. प्रमोद लायटू, "वक्त के साथ व्यावसायिक होना पड़ता है", "पंजाब केसरी पूर्वोक्त" दैनिक, नगर संस्करण, 23 नवंबर 1985, पृ० 1.

फिल्में तथा सामाजिक एवं राजनीतिक योगदान

इस बात में कोई सन्देह नहीं है कि मनोज कुमार ने हमेशा देश प्रेम व देश भक्ति से ओत-प्रोत फिल्मों का ही निर्माण किया। "शहीद भगत सिंह" फिल्म हो या फिल्म "पूरब-पश्चिम", "उपकार" फिल्म अथवा फिल्म "रोटी, कपड़ा और मकान" सब ही फिल्मों में प्रस्तुतीकरण मनोज़ कुमार जैसे कुशल लेखक एवं निर्माता के ही सामर्थ्य की बात रही है।

मनोज कुमार की फिल्म "उपकार" स्वर्गीय प्रधान मन्त्री लाल बहादुर शास्त्री के "जय जवान जय किसान" के नारे पर आधारित थी। इस फिल्म ने दर्शकों के मन में देशभक्ति की भावना को प्रेरित किया था। इस फिल्म ने किसान की समाज में महत्त्वपूर्ण भूमिका को उस समय प्रस्तुत किया जबकि भारत बडी मात्रा में खाद्यान्न विदेशों से आयात कर रहा था।

भारतीय समाज में, पाश्चात्य संस्कृति का अर्थानुकरण बहुत बढ़ चुका है। यह मनोज कुमार का एक प्रमुख सामाजिक योगदान है कि उन्होंने "पूरब-पश्चिम" फिल्म के द्वारा यह सिद्ध कर दिखाया कि भारतीय संस्कृति में श्रेष्ठ तत्त्व मौजूद हैं और पश्चिम का अधनुकरण किसी भी दृष्टि से भारतीयों के लिए उचित नहीं है।

मनोज कुमार की "क्रान्ति" फिल्म का कथानक भारत के स्वाधीनता आन्दोलन से सम्बन्धित है। देश की युवा पीढ़ी को स्वाधीनता आन्दोलन की जानकारी होना आवश्यक है। मनोज कुमार की यह फिल्म इस उद्देश्य की पूरक है।

यद्यपि मनोज कुमार की फिल्में काफी कम आयी हैं, किन्तु इन्हीं फिल्मों के द्वारा उनका सामाजिक एवं राजनीतिक योगदान काफी रहा है।

आधुनिक हिन्दी फिल्मों में, नसीरुद्दीन शाह तथा ओमपुरी दो ऐसे अभिनेता हैं जिन्हें कला फिल्मों में कार्य करने का अवसर मिला है और हिन्दी सिनेमा को उनसे काफी आशाएं हैं। सम्भ्रान्त परिवारों के लड़के फिल्मों में प्रवेश ले रहे हैं। भूतपूर्व राष्ट्रपति ज्ञानी जैल सिंह को पोता इन्दर जीत सिंह भी हिन्दी फिल्मों में अभिनय करने लगा है।[37] एक राष्ट्रपति का पोता होते हुए भी वह अपने बलबूते पर ही फिल्मों में स्थान बनाना चाहता है। इस सम्बन्ध में, एक साक्षात्कार में, इन्दर जीत सिंह ने कहा है कि—"सच बताऊं तो जो मेरे पास आते हैं उनमें

---

37. शरद राय, "आगमन राष्ट्रपति के पोते का फिल्मों में : मैं अपने नाम से जीना चाहता हूं·········इंदरजीत सिंह" (साक्षात्कार) "मूवी जगत" हिन्दी साप्ताहिक, नई दिल्ली, 23-29 सितम्बर 1981, पृ० 10.

ज्यादातर इस नाते आते हैं कि मैं राष्ट्रपति से सम्बन्धित हूं। मुझे इस बात से चिढ़ है। मैं मैं हूं मैं अपने नाम से जीना चाहता हूं। मुझे लोग मेरे नाम से जानें, इसीलिए तो फिल्मों में आया, राजनीतिज्ञों में नहीं गया।"[38] निश्चय ही, इन्दर जीत सिंह जैसे युवकों के हिन्दी फिल्मों में आने से, "फिल्म और राजनीति" का संबंध घनिष्ठतर ही होगा।

1984 तथा 1985 में, हिन्दी फिल्म अभिनेताओं की फिल्मों का विश्लेषण

1984 तथा 1985 के वर्षों में हिन्दी फिल्म अभिनेताओं की कई फिल्में रिलीज हुईं। कुछ नये अभिनेताओं की फिल्में भी व्यावसायिक दृष्टि से सफल रहीं, जबकि कुछ पुराने अभिनेताओं की फिल्में भी "फ्लाप" हो गयीं।

1984 के वर्ष में, प्रमुख अभिनेताओं की फिल्मों की व्यावसायिक सफलता।[39]

38. पूर्वोक्त.
39. मोहन सिरीया, "1984 ट्रेन्डस इन हिन्दी सिनेमा", "स्क्रीन" पूर्वोक्त साप्ताहिक, 15 फरवरी 1985, पृ० 12.

तालिका 3.12 : 1984 के वर्ष प्रमुख अभिनेताओं की व्यावसायिक सफलता :

क्रमांक	अभिनेता का नाम	प्रदर्शित फिल्में	सफल फिल्में	सफल फिल्मों के नाम
1	2	3	4	5
1.	जीतेन्द्र	8	3	तोहफा, मकसद, कैदी
2.	राकेश खन्ना	7	2	पापी पेट का सवाल है, मकसद
3.	अमिताभ बच्चन	2	1	शराबी
4.	मिथुन चक्रवर्ती	10	1	घर एक मन्दिर
5.	राज बब्बर	7	1	आज की आवाज
6.	शशि कपूर	3	1	घर एक मन्दिर
7.	नसीरुद्दीन शाह	4	1	स्पर्श

(क्रमशः)

1	2	3	4	5
8.	अनुपम खेर	2	1	सारांश
9.	धर्मेन्द्र	7	—	—
10.	कमल हासन	6	—	—
11.	ऋषि कपूर	4	—	—
12.	अनिल कपूर	4	—	—
13.	रजनीकांत	4	—	—
14.	राज कुमार	3	—	—
15.	सन्नी दे ओल	3	—	—
16.	मोहनीश बहल	3	—	—
17.	फारुक शेख	3	—	—
18.	संजय दत्त	2	—	—
19.	कुमार गौरव	2	—	—
20.	सुनील दत्त	2	—	—

21.	देव आनन्द	1	—	—
22.	सुनील आनन्द	1	—	—
23.	जतिन मल्होत्रा	1	—	—
24.	राजीव कपूर	1	—	—
25.	जैंकी श्राफ	1	—	—
26.	करन शाह	1	—	—

रेखा चित्र 3·10 : 1984 के वर्षों में व्यावसायिक सफलता प्राप्त बारह प्रमुख अभिनेता तथा उनकी कुल फिल्मों की संख्या

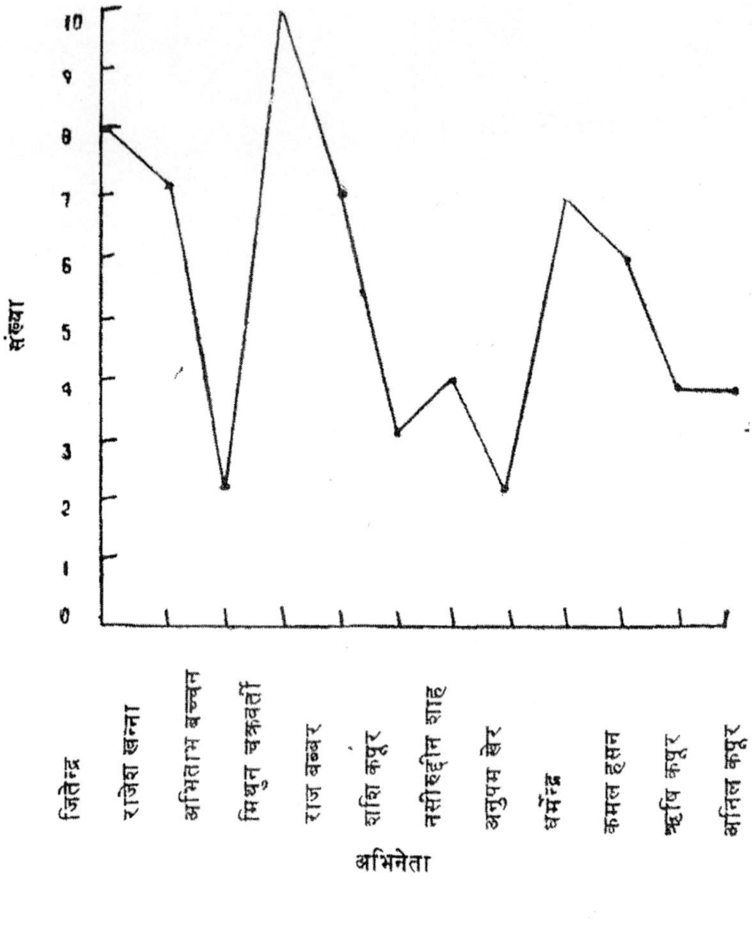

रेखाचित्र 3·11 : 1984 के वर्ष व्यावसायिक सफलता प्राप्त अभिनेता तथा उनकी सफल फिल्मों की संख्या

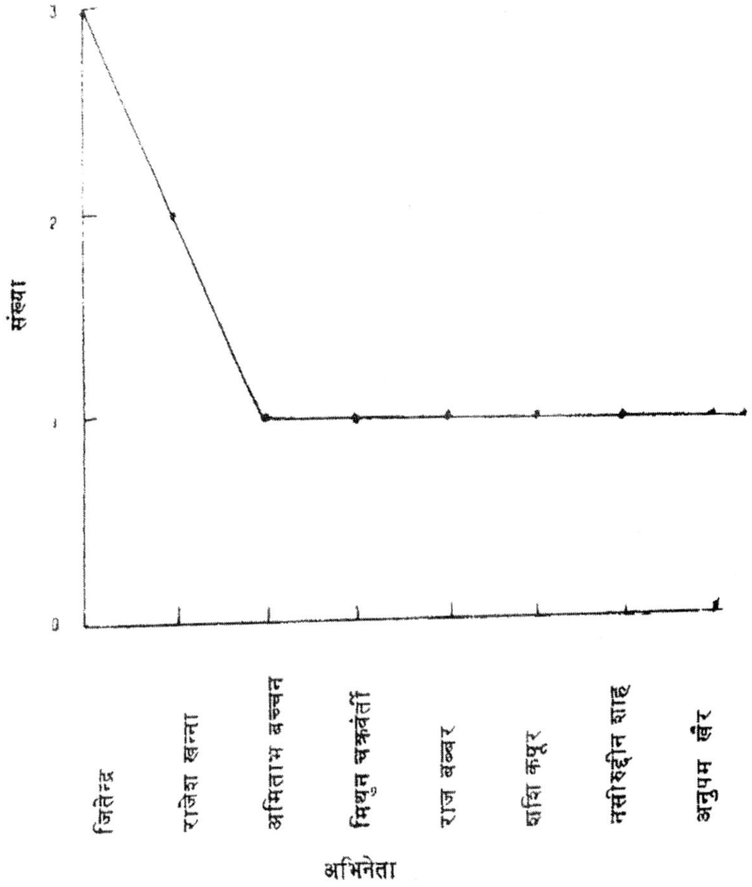

उपरोक्त तालिका का विश्लेषण करने से ज्ञात होता है कि 1984 के वर्ष में, हिन्दी फिल्मों के सफल नायक जीतेन्द्र तथा राजेश खन्ना रहे हैं। जबकि छब्बीस नायकों में से सोलह नायकों की एक भी फिल्म व्यावसायिक दृष्टि से सफल नहीं रही।

1985 के वर्ष में, प्रमुख अभिनेताओं की फिल्मों की व्यावसायिक सफलता

1985 का वर्ष हिन्दी फिल्मों के लिए परिवर्तनकारी वर्ष रहा है। फिल्म नायकों में से नये अभिनेताओं को, इस वर्ष अधिक सफलता मिली।[40]

पिछले कुछ वर्षों से हिन्दी सिनेमा में स्टार पुत्रों ने कुछ कर दिखाने के प्रयास किये हैं। स्टार पुत्रों का फिल्म अभिनय का कैरियर के रूप में अपनाने का प्रयास स्वाभाविक ही है। क्योंकि जिस क्षेत्र में पिता होता है, उसी क्षेत्र में उसकी सन्तानें अपेक्षाकृत अधिक सफलता प्राप्त कर पाती हैं। जब डाक्टर का पुत्र डाक्टर, राजनेता का पुत्र राजनेता, व्यवसायी का पुत्र व्यवसायी बनकर सफलता के नये कीर्तिमान स्थापित कर सकते हैं, तो स्टार पुत्र क्यों नहीं।

40. मोहन सिरोया, "1985-ए सर्वे—ए ईयर आफ रिवीवल एण्ड कंसोलीड्रेशन फार हिन्दी सिनेमा", "स्क्रीन" पूर्वोक्त साप्ताहिक, 3 जनवरी 1986, पृ० 20 तथा "स्क्रीन 24" जनवरी 1986 पृ० 6.

तालिका 3.13 : 1985 के वर्ष में प्रमुख अभिनेताओं की व्यावसायिक सफलता :

क्रमांक	प्रमुख अभिनेता का नाम	प्रदर्शित फिल्में	सफल फिल्में		सफल फिल्मों का प्रतिशत
			संख्या	फिल्म	
1	2	3	4	5	6
1.	अनिल कपूर	4	4	साहिब, युद्ध, मोहब्बत, मेरी जंग	100
2.	अमिताभ बच्चन	2	2	गिरफ्तार, मर्द	100
3.	अमोल पालेकर	1	1	अनकही	100
4.	कमल हसन	3	2	गिरफ्तार, सागर	66
5.	सनी दे ओल	2	1	अर्जुन	50
6.	रजनी कांत	2	1	गिरफ्तार	50

(क्रमशः)

1	2	3	4	5	6
7.	जैकी श्राफ	7	3	शिवा का इन्साफ, युद्ध तथा तेरी मेहरबानियां	43
8.	ऋषि कपूर	5	2	तवायफ, सागर	40
9.	मिथुन कपूर	12	4	प्यार झुकता नहीं, प्यारी बहना आंधी तूफान, गुलामी	33
10.	धर्मेन्द्र	3	1	गुलामी	33
11.	शशि कपूर	6	2	आंधी तूफान, उत्सब	33
12.	नसीरुद्दीन शाह	5	1	गुलामी	20
13.	राजीव कपूर	5	1	राम तेरी गंगा मैली	20
14.	जीतेन्द्र	8	1	पाताल भैरवी	12.5
15.	शत्रुघ्न सिन्हा	8	1	आंधी तूफान	12.5
16.	राजेश खन्ना	9	1	आखिर क्यों	11
17.	राज बब्बर	10	1	दुर्गा	—

18.	फारुक शेख	3	—	—	—
19.	स्वर्गीय संजीव कुमार	2	—	—	—
20.	कुमार गौरव	2	—	—	—
21.	राजन सिप्पी	2	—	—	—
22.	संजय दत्त	2	—	—	—
23.	संदीप पाटिल	1	—	—	—
24.	रोहन कपूर	1	—	—	—

रेखाचित्र 3.12 : 1985 के वर्ष में व्यावसायिक सफलता प्राप्त बारह प्रमुख अभिनेता तथा उनकी प्रदर्शित फिल्मों की संख्या

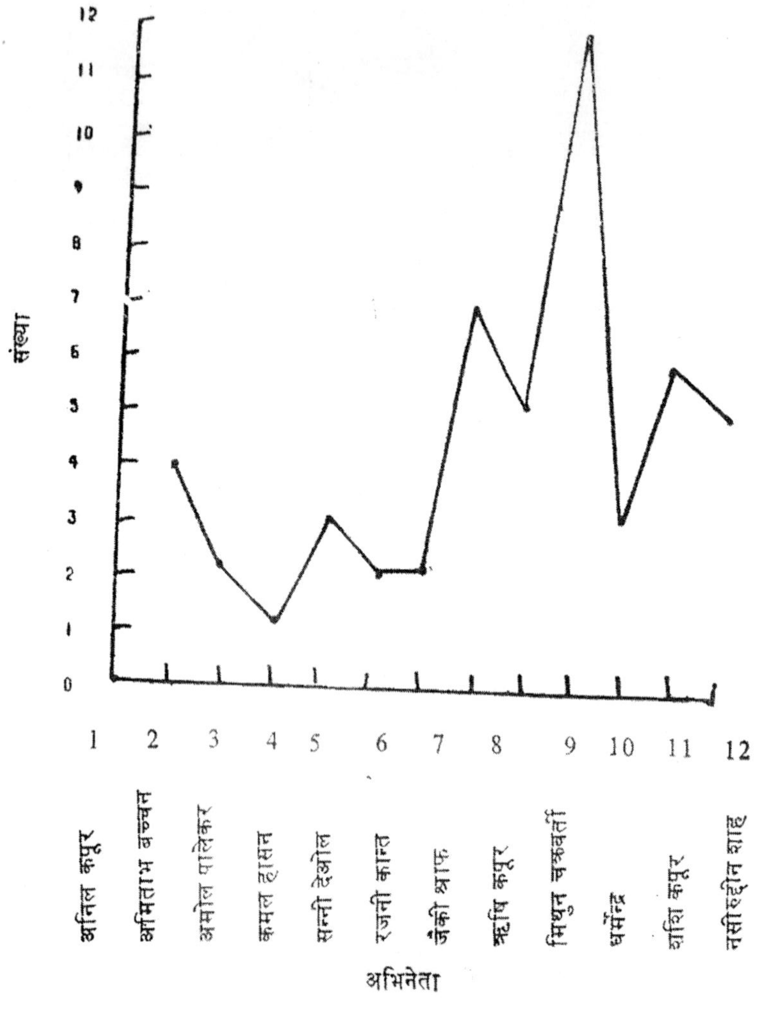

रेखाचित्र 3·13 : 1985 के वर्ष में व्यावसायिक सफलता प्राप्त बारह प्रमुख अभिनेताओं की सफल फिल्मों की संख्या।

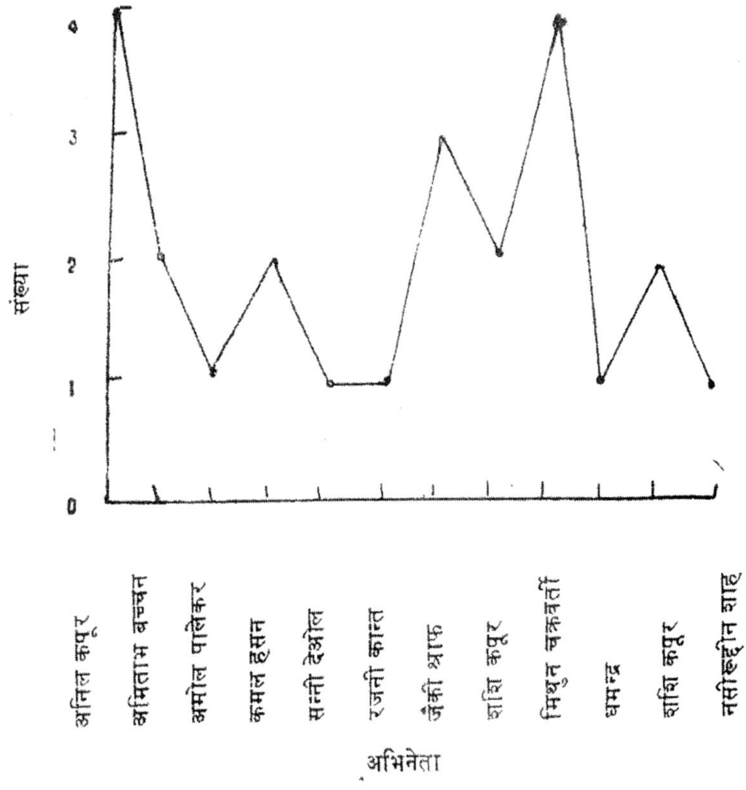

उपरोक्त तालिका का अध्ययन करने से ज्ञात होता है कि 1985 में अमिताभ बच्चन की फिल्मों को शत प्रतिशत सफलता मिली, जबकि राजेश खन्ना की फिल्में मात्र ग्यारह प्रतिशत ही सफलता प्राप्त कर सकीं। इतना ही नहीं, नवोदित फिल्म अभिनेता अनिल कपूर की प्रदर्शित चारों फिल्में सफल रहीं। इस प्रकार उसका स्थान शीर्ष पर रहा।

अत: हिन्दी फिल्मों के नायिकों का उत्थान और पतन निरन्तर जारी है। नयी पीढ़ी नये अभिनेताओं की फिल्मों को प्राथमिकता दे रही है। जब देश के सभी क्षेत्रों में युवा वर्ग नेतृत्व कर रहा है, तब वह फिल्मों में हो पीछे क्यों रहे आधुनिक हिन्दी फिल्मों में, अभिनय करना अब इतना लाभदायक हो गया है कि अन्तर्राष्ट्रीय ख्याति प्राप्त नेता भी अबइस और आकर्षित होने लगे।[41]

सत्ता पक्ष और विपक्ष के कई प्रमुख नेताओं और सांसदों ने समय-समय फिल्मों में अभिनय किया है।[42] दक्षिण भारत में तो फिल्म अभिनेता और राजनेता प्राय: एक ही सिक्के के दो पहलू बन चुके हैं। दक्षिण भारत में राजनीति और सिनेमा में जो चोली दामन का सम्बन्ध देखने को मिलता है, उसकी पृष्ठभूमि में वहां की विशेष संस्कृति का भी अभाव कम नहीं होता है। लेकिन ऐसा उत्तर भारत में सम्भव नहीं हो सकता क्योंकि फिल्म से सम्बन्धित व्यक्तियों के प्रति अभी भी पूर्वाग्रह बने हुये हैं।

आधुनिक हिन्दी फिल्मों की प्रमुख अभिनेत्रियां

तलिका 3.14 : आधुनिक हिन्दी फिल्मों की प्रमुख सौ अभिनेत्रियाँ :

क्रमांक	अभिनेत्री	क्रमांक	अभिनेत्री
1	2	1	2
1.	अनीता राज	6.	मधु मल्होत्रा
2.	अरुणा ईरानी	7.	मीना राय
3.	आशा पारिख	8.	मौसमी चटर्जी
4.	बिन्दु	9.	मीनाक्षी शेक्षाद्री
5.	बीना	10.	नमिता चन्द्रा

41. "स्क्रीन" पूर्वोक्त साप्तहिक, 28-फरवरी 1986, पृ० 1.
42. पूर्वोक्त.

क्रमांक	अभिनेत्री	क्रमांक	अभिनेत्री
11.	बिंदिया गोस्वामी	35.	नीता मेहता
12.	दलजीत कौर	36.	नाजमीन
13.	देवा श्री	37.	नीलम मेहरा
14.	डिम्पल कपाड़िया	38.	नन्दिता ठाकुर
15.	दीप्ति नवल	39.	नूतन
16.	फरीदा जलाल	40.	पदमा खन्ना
17.	हेमा मालिनी	41.	परमा चौहान
18.	हेलन	42.	पूजा सक्सेना
19.	हिना कौसर	43.	पद्मिनी कपिला
20.	जयश्री टी	44.	परवीन बाबी
21.	जय प्रदा	45.	पद्मिनी कोल्हापुरे
22.	कोमल महुवाकर	46.	प्रीती सपू
23.	कोमिला विर्क	47.	पूर्णिमा जयराम
24.	लीना दास	48.	पूनम ढिल्लन
25.	माला सिन्हा	49.	प्रीति गांगुली
26.	मधु मालिनी	50.	प्रेम नारायण
27.	मधु कपूर	51.	रेहाना सुल्तान
28.	मीना टी	52.	रेखा
29.	रजनी शर्मा	53.	सुषमा वर्मा
30.	रंजीता	54.	मालती जोशी
31.	रक्षा मेहता	55.	रोहिणी हट्टंगडी
32.	रामेश्वरी	56.	प्रिया तेंदुलकर
33.	रति अग्निहोत्री	57.	शशि कला
34.	सायरा बानू	58.	सीमा देव

क्रमांक	फिल्म अभिनेत्री	क्रमांक	फिल्म अभिनेत्री
59.	सारिका	80.	सलमा आगा
60.	सीता बजाज	81.	शोभा खोटे
61.	शर्मिला टैगोर	82.	रूही
62.	शीतल	83.	साधना सिंह
63.	शबाना आजमी	84.	रमा विज
64.	सीमा कपूर	85.	तमन्ना
65.	सुलक्षणा पंडित	86.	रीता भादुड़ी
66.	स्मिता पाटिल	87.	जया भादुड़ी
67.	स्वरूप संपत	88.	खुशबू
68.	तबस्सुम	89.	सिल्क स्मिता
69.	टीना मुनीम	90.	स्वपना
70.	तनुजा	91.	अमृता सिंह
71.	विद्या सिन्हा	92.	फरहा
72.	विजयेता पण्डित	93.	मंदाकिनी
73.	वहीदा रहमान	94.	दिव्या राणा
74.	योगिता बाली	95.	परसिस खम्भाता
75.	जरीना बहाव	96.	आयशा दत्त
76.	जीनत अमान	97.	मुनमुन सेन
77.	राखी	98.	नताशा सिन्हा
78.	श्री देवी	99.	राधा
79.	पदमा चौहान	100.	भक्ति बर्वे

उपरोक्त तालिका में, आधुनिक हिन्दी फिल्मों की उन्हीं अभिनेत्रियों को सम्मिलित किया गया है, जोकि व्यावसायिक या कला फिल्मों में अपनी जगह बना चुकी हैं।

आधुनिक हिन्दी फिल्मों की कुछ प्रमुख अभिनेत्रियों की फिल्मों का विश्लेषण तथा सामाजिक एवं राजनीतिक योगदान इस प्रकार है—

रेखा

रेखा (भानुरेखा गणेशन) देश की एक चर्चित महिला है।[43] मद्रास में जन्मी होकर, उन्होंने आधुनिक हिन्दी फिल्मों में शनैः शनैः प्रगति करते हुये शिखर पर अपना स्थान बनाया है। अपने असाधारण व्यक्तित्व के कारण वह सदा चर्चित रही है। "उमराव जान" फिल्म में उसके सर्वश्रेष्ठ अभिनय के लिये उसे सर्वश्रेष्ठ अभिनेत्री का राष्ट्रीय पुरस्कार भीं प्राप्त हो चुका है।

रेखा की फिल्में तथा सामाजिक एवं राजनीतिक योगदान

रेखा की प्रथम फिल्म "सावन भादों" 1970 में प्रदर्शित हुई थी। इस फिल्म ने "सिल्वर जुबली" बनायी थी। रेखा की पहली फिल्म ही इतनी सफल रहेगी इसकी किसी को भी आशा नहीं थी।

"सावन भादों" फिल्म के प्रदर्शन से लेकर अब तक सह कई फिल्मों में लगभग सभी नायकों के साथ अभिनय कर चुकी है। यद्यपि उसकी अधिकांश फिल्में कलात्मक न होकर व्यासवायिक ही हैं, फिर भी उसने अपनी अभिनय क्षमता में निरन्तर गुणात्मक बुद्धि ही की है।

तालिका 3.15 : रेखा की प्रमुख फिल्में

क्रमांक	फिल्म	नायक
1	2	3
1.	सावन भादों .	नवीन निश्चल
2.	एलान	विनोद मेहरा
3.	हसीनों का देवता	संजय खान

43. सण्डे मैगजीन "दि हिन्दुस्तान टाइम्स" की टिप्पणी

"Bhanurekha Ganeshan, or Rekha, is one of the most intriguing women in the counting. And, perhaps, one of the most controversial and candid of celebrities.

But there is more to her than the sex symbol whose during danees the rage in film after film."

सण्डे मैगजीन, "दि हिन्दुस्तान टाइमर" "आटोबायोग्राफिकल एकाउण्ट" (रेखा) अंग्रेजी दैनिक, नई दिल्ली, 1 सितम्बर 1985, पृ० 1.

1	2	3
4.	दो यार	शत्रुघ्न सिन्हा
5.	एक बेचारा	जितेन्द्र
6.	गांव हमारा शहर तुम्हारा	राजेन्द्र कुमार
7.	अनोखी अदा	जितेन्द्र
8.	धर्मा	नवीन निश्चल
9.	डबल क्रास	विजय आनन्द
10.	गोरा काला	राजेन्द्र कुमार
11.	रामपुर का लक्ष्मण	रणधीर कपूर
12.	कीमत	धर्मेन्द्र
13.	नमक हराम	राजेश खन्ना
14.	बरखा बहार	नवीन निश्चल
15.	दुनिया का मेला	संजय खान
16.	कहानी किस्मत की	धर्मेन्द्र
17.	कशमकश	फिरोज खान
18.	मेहमान	विश्वजीत
19.	प्राण जाय पर वचन न जाय	सुनील दत्त
20.	वो मैं नहीं	नवीन निश्चल
21.	भोला भाला	राजेश खन्ना
22.	आक्रमण	राकेश रोशन
23.	दफा 302	रणधीर कपूर
24.	धर्मात्मा	फिरोज खान
25.	कहते हैं मुझको राजा	विश्वजीत
26.	जमीन आसमान	सुनील दत्त

1	2	3
27.	आज का महात्मा	रणधीर कपूर
28.	धरम करम	रणधीर कपूर
29.	खलीफा	रणधीर कपूर
30.	नागिन	सुनील दत्त
31.	सन्तान	जितेन्द्र
32.	अलाप	अमिताभ बच्चन
33.	चक्कर पे चक्कर	शशि कपूर
34.	दिलदार	जितेन्द्र
35.	ईमान धर्म	अमिताभ बच्चन
36.	खून पसीना	अमिताभ बच्चन
37.	गंगा की सौगन्ध	अमिताभ बच्चन
38.	राम भरोसे	रणधीर कपूर
39.	अहिंसा	सुनील दत्त
40.	आवारा राजू	रणधीर कपूर
41.	बिरजु सरजु	शशि कपूर
42.	चोर स्वामी	शशि कपूर
43.	दुश्मन दोस्त	शत्रुघ्न सिन्हा
44.	गर्दिश	धर्मेन्द्र
45.	जानी दुश्मन	सुनील दत्त
46.	काली घटा	शशि कपूर
47.	कर्त्तव्य	धर्मेन्द्र
48.	ख्वाहिश	जितेन्द्र
49.	मेरे पति की पत्नी	सुनील दत्त
50.	नटवर लाल	अमिताभ बच्चन
51.	नया बकरा	जितेन्द्र

1	2	3
52.	नीयत	जितेन्द्र
53.	निशान	जितेन्द्र
54.	प्रेम बन्धन	राजेश खन्ना
55.	समन्दर	सुनील दत्त
56.	राम कसम	सुनील दत्त
57.	सुहाग	अमिताभ बच्चन
58.	वतन	सुनील दत्त
59.	कर्मयोगी	जितेन्द्र
60.	खजाना	रणधीर कपूर
61.	परमात्मा	शत्रुघ्न सिन्हा
62.	राहू केतू	शशि कपूर
63.	सावन के गीत	संजीव कुमार
64.	सिलसिला	अमिताभ बच्चन

उपरोक्त तालिका में दर्शित प्रमुख फिल्मों में ऐसी कोई भी फिल्म नहीं है, जोकि रेखा को "उमराव जान" फिल्म की तरह कला के शिखर तक पहुंचा सके। इस फिल्म में रेखा ने परिश्रम भी बहुत किया था। इस बारे में, फिल्म के निर्देशक मुजफ्फर अली ने लिखा है कि—

"मेरे लिये "उमराव जान" एक फिल्म से ज्यादा एक भावना की हैसियत रखती थी। देश के बंटवारे के बाद ज्यादातर मुसलमान पाकिस्तान चले गये। पाकिस्तान जाने वालों में मेरे बहुत से सम्बन्धी भी थे, जो जाते समय कह गये थे कि यहां तुम्हारी संस्कृति-सभ्यता का नामो निशान नहीं रह पायेगा, तुम्हारी जुबान खत्म हो जायेगी। अब "उमराव जान" देखने के बाद वही कहते हैं कि नहीं, हिन्दुस्तान में वह संस्कृति आज भी है, पाकिस्तान में बिलकुल नहीं रही। वे भूल गये थे कि अवध में कभी यूं भी था, "उमराव जान" देखकर याद करते हैं वे सब।"

"उमराव जान" पर एक फिल्म पाकिस्तान में भी बनी पर हिन्दुस्तानी उमराव के अभिनय के लिए जो तारीफ रेखा को उन लोगों से मिली है, मैं कहूंगा कि वही असली अर्वाह मिला है रेखा को, हम सबको।

उमराव को "गेट अप" लेने में रेखा ने खुद बड़ी मेहनत और अध्ययन किया था। गदर से 25-30 साल पहले के अवध की सभ्यता और पोशाक क्या थी, इन सब बातों पर वह मुझसे विचार-विमर्श करती थी। उस समय के फोटोग्राफ्स नहीं थे, पेंटिंग्स थीं। सौ-डेढ़ सौ औरतों, तवायफों, बेगमों, आदि के कास्ट्यूम और पेंटिंग्स इकट्ठी की गयी थीं। लखनऊ म्यूजियम में जाकर सैंकड़ों तरह की पान की गिलौरियां देखीं। मेरे मां बाप के जमाने के दहेज के कपड़े थे। सबको रेखा ने देखा। तब जाकर उसने उमराव जान को गेट अप लिया और उस चरित्र में खुद को खो दिया।"[44]

रेखा का व्यक्तित्व अनोखा है। किसी भी पात्र के जीवन को अपने अभिनय द्वारा जी सकती हैं। उसने अपनी सफलता के लिए अपनी सच्चाई और लगन का जिक्र एक "आत्मकथात्मक" लेख में किया है। इस लेख में उसने अपने व्यक्तिगत साहस पर भी विस्तार से प्रकाश डाला है।[45] ऐसी अभिनेत्रियां बहुत

---

44. मुजफ्फर अली, "गजल से संवारी हुई तस्वीर तेरी, उमराव जान, जिया है तुझे रेखा ने······", "मूवी जगत," पूर्वोक्त पत्रिका, रेखा विशेषांक, 5 अगस्त 1983, पृ० 29.

45. रेखा ने लिखा है कि

"As a very young age I established myself and I have made my base. Now I will go ahead from here doing many, many other things. I have been lucky and I think it is my sincerity and my truthfulness which has brqught me here. I am not a hyprocrite and the biggest plus point in my life is my independence. Nobody to ask and nobody to point a finger at me and say, 'why have you done this ?"

I think I have the personal courage to break completly from what I have been doing. For example, suppose I decide that I no longer want to be an actress but want to do something completely different. I think I can do it. I have always had that strength inside me. I am doing some thing like these days. It would be stupid of me to leave-not because. I cannot but because I do not want to, acting is my first love but I had say it is fairly big thing to do what I am doing now......to cut myself off like this. From doing fifty films at a time to come down to five or ten films, that's is something. That takes a lot of guts. What with the flattering money that they offer you, and the flattering roles, and the atmosphere and just

(*Contd.*)

कम हैं जिन्होंने व्यावसायिक सफलता के साथ-साथ कलात्मक सफलता भी प्राप्त की है।

जहां तक रेखा तथा उसकी फिल्मों का सामाजिक एवं राजनीतिक योगदान का प्रश्न है रेखा को राजनीति में कोई रुचि नहीं है। उसे किसी उल्लेखनीय राजनीतिक कथानक पर आधारित फिल्म में कार्य करने का अवसर भी नहीं मिला है। उसकी अधिकांश सामाजिक फिल्में भी पारिवारिक और मनोरंजन प्रधान हैं।

शबाना आजमी

शबाना आजमी आधुनिक हिन्दी फिल्मों की अभिनेत्री हैं जो कि चार बार सर्वश्रेष्ठ अभिनेत्री का राष्ट्रीय पुरस्कार प्राप्त कर चुकी है। शबाना आजमी उर्दू के प्रसिद्ध शायर कैफी आजमी तथा हिन्दी नाटकों की प्रसिद्ध अभिनेत्री शौकत आजमी की पुत्री है। उसने "पूना फिल्म एण्ड टेलीविजन इंस्टीट्यूट" से अभिनय में प्रशिक्षण कोर्स किया है। इस बारे में उसकी मां शौकत आजमी ने अपने एक संस्मरण में लिखा है—

"पूना इंस्टीट्यूट में प्रवेश के लिए शबाना ने कहीं किसी प्रकार की मदद नहीं ली। उसने स्वयं ही वहां से फार्म मंगाया, फोटोग्राफ्स लिये और फार्म भर कर भेज दिया। और इस तरह उसका इण्टरव्यू के लिये "सिलेक्शन" हो गया। लेकिन जब इण्टरव्यू के लिए बुलाया गया, तब परीक्षा चल रही थी। अतः शबाना ने अपनी विवशता लिख भेजी। फिर वहां से जवाब आया कि तुम्हें परीक्षा के बाद बुला लेंगे। परीक्षा समाप्त होने पर कैफी और मैं उसे लेकर गये। वहां पर निर्देशक जो प्रश्न पूछता, यह उससे आगे-आगे जवाब देती। एक मिनट में ही डायलाग याद करके बोल देती। इतना अच्छा इण्टरव्यू दिया कि फौरन इसका सिलेक्शन हो गया।

और फिर वहां हर क्षेत्र में शबाना तीन-चार महीने के बाद प्रथम आने

---

being busy, and the power that goes with it. To go and cut off everything needs guts. Lell me one person who has been able to do that? And this is entirely out of choice. It is my decision. Today I want to do certain other things in life. I want time for myself. I have had enough of the other things. Fifteen years is a long time and I have done it all in my life. I was beginning to lose touch with my ownself."

रेखा, "आटोबायोग्राफिकल एकाउन्ट", सन्डे मैगजीन, "दि हिन्दुस्तान टाइम्स"; पूर्वोक्त साप्ताहिक, 1 सितम्बर, 1985, पृ० 4.

लगी। इसके अध्यापक तरनेजा साहब उसे पसन्द करने लगे और शीघ्र ही उसे छात्रवृत्ति मिलने लगी। जो हमें 200-250 रुपये भेजने पड़ते थे, वह भी नहीं भेजने पड़े।"[46]

निश्चय ही शबाना आजमी प्रतिभाशाली कलाकार है। उसकी प्रथम फिल्म श्याम बेनेगल की "अंकुर" थी।

फिल्में तथा सामाजिक एवं राजनीतिक योगदान

शबाना का फिल्म जगत में प्रवेश आर्ट फिल्मों से हुआ, पर जल्द ही वह कमर्शियल फिल्मों में पहुंच गयी। उसकी पहली व्यावसायिक फिल्म थी शशि कपूर के साथ "फकीरा"। यह फिल्म बाक्स आफिस पर हिट रही तो उसने कई और व्यावसायिक फिल्में साइन कर लीं,[47] और तब "हीरा और पत्थर", "कर्म", "खेल खिलाड़ी का", "एक ही रास्ता", "चोर सिपाही" आदि बेतुकी फिल्मों में भी दिखायी दी।

शबाना की प्रमुख फिल्में हैं—"अंकुर", "खण्डहर", "शतरंज का खिलाड़ी", "अर्थ", "मासूम", "ये नजदीकियां", "मंडी" तथा "कमला" आदि।

शबाना की सफलता का राज यह भी है कि उसने जितनी भी फिल्मों में काम किया, वह अपनी पसन्द की भूमिका के आधार पर ही किया। उसने ऐसी किसी फिल्म को स्वीकार नहीं किया, जिसके कथानक में अभिनेता अभिनेत्री से भारी पड़ता हो।[48] हर अभिनेत्री अमिताभ बच्चन के साथ काम करने को आतुर रहती है, लेकिन शबाना ने उसके साथ काम करने से इंकार कर दिया क्योंकि यह जानती है कि अमिताभ बच्चन के अपने दर्शक हैं जो सिर्फ उसे और उसकी "एंग्रीमैन" वाली भूमिका को देखते हैं। उसके साथ अभिनेत्री कौन है, इसकी उन्हें परवाह नहीं होती। अमिताभ के दर्शकों का कला से भी कोई वास्ता नहीं होता।

46. शौकत आजमी, "संस्मरण शबाना मेरी बेटी ही नहीं मित्र भी है" "साप्ताहिक हिंदुस्तान" पूर्वोक्त साप्ताहिक; 12 से 18 मई 1985; पृ० 23.

47. अशोक चोपड़ा; "हिन्दी फिल्मों के अभिनय स्तम्भ" "मूवी जगत" पूर्वोक्त साप्ताहिक" अभिनय विशेषांक, पृ० 20.

48. अजय सेतिया, "शबाना को सर्वश्रेष्ठ अभिनेत्री पुरस्कार" "पंजाब केसरी" पूर्वोक्त दैनिक, 20 जुलाई 1984, पृ० 1.

इसी कारण वह चोटी की अभिनेत्री है।[49] आधुनिक हिन्दी फिल्मों में उसकी टक्कर सिर्फ स्वर्गीय स्मिता पाटिल से थी और किसी अभिनेत्री से नहीं।

जहां तक शबाना आजमी के सामाजिक एवं राजनीतिक योगदान का प्रश्न है, तब वामपंथी आन्दोलन से जुड़े एक परिवार की पुत्री है। उसके पिता कैफी आजमी एक प्रगतिशील शायर हैं तथा कम्यूनिस्ट आन्दोलन से जुड़े रहे हैं, जबकि उसकी मां शौकत आजमी वामपंथी रुझान वाले रंगमंचीय संगठन "इप्टा" से सम्बन्धित है।

उसने जितनी भी कलात्मक फिल्मों में काम किया है, वे सब किसी न किसी सामाजिक समस्या से जुड़ी हुई हैं। उसकी फिल्मों ने नारी जाति को भारतीय समाज में सम्मानजनक दर्जा दिलाने में अहम भूमिका निभायी है।

"अर्थ" फिल्म में शबाना जब यह पूछती है कि क्या इसी प्रकार किसी दूसरे पुरुष के पास रहकर मैं वापस आयी होती, तो तुम मुझे वापस ले लेते—तब वह नारी के आज के उभरते व्यक्तित्व को शब्द देती है। हिन्दी फिल्मों में अब तक जिस दबी, कुंठित, भाग्य की मारी स्त्री को हमने देखा है, "अर्थ" की नारी उससे एकदम भिन्न है।

इसी प्रकार, फिल्म "मासूम" में शबाना ने घर पर पत्नी के अधिकार को जैसी अभिव्यक्ति दी है, वह आज की जरूरत है। पुरुष के पास एक पुराना मुहावरा है—मेरे घर से निकल जाओ, लेकिन घर है किसका और किसके बल पर ? समाज ने यह पूछने का अधिकार स्त्री को कभी नहीं दिया। "मासूम" में शबाना जब "मेरा घर, मेरे बच्चे कह कर अपने पति के लिये एक रेखा खींच देती है, तब यह बात साफ होती है कि घर उसके बल से है, जो स्त्री है।"[50]

वस्तुत: भारतीय समाज में नारी की स्थिति को उच्चतर बनाने में शबाना का योगदान उल्लेखनीय है।

---

49. अली ने शबाना के विषय में लिखा है कि

"Among the actresses Shabana Azami continued to stay at the peak. She was declared the best actress by most authorities on Cinema, by cineastes and cinegoers alike all on merit alone."

अली; "फेयर वेल ओरवेलस 1984", "स्क्रीन" पूर्वोक्त साप्ताहिक, 28 दिसम्बर 1984, पृ० 6.

50. अजय सेतिया, पूर्वोक्त लेख, पृ० 1.

स्वर्गीय स्मिता पाटिल

आधुनिक हिन्दी फिल्मों में स्मिता पाटिल का स्थान भी अविस्मरणीय है। फिल्मों में अभिनय के बल पर देश और समाज को उसकी देन इतनी महत्त्वपूर्ण रही है कि उसे "पदमश्री" से सम्मानित किया गया था।

स्मिता पाटिल का जन्म 17 अक्तूबर, 1955 को पूना में हुआ। 1971 में उसका परिवार बम्बई में आ बसा। अभी वह कालेज में पढ़ ही रही थी कि टैलिविजन एनाउंसर के रूप में काम करना भी शुरू कर दिया।

फिल्में तथा सामाजिक एवं राजनीतिक योगदान

श्याम बेनेगल ने पहले स्मिता को बच्चों की फिल्म "चरणदास चोर" में एक भूमिका दी और फिर "निशांत" में उसे महत्वपूर्ण रोल दिया। अपनी अगली फिल्म "मंथन" में बेनेगल ने स्मिता को नायिका लिया। बाद की फिल्म "भूमिका" में भी बेनेगल ने स्मिता को हीरोईन लिया। इस फिल्म के लिये स्मिता को श्रेष्ठ अभिनेत्री का राष्ट्रीय पुरस्कार मिला[51] सर्वश्रेष्ठ अभिनेत्री का पुरस्कार पुनः उसे फिल्म "चक्र" के लिए मिला। इस फिल्म के लिए उसे फिल्मफेयर पुरस्कार भी मिला। इन फिल्मों में स्मिता पाटिल की सफलता का श्रेय बहुत कुछ उसके निर्देशक श्याम बेनेगल को भी जाता है, जिन्होंने उसकी प्रतिभा का पूरा-पूरा लाभ उठाया। इस सम्बन्ध में एक लेखक का मत है कि "पचास और साठ के दशक में भी हिन्दी सिनेमा में अनेक अच्छी अभिनेत्रियां थीं, लेकिन तब ऐसे निदेशक और फिल्में नहीं थीं जो किसी अभिनेत्री की सामर्थ्य को सामने रखकर भूमिकाओं की रचना कर सके। वहीदा रहमान और नूतन सरीखी अभिनेत्रियों ने अपने समय में अपनी सीमाओं के भीतर अच्छा और अर्थ पूर्ण काम किया। लेकिन सत्तर के दशक में हिन्दी सिनेमा में अभिनेत्रियों को ऐसे अनेक अवसर मिले, जो स्त्री की बदलती छवि के साथ न्याय करते हों और जिनमें अभिनय की भी गुंजाइश हो। इसी दशक में शबाना आजमी और स्मिता पाटिल सरीखी अभिनेत्रियों को उभरने का मौका मिला और अस्सी के दशक में तो आज यह हालत है कि ये अभिनेत्रियाँ अपना रोल और पटकथा तक "डिक्टेट" करने लग पड़ी हैं।[52]

---

51. अशोक चोपड़ा, पूर्वोक्त लेख, पृ० 29.
52. विनोद भारद्वाज, "एक चेहरा जो स्मिता पाटिल का है", "नवभारत टाइम्स", पूर्वोक्त दैनिक, 11 अगस्त 1984, नगर संस्करण, पृ० 5.

स्मिता पाटिल ने पहले खूब मेहनत से अपने चेहरे की सच्ची सुन्दरता दर्शकों तक पहुंचाई और फिर कई कमर्शियल फिल्मों में भी काम किया। "नमक हलाल" में अमिताभ के साथ बारिश में चालू नृत्य करने से पहले स्मिता "भूमिका" और "उबरथा" (जो बाढ़ में "सुबह" नाम से हिन्दी में रिलीज हुई) में अपनी अभिनय प्रतिभा के श्रेष्ठ रूप को दिखा चुकी थी।

बम्बई स्थित सिनेमा की दुनिया में काम करना और अपने को बचाये रखना आसान काम नहीं है। स्मिता का कहना है कि उसे कम बजट की कुछ फिल्मों से इसलिए हटाया गया कि उसकी "मार्किट वेल्यू" नहीं थी। इस खीझ के कारण भी उसने औसत व्यावसायिक फिल्मों में उछल कूद शुरू की।

स्मिता पाटिल का फिल्म जीवन लगभग दस वर्ष तक रहा है। टी०वी० पर समाचार पढ़ने के काम से शुरू होकर "सुबह" फिल्म तक की यात्रा दिलचस्प और संघर्षमय है। निशांत, मंथन आदि फिल्मों ने स्मिता को एक पहचान दी। लेकिन "भूमिका" में मराठी अभिनेत्री हंसा बड़कर के जीवन को सिनेमा के पर्दे पर उतारने की चुनौती ने स्मिता को एक बड़ी अभिनेत्री सिद्ध कर दिया।

स्मिता पाटिल की अन्य प्रमुख फिल्में हैं—बाजार और मंडी। सुप्रसिद्ध फ्रांसिसी निदेशक कोस्टा गावरस उसकी फिल्मों का "पुनरावलोकन प्रदर्शन समारोह" पेरिस आयोजित करवा चुके हैं।[53]

उसकी सभी कलात्मक फिल्मों में किसी न किसी सामाजिक समस्या का जिक्र अवश्य है। "चक्र" फिल्म में उसने, महानगरों की स्लम बस्तियों में रहने वाली नारियों की विवशता का चित्रण किया है। राजनीतिक दृष्टि से वह महाराष्ट्र सरकार के एक भूतपूर्व मंत्री की सुपुत्री थी। अन्तर्राष्ट्रीय क्षेत्र में भारत के सम्मान में वृद्धि करके स्मिता पाटिल ने देश की उल्लेखनीय सेवा की थी।

1984 तथा 1985 में, हिन्दी फिल्म अभिनेत्रियों की फिल्मों का विश्लेषण।

1984 तथा 1985 के वर्षों में हिन्दी फिल्म अभिनेत्रियों की कई फिल्में रिलीज हुई। कुछ नयी अभिनेत्रियों की फिल्में भी व्यावसायिक दृष्टि से सफल रहीं। जबकि कुछ पुरानी अभिनेत्रियों भी फिल्में भी "फ्लाप" हो गयीं।

53. पूर्वोक्त।

(1) 1984 के वर्ष में, प्रमुख फिल्म अभिनेत्रियों की फिल्मों की व्यावसायिक सफलता।

1984 के वर्ष में हिन्दी सिनेमा की फिल्म अभिनेत्रियों ने व्यावसायिक सफलता की दृष्टि से कई प्रकार के उतार-चढ़ाव देखे।[54]

नयी अभिनेत्रियों के पदार्पण से पुरानी अभिनेत्रियों का बाजार भाव कम होना स्वाभाविक ही है। वैसे भी हिन्दी सिनेमा के लिये यह दुर्भाग्य की बात है कि जहाँ पुरुष कलाकार तो बुढ़ापा आने तक नायक के रूप में फिल्मों में आता रहता है, जबकि महिला कलाकार, फिल्मों में नायिका के रूप में दस पन्द्रह वर्ष से अधिक कार्य नहीं कर पाती है। दर्शक भी नायिका की सुन्दरता को प्राथमिकता देते हैं, उसकी कला को नहीं।

54. मोहन सिरोया, "1984 ट्रेन्डस इन हिन्दी सिनेमा", "स्क्रीन", पूर्वोक्त साप्ताहिक, 15 फरवरी 1985, पृ० 12.

तालिका 3.16 : 1984 के वर्ष में अभिनेत्रियों की व्यावसायिक सफलता

क्रमांक	अभिनेत्री का नाम	प्रदर्शित फिल्में	सफल फिल्में	सफल फिल्मों के नाम
1	2	3	4	5
1.	जयप्रदा	10	4	तोहफा, पापी पेट का सवाल है, मकसद, शराबी
2.	श्रीदेवी	7	2	तोहफा, मक़सद
3.	रति अग्निहोत्री	7	1	पापी पेट का सवाल
4.	शबाना आजमी	8	1	स्पर्श
5.	स्मिता पाटिल	7	1	आज की आवाज
6.	हेमा मालिनी	5	1	कैदी
7.	मौसमी चटर्जी	4	1	घर एक मन्दिर
8.	रोहिणी हट्टगड़ी	3	1	सारांश
9.	रेखा	6	—	—

(क्रमशः)

10.	जीनत अमान	5	—	—
11.	टीना मुनीम	5	—	—
12.	रीना राय	5	—	—
13.	पदमिनी कोल्हापुरे	4	—	—
14.	पूनम ढिल्लन	4	—	—
15.	अनीता राज	4	—	—
16.	दीप्ति नवल	4	—	—
17.	रंजीता	4	—	—
18.	डिम्पल कपाड़िया	2	—	—
19.	रामेश्वरी	2	—	—
20.	सुरिन्दर कौर	2	—	—
21.	अमृता सिंह	2	—	—
22.	आयशा दत्त	1	—	—
23.	राधा	1	—	—
24.	मुनमुन सेन	1	—	—

1	2	3	4	5
25.	दिव्या राणा	1	—	—
26.	मीनाक्षी शेषाद्री	1	—	—
27.	किम	1	—	—
28.	स्वपना	1	—	—
29.	नताशा सिन्हा	1	—	—
30.	भक्ति बर्वे	1	—	—
31.	नीलम	1	—	—

रेखाचित्र 3.15 : 1984 के वर्ष में प्रमुख बारह अभिनेत्रियां तथा उनकी प्रदर्शित फिल्मों की संख्या

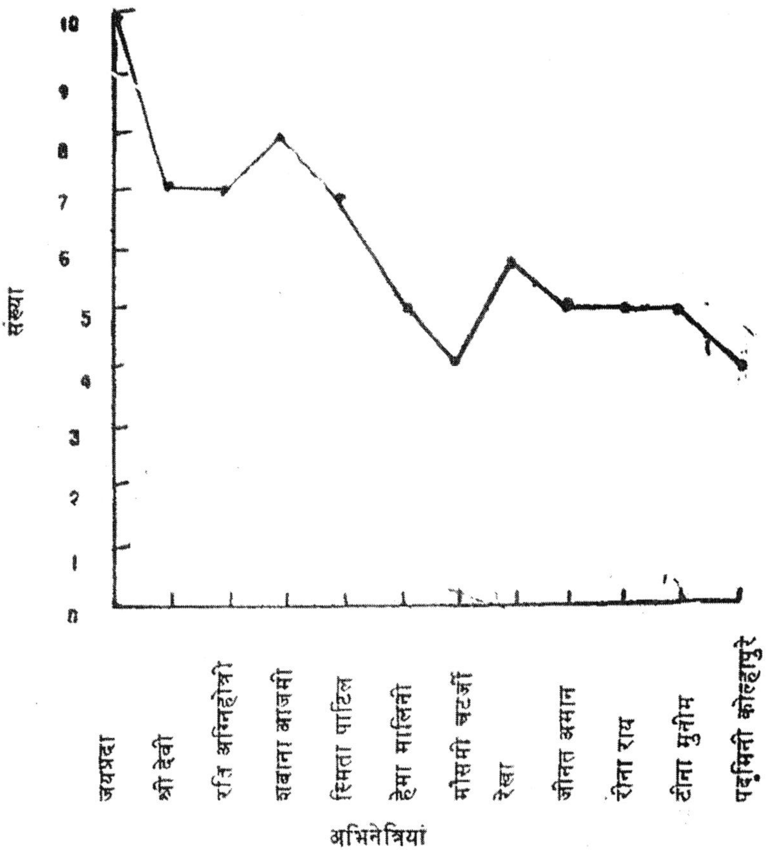

रेखाचित्र 3.16 : 1984 के वर्ष में प्रमुख आठ अभिनेत्रियों तथा उनकी सफल फिल्मों की संख्या।

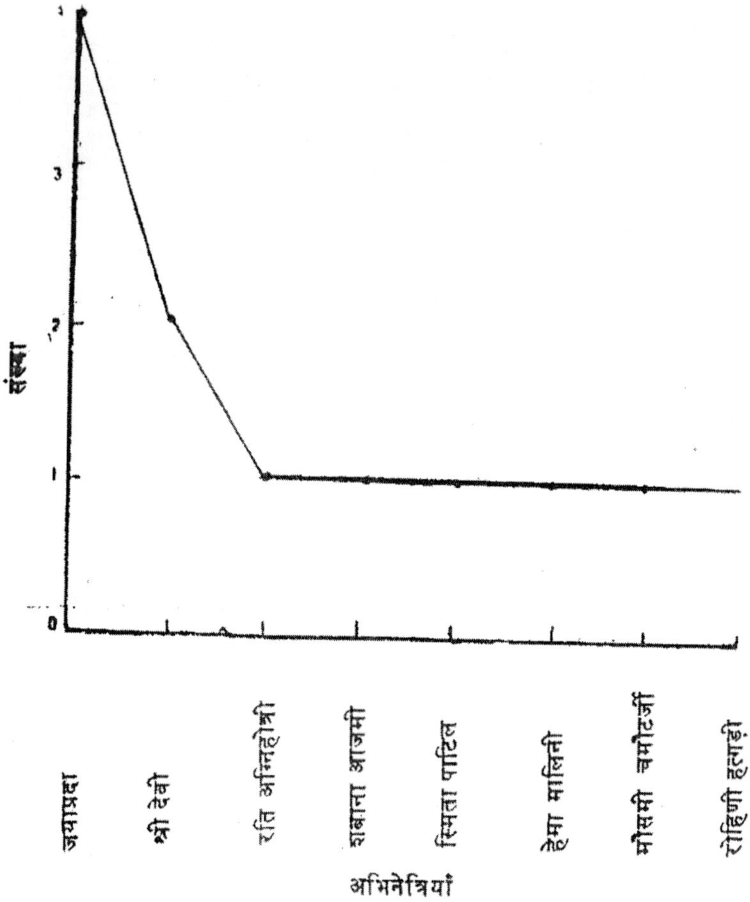

उपरोक्त तालिका का विश्लेषण करने से ज्ञात होता है कि 1984 के वर्ष में, हिन्दी फिल्मों की सफल अभिनेत्रियों जयाप्रदा और श्रीदेवी रही हैं जबकि इकत्तीस प्रमुख अभिनेत्रियों में से तेईस अभिनेत्रियों की एक फिल्म व्यावसायिक दृष्टि से सफल नहीं रही।

1985 में वर्ष में प्रमुख अभिनेत्रियों की फिल्मों की व्यावसायिक सफलता

वर्ष 1985 हिन्दी फिल्म अभिनेत्रियों के लिए भी परिवर्तनकारी वर्ष रहा है। अमृता सिंह को इस वर्ष सर्वाधिक सफलता मिली।[55]

हिन्दी सिनेमा में कुछ गुणात्मक परिवर्तन आने लगे हैं। दर्शक मारधाड़ की फिल्मों की अपेक्षा साफ सुथरी पारिवारिक फिल्मों को पुनः प्राथमिकता देने लगे हैं। ऐसी स्थिति अभिनेत्रियों के लिए लाभदायक है क्योंकि पारिवारिक और सामाजिक फिल्मों में ही उन्हें अपनी अभिनय क्षमता का परिचय देने का अवसर मिल पाता है, अन्यथा वे "शोपीस" बन कर ही रह जाती हैं।

55. मोहन सिरोया, "1985-ए सर्वे ए ईयर आफ रिवीवल एण्ड कंसोलीडेशन फार हिन्दी सिनेमा", "स्क्रीन", पूर्वोक्त साप्ताहिक, 3 जनवरी 1986, पृ० 20.

तालिका 3.17 : 1985 के वर्ष में अभिनेत्रियों की व्यावसायिक सफलता

क्रमांक	प्रमुख अभिनेत्री का नाम	प्रदर्शित फिल्में	सफल फिल्में		सफल फिल्मों का प्रतिशत
			संख्या	फिल्म	
1	2	3	4	5	6
1.	अमृता सिंह	2	2	'साहिब', 'मर्द'	100
2.	डिम्पल कपाड़िया	5	3	'अर्जुन', 'पाताल भैरवी', 'सागर'	60
3.	हेमा मालिनी	7	4	'युद्ध, दुर्गा', 'आंधी तूफान', 'रामकली'	50
4.	राखी	2	1	'साहिब'	50
5.	मंदाकिनी	2	1	'राम तेरी गंगा मैली'	50
6.	दिव्या राणा	2	1	'राम तेरी गंगा मैली'	50
7.	टीना मुनीम	4	2	'युद्ध', 'आखिर क्यों'	50

8.	पूनम ढिल्लन	10	4	'शिवा का इन्साफ', 'तवायफ', 'तेरी मेहरबानियां', 'गिरफ्तार'	40
9.	स्मिता पाटिल	5	2	'गुलामी', 'आखिर क्यों'	40
10.	रीना राय	3	1	'गुलामी'	33
11.	पद्मिनी कोल्हापुरे	6	2	'प्यार झुकता नहीं', 'प्यारी बहना'	33
12.	विजेयता पण्डित	3	1	'मोहब्बत'	33
13.	रेखा	4	1	'उत्सव'	25
14.	मीनाक्षी शेषाद्रि	11	2	'मेरी जंग', 'आंधी तूफान'	18
15.	अनीता राज	6	1	'गुलामी'	16
16.	जयप्रदा	7	1	'पाताल भैरवी'	14.2
17.	दीप्ति नवल	7	1	'अनकही'	14.2
18.	रति अग्निहोत्री	12	1	'तवायफ'	8.33

(क्रमशः)

1	2	3	4	5	6
19.	श्रीदेवी	3	—	—	—
20.	शबाना आजमी	3	—	—	—
21.	जीनत अमान	3	—	—	—
22.	साधना सिंह	3	—	—	—
23.	खुश्बू	2	—	—	—
24.	फरहा	2	—	—	—
25.	सलमा आगा	2	—	—	—
26.	मुनमुन सेन	1	—	—	—
27.	प्रिया तेन्दुलकर	1	—	—	—
28.	परवीन बाबी	1	—	—	—

रेखाचित्र 3.17 : 1985 के वर्ष की व्यावसायिक सफलता प्राप्त बारह प्रमुख अभिनेत्रियाँ तथा उनकी प्रदर्शित फिल्मों की संख्या।

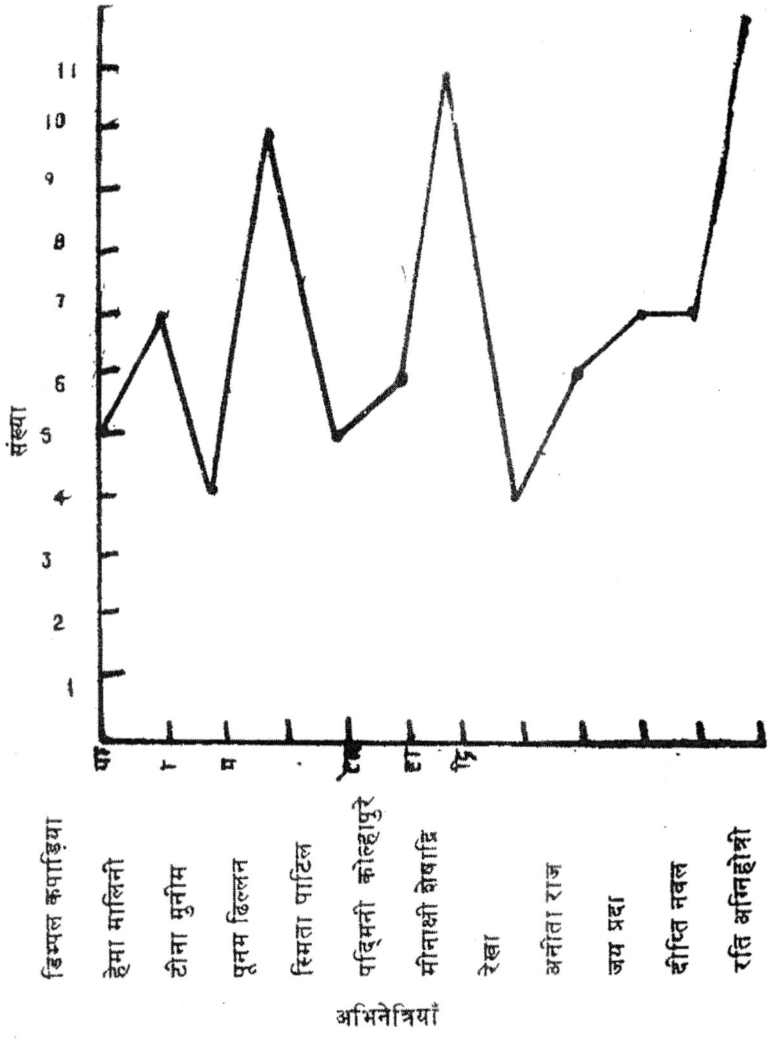

रेखाचित्र 3.18 : 1985 के वर्ष में एक से अधिक सफल फिल्में देने वाली अभिनेत्रियाँ तथा उनकी सफल फिल्मों की संख्या ।

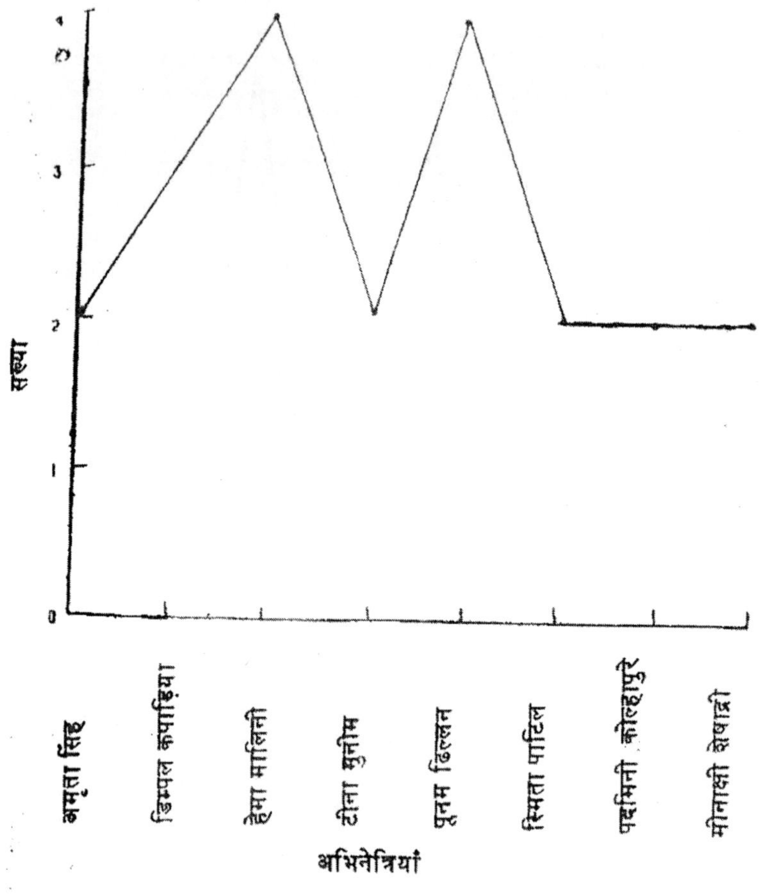

उपरोक्त तालिका का अध्ययन करने से ज्ञात होता है कि वर्ष 1985 में अमृता सिंह के अलावा किसी भी अभिनेत्री को शत प्रतिशत व्यावसायिक सफलता नहीं मिल सकी। सर्वाधिक फिल्में बारह रति अग्निहोत्री की प्रदर्शित हुई जबकि उसकी सिर्फ एक फिल्म बाक्स आफिस पर सफलता प्राप्त कर सकीं।

उपसंहार

आधुनिक हिन्दी फिल्मों के प्रमुख अभिनेताओं और अभिनेत्रियों का उपरोक्त विश्लेषणात्मक अध्ययन से ज्ञात होता है कि हिन्दी फिल्मों के कलाकार शनैः शनैः अपने सामाजिक उत्तरदायित्व के प्रति गम्भीर होते जा रहे हैं। जहां तक फिल्मों में अभिनय के माध्यम से सामाजिक और राजनीतिक योगदान के मूल्यांकन का प्रश्न है, अभिनेत्रियों का योगयान अभिनेताओं की अपेक्षा अधिक मूल्यवान रहा है।

अगर हिन्दी फिल्मों के कथानक सामाजिक और राजनीतिक मांगों के अनुरूप हों तो अभिनेता और अभिनेत्रियों अपेक्षाकृत समाज को अधिक सामाजिक और राजनीतिक योगदान दे सकती हैं।

तृतीय भाग

अध्याय चतुर्थ

आधुनिक हिन्दी सिनेमा से सम्बन्धित संस्थानों की भूमिका

आधुनिक हिन्दी फिल्मों का तथा उनके निर्माण का सम्बन्ध शासकीय संस्थानों और नीतियों से न हो, यह कैसे हो सकता है। भारत सरकार तथा राज्य सरकारों के ऐसे अनेक संस्थान हैं, जिनका आधुनिक हिन्दी फिल्म व्यवसाय पर सकारात्मक प्रभाव पड़ा है। इसी प्रकार सरकार की सेंसर नीति तथा अन्य नीतियों का आधुनिक हिन्दी फिल्मों पर प्रभाव पड़ा है। यहां इन संस्थानों और सरकारी नीतियों का विश्लेषणात्मक अध्ययन प्रस्तुत है।

(ए) फिल्म सिटी (चित्र नगरी), बम्बई

आधुनिक हिन्दी फिल्मों के निर्माण का प्रमुख स्थल है—बम्बई। वैसे बम्बई में, अनेक फिल्म स्टूडियो हैं, लेकिन काफी वर्षों से फिल्मकारों की यह इच्छा थी कि बम्बई में भी एक "फिल्म सिटी" हो जहां पर फिल्म सूटिंग की समस्त सुविधाएं उपलब्ध हों।

अत: "महाराष्ट्र फिल्म, स्टेज एण्ड कल्चरल डेवलपमेंट कार्पोरेशन" को फिल्म सिटी की योजना को मूर्त रूप देने का कार्य सौंपा गया।[1] लगभग चार

1. श्री विनोद तिवारी,; "नयनाभिराम चित्रनगरी", "महाराष्ट्र मानस", हिन्दी पाक्षिक, बम्बई, 25 अक्तूबर 1978, पृ० 16.

सौ एकड़ अर्थात एक सौ साठ हैक्टर क्षेत्र में फैली इस फिल्म सिटी में अभी शूटिंग के लिए दो फ्लोर बने हैं, लेकिन दोनों आधुनिक सुविधा सम्पन्न होते जा रहे हैं। यह सारा क्षेत्र बम्बई के ख्याति प्राप्त और मिल्क कालोनी से लगा हुआ है और नैसर्गिक सौंदर्य का धनी है। भविष्य की योजनाओं में भी इस प्राकृतिक सुषमा को यथासम्भव बनाये रखने के प्रयत्न किए जाएंगे। इन दो फ्लोरों में छोटी बड़ी लाइटों के हंडों (सोलरों) की व्यवस्था के लिए काफी ऊंचाई पर गैलरी बना दी गई है। अब तक के स्टूडियो पुरानी तरकीब से काम करते थे, जिनमें रस्सों के सहारे तख्ते बांध कर लाइटमैनों के चलने की व्यवस्था की जाती थी। काफी ऊंचाई पर बांधे गए ये तख्ते लाइटमैनों और नीचे फ्लोर पर काम करने वाले, दोनों के लिए खतरनाक होते थे। इस पुरानी व्यवस्था से कई दुर्घटनाएं हो चुकी हैं। गलियारों की नयी व्यवस्था अधिक सुरक्षात्मक है।

इन फ्लोरों के साथ बारह मेकअप रूम बने हुए हैं। मेकअप के इन कमरों के अलावा दो ऐसी चीजें हैं जो अभी तक किसी स्टूडियो में नहीं होती थीं। एक तो कुछ बड़े हाल, जिनमें निर्माता चाहें तो शूटिंग चलने के दिनों में अपना छोटा मोटा आफिस चालू रख सकता है या शूटिंग शुरू होने के पहले और बाद में होने वाली जरूरी मीटिंग बुला सकता है, दूसरी चीज है दस ग्यारह ऐसे कमरे जिनमें निर्माता निर्देशक, कलाकार या तकनीशियन वक्त जरूरत रात भर रह सकते हैं। फिल्म की शूटिंग कभी दिन में चलती है, कभी तो रात को। रात को कब कितनी देर तक काम करना पड़ जायेगा, कोई नहीं जानता। ऐसे में रात के वक्त पर घर लौटने की चिन्ता से मुक्त रह कर काम कर सकने की सुविधा एक बड़ी आवश्यकता होती है, जिसे यहां पूरा कर लिया गया है।

फिल्म सिटी की प्रमुख विशेषताएं निम्न प्रकार हैं।[2]

1. कलात्मक विकास

जलाशय के स्थान पर हरियाणी और उद्यान विकसित करने के लिए विशेष प्रयास किए गए हैं। वृक्षों तथा तीन हजार वर्ग मीटर की बड़ी हरियाली की सहायता से एक सौंदर्यस्थली का निर्माण किया गया है। फिल्म उद्योग द्वारा इस जगह का उपयोग बाह्य फिल्मांकन के लिए अब तक बड़े पैमाने पर किया गया है। वनशास्त्रियों की सलाह से विशेष प्रकार के पेड़ सड़कों के किनारे लगाये

2. पूर्वोक्त, पृ० 12-16.

गये हैं। ये पेड़ परिसर की भी वृद्धि करेंगे। स्टूडियो भवनों के इर्द-गिर्द अहातों के भीतर भी हरियाली विकसित हो गयी है।

2. पूर्व परीक्षण प्रेक्षागार

पूर्वपरीक्षण प्रेक्षागार एवं पुनर्मूल्यांकन प्रेक्षागार का आकार 30.30 × 11.70 मीटर है, जिसमें पर्दे के लिए मंच, ध्वनिशलेषण कक्ष, गृह तथा मार्गि-काएं आदि शामिल हैं। संलग्न हिस्से में भूतल भाग पर चार सम्पादन कमरे और पहली मंजिल पर प्रशासनिक कार्यालय, विश्राम कक्ष व प्रसाधन कक्ष हैं।

3. कृत्रिम सरोवर

फिल्म सिटी में एक छोटा सरोवर कृत्रिम रूप से निर्मित किया गया है। इसके लिए 55 मीटर लम्बाई का एक बांध बनाया गया है। जल स्तर की ऊंचाई तेरह मीटर है और जल विस्तार 13000 वर्ग मीटर। इस जलाशय की संग्रह क्षमता 28000 घन मीटर है। यह स्वप्नवत सरोवर एक अत्यन्त रमणीय घाटी में स्थित है, जिसके इर्द-गिर्द ऊंची टेकड़ियां हैं, जो छायाचित्रण के लिए बहुत ही उपयुक्त है।

4. उपलब्ध उपकरण

लाइट

10 के० वी०, 5 के० वी०, मल्टीट्वेंटीमल्टीटेन, सन गन्स, मिरीब्रूट्स

कैमरा विभाग

आयात के अधीन मिशेल। अरिफलेक्स एक्स आर 35 और स्टेडीकैम 70 मि० मि० सिनेमास्कोप व झूम लेन्स के साथ।

रेकार्डिंग विभाग

मैग्नेटिक रेकार्डिंग साधन सामग्री तथा अत्याधुनिक पोर्टेबल रेकार्डर के साथ स्टूडियो।

5. स्टूडियो परिसर

स्टूडियो भवन का पूरा क्षेत्र 5320 वर्ग मीटर है। इसमें 42.59 × 24.40 आकार का बड़ा स्टूडियो तथा 30 × 18.30 आकार का छोटा स्टू-डियो है। बड़े स्टूडियो के लिए 24.50 मीटर का और छोटे स्टूडियो के लिए 18.50 मीटर का स्पैन है।

दोनों स्टूडियो के लिए मस्टिक फर्श हैं और वहां दीवारों व छत के लिए साउण्ड प्रूफ की विशेष व्यवस्था है। इसके लिए बड़े स्टूडियो में 170000 रुपए और छोटे स्टूडियो में 96,000 रुपए खर्च हुए। स्टूडियो में विशेष रूप से बनाये गये बड़े साउण्ड प्रूफ दरवाजे लगाये गये हैं। जिसमें से सेटिंग ढोने वाला ट्रक गुजर सकता है। प्रत्येक की लागत लगभग एक लाख रुपये है।

दोनों स्टूडियो पूरी तरह से साउण्ड प्रूफ हैं। इनमें विशेष प्रकार की ध्वनि विन्यास की व्यवस्था की गयी है। स्टूडियो की दीवारें दोहरी हैं और दोनों के बीच पचास मिली मीटर का अन्तर साउण्ड प्रूफ और एयर-कंडीशन्ड के लिये रखा गया है। विदेशों में भी इस तरह के स्टूडियो विरले ही हैं।

दोनों स्टूडियो के बीच में मेकअप विभाग हैं। कुल चार मेकअप कमरे हैं जिनसे बड़े प्रसाधन कमरे भी संलग्न हैं। साथ ही अन्य कार्यों के लिये भी कमरे हैं। निर्माताओं की सुविधा के लिये पहली मंजिल पर कमरे और दालान हैं।

कलाकारों के लिये पहली और दूसरी मंजिल पर ग्यारह आवासों की व्यवस्था की गयी है, जिनसे जलपान गृह और भोजन संलग्न हैं। आम उपयोग के लिये भूतल मंजिल पर एक छोटे दफ्तर की व्यवस्था की गयी है। भवन में लिफ्ट व्यवस्था भी है।

इस फिल्म सिटी के प्रथम चरण का कुल व्यय 2.5 करोड़ रुपये अनुमानित है।[3] फिल्म सिटी का उद्‌घाटन 16 नवम्बर, 1977 को स्वर्गीय उप प्रधान-मंत्री यशवन्त राव चव्हाण द्वारा किया गया था।

फिल्म सिटी की महत्ता तथा उपयोगिता के बारे में विभिन्न विचार निम्नलिखित हैं।

श्री पी. आर. एस. पिल्ले[4] के शब्दों में—"हम केरल में फिल्म स्टूडियो क्षेत्र बनाना चाहते हैं। हमने और हमारे प्रोजेक्ट इंजीनियर ने फिल्म सिटी से बहुत सी बातें सीखी हैं। हम प्रोत्साहित और अनुप्रेरित से हुये हैं। भारत का फिल्मोद्योग फिल्म सिटी की कार्य क्षमता पर गौरव कर सकता है।"

डा. लेराय एम. डियरिंग व एम. एम. डियरिंग[5] के अनुसार "इस फिल्म केन्द्र पर भारत अभिमान कर सकेगा और सुधारित निर्माण सुविधाओं से बहुत ही लाभ उठा सकेगा। एक अद्‌भुत कल्पना की परिपूर्ति।"

---

3. पूर्वोक्त, पृ० 16.
4. अध्यक्ष, केरल राज्य फिल्म विकास निगम, त्रिवेन्द्रम।
5. एस्टाक स्टूडियो सिटी, सी ए 91,604, यू० एस० ए०।

फिल्म सिटी के निर्माण में वी. शान्ताराम का योगदान महत्वपूर्ण है। "फिल्म सिटी के निर्माण की मूल कल्पना का आधार स्तम्भ नहीं हैं। जितना आत्मीय लगाव उन्हें राजकमल स्टूडियो से है, उतना ही लगाव फिल्म सिटी से है।"[6]

निश्चय ही फिल्म सिटी, फिल्म निर्माताओं, विशेषतः हिन्दी फिल्म निर्माताओं के लिए अनुपम स्थल है। महाराष्ट्र सरकार इसे हालीवुड के यूनिवर्सल स्टूडियो की तरह गरीमामय बनाने के लिये संकल्पबान है।[7] आधुनिक हिन्दी फिल्मों में काफी तकनीकी सुधार हो रहे हैं। जिससे उनका स्तर विदेशी उच्चस्तरीय फिल्मों के समकक्ष हो रहा है। फिल्म सिटी एक बड़ी सीमा तक इस उद्देश्य की प्राप्ति में सहायक है।

(बी) फिल्म एण्ड टेलिविजन इंस्टीट्यूट आफ इण्डिया (एफ. टी. आई. आई.) पूना

आधुनिक हिन्दी फिल्मों के विकास में, फिल्म एण्ड टेलिविजन इंस्टीट्यूट आफ इण्डिया, पूना का विशेष योगदान रहा है। हिन्दी फिल्मों को इस संस्थान ने कई अच्छे कलाकार तथा तकनीशियन दिये हैं। शत्रुधन सिन्हा, शबाना आजमी, रेहाना सुलतान आदि इसी संस्थान की देन है। यद्यपि, अब संस्थान में, अभिनय का प्रशिक्षण बन्द कर दिया गया है। अब यहां केवल निर्देशन, छायांकन, सम्पादन आदि का ही डिप्लोमा कोर्स होता है।

एशिया में अद्वितीय संस्थान

फिलम एण्ड टेलीविजन इस्टीट्यूट आफ इण्डिया एशिया का अद्वितीय संस्थान है।[8] इस संस्थान में विदेशों के छात्र भी शिक्षा प्राप्त करते हैं।

---

6. नूरजहां काजी, "चित्रनगरी: वी शांताराम के स्वप्न की पूर्ति", पूर्वोक्त पाक्षिक, पृ० 23.
7. "फिल्म सिटी : क्या स्वप्न नगरी बनेगी," "दैनिक जागरण", हिन्दी मेरठ, 24 मार्च 1985, साप्ताहिक परिशिष्ट, पृ० 4.
8. "स्क्रीन" के सम्पादक बी० के० करेजिया के शब्दों में

"While there are hundreds of institutions in this country to provide higher training in medicine, engineering and other trades and professions, the FTII is the only institute of its kind to provide training in cinema in the entire Asian region."

बी० के० करंजिया, "नेशनल डिसगेस" सम्पादकीय, "स्क्रीन", अंग्रेजी साप्ताहिक, बम्बई, 7 मार्च 1986, पृ० एक।

1983-84 के शैक्षणिक वर्ष में कुल 108 विद्यार्थी थे, जिनमें चौदह विदेशी छात्र थे ।[9] इस वर्ष के विदेशी छात्रों का विवरण निम्न तालिकानुसार है ।

क्रमांक	देश	विद्यार्थियों की संख्या
1.	ईरान	3
2.	नेपाल	2
3.	घाना	1
4.	लेबनान	1
5.	बंगला देश	1
6.	नाइजीरिया	1
7.	मलेशिया	1
8.	भूटान	1
9.	इण्डोनेशिया	1
10.	फिलिपाइन्स	1
11.	मारीशस	1
	संख्या	14

उपरोक्त तालिका से ज्ञात होता है कि इस संस्थान में, अफ्रीका महाद्वीप के देशों के विद्यार्थी भी फिल्म की विविध विधाओं में परीक्षण लेते हैं ।

संस्थान की समस्यायें तथा सुधार के लिए सुझाव

इस संस्थान के विविध कार्यक्रमों के कारण समय-समय पर विभिन्न समस्याओं का अभ्युदय होता रहा है। सरकार भी इसके कार्यों का मूल्यांकन करने के लिए समय-समय पर "मूल्यांकन समिति" का गठन करती रहती है। शैक्षणिक वर्ष 1983-84 की अवधि में, इस संस्थान के पाठ्यक्रमों में कई

9. "एफ० टी० आई० आइ०, अवीज 149.49 लाख फार 1983-84", "स्क्रीन", पूर्वोक्त पाक्षिक, 10 अप्रैल 1985, पृ० 6.

रेखाचित्र 4.1 : 1983-84 के शैक्षणिक वर्ष में "फिल्म एण्ड टेलिविजन इंस्टीटयूट आफ इण्डिया" पूना में प्रत्येक देश के अनुसार विदेशी विद्यार्थियों की संख्या।

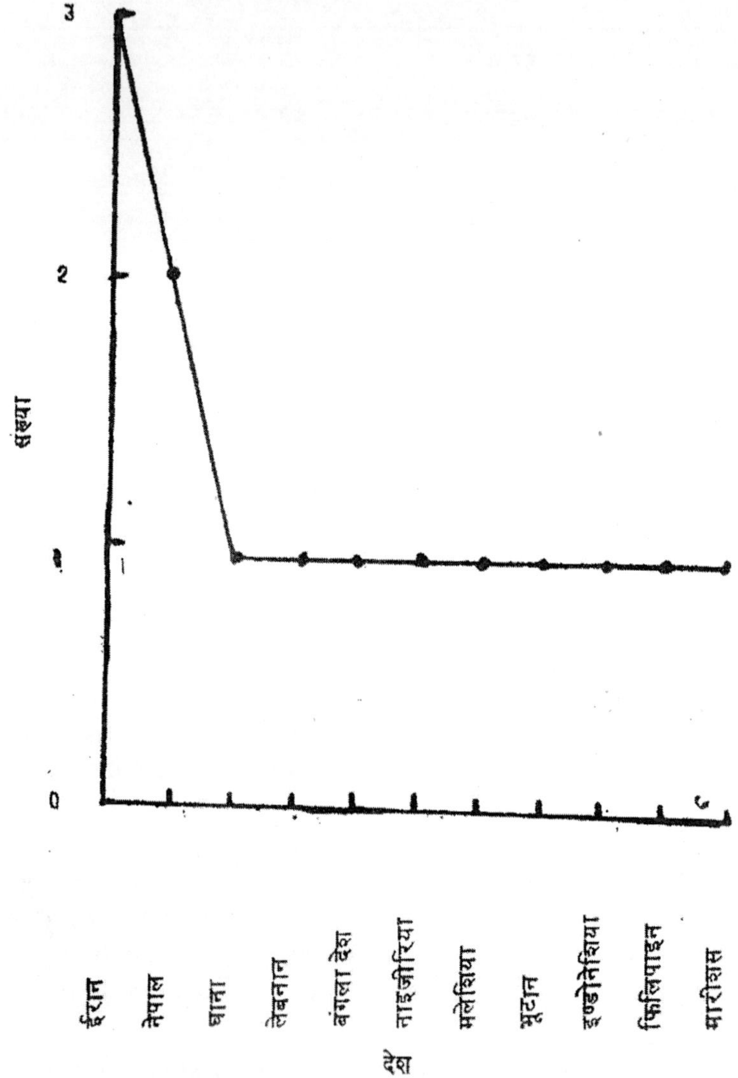

संशोधन किये गये।[10] फिल्म तकनीकी में नये आविष्कारों को ध्यान में रखकर तकनीकी पाठ्यक्रमों में परिवर्तन वैसे भी उपयोगी व आवश्यक है।

इस संस्थान की समस्याओं को लेकर यहां के छात्र काफी उद्वेसित रहते हैं। समय-समय पर वे हड़ताल का सहारा भी लेते हैं। ऐसी ही हड़ताल इस संस्थान में 1984 के उत्तरार्द्ध में हो चुकी है। इस हड़ताल के कारण संस्थान की कार्यकुशलता में गिरावट आना भी था।[11] सरकार ने संस्थान को कार्यकुशल बनाने के लिये इसे काफी हद तक स्वायत्तता प्रदान की है। आशा है कि यह संस्था आधुनिक हिन्दी फिल्मों के निर्माण एवं विकास की दिशा में अपेक्षाकृत अधिक अच्छे तकनीशियन प्रदान कर सकेगा।

(सी) राष्ट्रीय फिल्म विकास निगम (नेशनल फिल्म डेवलपमेंट कारपोरेशन एन० डी० सी०)

राष्ट्रीय फिल्म विकास निगम भारत सरकार का संस्थान है। यह अच्छी

---

10. शैक्षिणक वर्ष 1983-84 की रिपोर्ट में बतलाया गया है कि

"The second batch of post-diploma course in film Direction started from July 1984. Nine student have been admitted to this course. A series of lectures delivered by the renowned film critics and historian Professors Jerzy Tooplitz was brought out by the institute. The text of the lectures was transcribed and arranged by Miss N.S. Shahane, Film Research Officer and edited by N.V.K. Murthy.

The institute and the national Film Archive of India Jointly organised the 10th Film Appreciation Course from June 18 to July 21, 1984. Seventy participants comprising teachers, journalists, writers, media officers etc. attended the course.

The report said that the Film wing offers courses leading to a Diploma in Cinema with Specialisation in one of the following four areas—Direction, Cinematography, Lighting and sound recording and sound engineering (SRSE). The Television wing has the following five departments—television productions, television films, technical operations, design and graphics and phototype research and experimental production."

एफ टी आई आई: स्टोज 149.49 लाय्मफार 1983-84, "स्क्रीन", पूर्वोक्त साप्ताहिक, 19 अप्रैल 1985, पृ० 6.

11. एफ० आई आई० के टी० वी० निर्माण व्यवस्थापन विभाग के सहायक प्रोफेसर जे० एस० श्रीवास्तव ने लिखा है कि

"कार्यकुशलता में सुधार के बिना यह संस्थान भविष्य में अपेक्षित आशाओं को पूरा नहीं कर सकता है।"

—"स्क्रीन", पूर्वोक्त साप्ताहिक, 28 दिसम्बर 1984, पृ० 9.

फिल्मों के निर्माण को प्रोत्साहन देता है। यदि निगम को कोई पटकथा पसन्द आ जाये, तो यह संस्थान फिल्म के निर्माता और निर्देशक को पन्द्रह लाख रुपये (आवश्यकतानुसार अधिक भी) ऋण देता है।

निगम से ऋण पाने का सरल तरीका यह है कि पटकथा हिन्दी के किसी उच्च कोटि के उपन्यास पर आधारित हो। निगम अब तक मोहन राकेश, राजेन्द्र यादव, मन्नु भण्डारी, कमलेशवर:, रमेश बक्षी, निर्मल वर्मा और कुछ अन्य लेखकों की रचनाओं पर आधारित पटकथाओं पर फिल्में बनाने के लिये ऋण दे चुका है।

निगम का पता है—
राष्ट्रीय फिल्म विकास निगम,
13-16 रीजैण्ट चैम्बर्स,
नरीमन पाइण्ट
बम्बई— 400 021

1984 में निगम ने सात फीचर फिल्मों के निर्माण के लिये ऋण दिया। साथ में दो फिल्मों को शत प्रतिशत ऋण दिया। ये दोनों फिल्में हिन्दी में बननी थीं—पहली, केतन मेहता द्वारा निर्देशित "गरम मसाला" तथा दूसरी उत्पलेन्दु चक्रवर्ती द्वारा निर्देशित "देवशिशु"।[12]

निगम को फिल्म निर्माण तथा अन्य गतिविधियों से पर्याप्त आय भी होती है। वर्ष 1983-84 में उसे 62.87 लाख रु० का लाभ हुआ जोकि मुख्यत: (गांधी) फिल्म से हुआ था।[13] निगम विदेशों से फिल्में आयात करके देश भर में उन्हें प्रदर्शन के लिये उपलब्ध कराता है।

---

12. "एन एफ डी० सी० लोन फार सेविन फिल्म्स", "स्क्रीन" पूर्वोक्त साप्ताहिक, 12 अक्तूबर 1984, पृ० 13.

13. इस सम्बन्ध में 29 जुलाई 1985 को केन्द्रीय सूचना प्रसारण मंत्री वी० एन० गाडगिल द्वारा प्रस्तुत वार्षिक रिपोर्ट में बतलाया गया है कि—

"राष्ट्रीय फिल्म विकास निगम ने 1983-84 के वर्ष में सोलह आवेदन पत्रों को स्वीकार करते हुए 119.35 लाख रुपये की राशि ऋण के रूप में स्वीकार की। 1983-84 की अवधि में निगम की कुल आय 434.29 लाख रुपये थी। 1982-83 की अवधि की अपेक्षा इस वर्ष निगम को 62.87 लाख रुपये की आय हुई थी, जबकि 1982-83 में 61.88 लाख रुपये की आय हुई थी।"

"एन एफ० डी० सी० आस्कड टू इन्टेंन्सीफाई आपरेशन्स" "स्क्रीन", पूर्वोक्त साप्ताहिक, पृ० 1 तथा 16.

निगम ने 1980-81 के वर्ष से 1984-85 के वर्ष तक कुल 181 फिल्में आयातित कीं।[14]

तालिका 4.2 : निगम द्वारा आयातित फिल्मों की संख्या

क्रमांक	वर्ष	फिल्मों की संख्या
1.	1980-81	45
2.	1981-82	54
3.	1982-83	26
4.	1983-84	27
5.	1984-85	29

उपरोक्त आंकड़ों से ज्ञात होता है कि निगम ने फिल्म आयात करने के विषय में पहले की अपेक्षा कठोर रवैया अपनाया है, ताकि विदेशी मुद्रा की बचत की जा सके।

राष्ट्रीय फिल्म विकास निगम आधुनिक हिन्दी फिल्मों के स्तर को उच्चतर बनाने हेतु निरन्तर प्रयत्नशील है। निगम ने कलात्मक हिन्दी फिल्मों के निर्माण के लिए फिल्मकारों को सदा प्रोत्साहित किया है।

(डी) दूरदर्शन (टेलिविजन)

भारत में भी, अब दूरदर्शन जनसंचार का एक प्रभावशाली माध्यम बन चुका है। दूरदर्शन और फिल्म का घनिष्ठ सम्बन्ध है। दूरदर्शन में हिन्दी फिल्में भी दिखाई जाती हैं और कई आधुनिक कलात्मक फिल्में तो दूरदर्शन के माध्यम से ही जनता तक पहुंचती हैं। यह विवाद का विषय हो सकता है कि दूरदर्शन हिन्दी फिल्मों के प्रसार के मार्ग में बाधक है या नहीं लेकिन दूरदर्शन की बढ़ती हुई उपयोगिता को नकारा नहीं जा सकता।

भारत में दूरदर्शन का विस्तार तीव्र गति से हो रहा है। 25 मई, 1985 को त्रिवेन्द्रम (केरल) से 10 किलोमीटर दूर दूरदर्शन ट्रांसमीटर केन्द्र का उद्-

14. 26 जुलाई 1985 को राज्य सभा में मिस्टर आर० मोहनरंगम के एक लिखित प्रश्न के उत्तर में, केन्द्रीय सूचना प्रसारण मंत्री वी० एन० गाडगिल ने यह सूचना दी। पूर्वोक्त, पृ० 16.

रेखाचित्र 4.2 : 1980-81 से 1984-85 की अवधि में राष्ट्रीय फिल्म विकास निगम द्वारा प्रत्येक वित्तीय वर्ष में आयातित फिल्मों की संख्या।

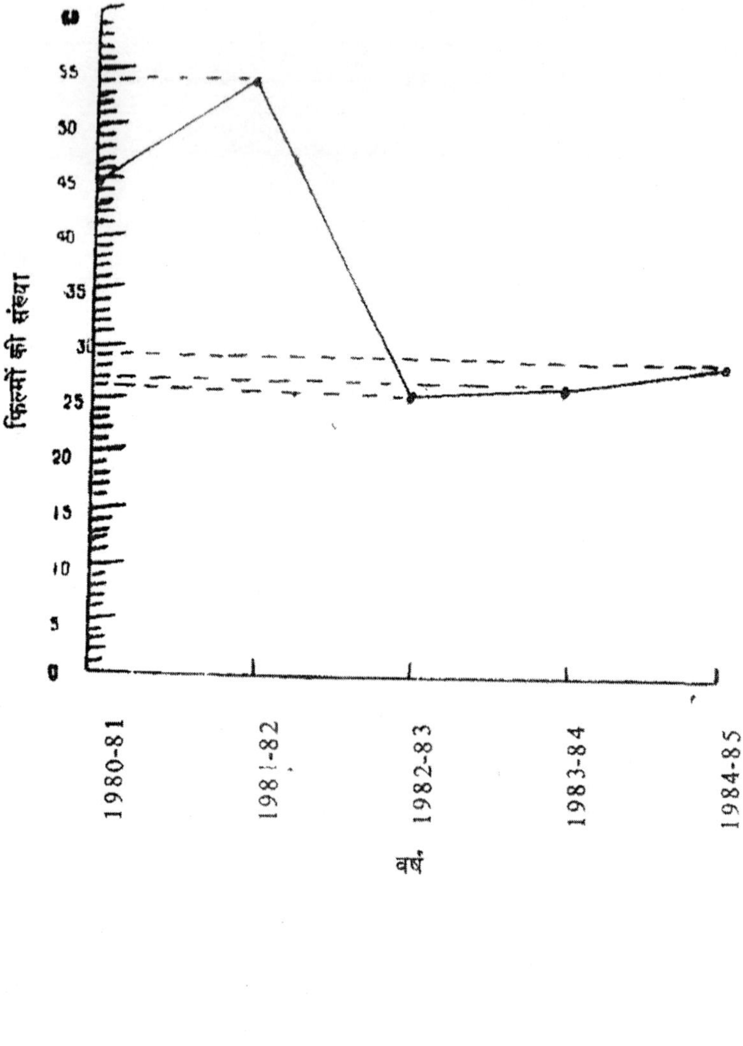

घाटन करते हुए केन्द्रीय सूचना व प्रसारण मन्त्री वी० एन० गाडगिल ने कहा है कि दूरदर्शन विस्तार के भारी संजाल के कारण देश का 70 प्रतिशत भाग दूरदर्शन संजाल की परिधि में आ गया है ।[15]

दूरदर्शन का प्रभाव

"आपरेशन रिसर्च ग्रुप" द्वारा किए गए एक सर्वेक्षण के अनुसार जिन घरों में टी० वी० है वहां 54 प्रतिशत स्कूली बच्चे रोज करीब एक घण्टा टी० वी० देखते हैं। रविवार को करीब 64 प्रतिशत बच्चे चार घण्टे टेलीविजन के सामने बिताते हैं ।[16] इस ग्रुप द्वारा 40 कस्बों में 12 से 14 वर्ष की आयु वाले 1400 बच्चों पर किए गए सर्वेक्षण के अनुसार 60 प्रतिशत बच्चे नियमित रूप से बच्चों के कार्यक्रम देखते हैं ।[17]

सर्वेक्षण से पता चलता है कि 82 प्रतिशत बच्चों के द्वारा समाचार तथा सामाजिक विषयों पर आधारित कार्यक्रम देखे जाते हैं। इनमें से 84 प्रतिशत बच्चे कभी-कभी समाचार-पत्र भी पढ़ते हैं ।

बच्चे टेलीविजन पर विज्ञापन देखना सबसे अधिक पसन्द करते हैं। करीब 90 प्रतिशत बच्चों ने स्वीकार किया है कि कोई भी कार्यक्रम शुरू होने से पहले उन्हें विज्ञापन देखना अच्छा लगता है। सर्वेक्षण के दौरान 56 प्रतिशत बच्चों ने शिकायत की कि माता-पिता कई कारणों से उन्हें टेलीविजन देखने से रोकते हैं। लेकिन सर्वेक्षण के अनुसार दक्षिणी राज्यों में इस मामले में देश के अन्य भागों के माता-पिता से कहीं अधिक उदार हैं।

सर्वेक्षण से इस बात का भी पता चलता है कि सभी आयु वर्ग के लोगों में समाचार-पत्रों की अपेक्षा टेलीविजन समाचार तथा सामाजिक मामलों के कार्यक्रम अधिक लोकप्रिय हैं ।

लेकिन टेलीविजन की लोकप्रियता ने शहरी संस्कृति पर चाहे प्रभाव न भी डाला हो, लेकिन ग्रामीण संस्कृति को उसने झकझोर दिया है। "ग्रामीणों के मन, भावना, शरीर और संस्कार के साथ इतना बड़ा खिलवाड़ पहले कभी नहीं हुआ होगा, जितना गांवों में टी० वी० आने के बाद हुआ है। उसकी सारी संस्कृति उजड़ गई है, चैन छिन गया है और घरेलू अर्थव्यवस्था को चौपट कर दिया है। इसके बावजूद केवल 10 प्रतिशत सैट काम करते हैं। उनके घर में

15. "दैनिक जागरण", मेरठ, हिन्दी, 25 मई 1985, नगर संस्करण, पृ० 6.
16. "जनसत्ता", हिन्दी दैनिक, नई दिल्ली, 23 फरवरी 1986, नगर संस्करण पृ० 3.
17. "पंजाब केसरी", हिन्दी दैनिक, दिल्ली, 23 फरवरी 1986, नगर संस्करण, पृ० 7.

टी० वी० आते ही बेकार हो गए हैं और वे महसूस करते हैं कि उनके साथ धोखा किया गया है। ग्रामीणों को टी० वी० विहीन जीवन जितना अर्थहीन लगता था, उतना भ्रमपूर्ण टी० वी० युक्त जीवन लगता है।"[18]

टेलीविजन के प्रसार के स्वयं उनकी मरम्मत के लिए मैकेनिकों के प्रशिक्षण की भी अच्छी व्यवस्था होनी चाहिए। ग्रामीण अंचलों में इसका अभाव है। यदि कोई ग्रामीण चार-पांच हजार रुपये की व्यवस्था करके एक टी० वी० सैट खरीदकर लाता है और वह सैट किसी कारणवश खराब हो जाए तो गांव में उसकी मरम्मत की कोई व्यवस्था नहीं होती है। परिणाम स्वरूप गांव में कई टी० वी० सैट महीनों खराब पड़े रहते हैं।

15 सितम्बर, 1959 को दूरदर्शन के भारत में पर्दापण के उपरान्त उसका तेजी से विस्तार हुआ है।[19] एक सर्वेक्षण के अनुसार इस समय देश भर में लगभग पचास लाख टी० वी० सैट लगे हैं, जिन पर प्रतिदिन लगभग पांच करोड़ व्यक्ति कार्यक्रम देखते हैं, जबकि इसके मुकाबले मात्र सवा करोड़ व्यक्ति सिनेमाघरों में जाकर फिल्म देखते हैं।[20]

दूरदर्शन पर धारावाहिक नाटक

भारत में, दूरदर्शन पर दिखाए गए कार्यक्रमों में सर्वाधिक लोकप्रिय कार्यक्रम धारावाहिक नाटक होते हैं। इन नाटकों में कार्य करने वाले कलाकार फिल्म कलाकारों के समान लोकप्रिय होते जा रहे हैं।

"सोप आपेरा" का जन्म

विश्व के सर्वप्रथम टी० वी० सीरियल (धारावाहिक) "सोप आपेरा" की शुरूआत अमेरिका में हुई। जहां रेडियो प्रसारण होने पर रेडियो कम्पनी के सामने यह समस्या आई कि जब घर में पुरुष न हों, बच्चे स्कूल गए हों, तो घर में रहने महिलाओं के लिए कैसा कार्यक्रम प्रसारित किया जाए? यह घटना 1930 के आस-पास की है। इसी समय एक विज्ञापन कम्पनी "प्रोक्टर एण्ड गेंबल" ने दोपहर के समय धारावाहिक पारिवारिक नाटक प्रसारित करवाने के लिए साबुन

18. दामोदर अग्रवाल, "गांवों में जब से टी० वी० आया है", "नवभारत टाइम्स", हिन्दी दैनिक, नई दिल्ली, 15 जनवरी 1985, नगर संस्करण, पृ० 4.

19. कमल, "क्या प्रयोजित कार्यक्रम दूरदर्शन को ले डूबेंगे", "दैनिक जागरण", पूर्वोक्त साप्ताहिक, 8 सितम्बर 1985, साप्ताहिक 1985, साप्ताहिक परिशिष्ट, पृ० एक।

20. पूर्वोक्त।

बनाने वाली एक कम्पनी को तैयार कर लिया। साबुन बनाने वाली कम्पनी का आकर्षण यह था कि घरेलू महिलाएं खाली समय में यह नाटक सुनने के साथ-साथ उसके साबुन की प्रशंसा सुन-सुनकर उसी प्रकार का प्रयोग करेंगी। बस, इसलिए इसका नाम रख दिया गया "सोप आपेरा।"[21]

और जब टेलीविजन आया तो रेडियो पर प्रसारित होने वाले उन्हीं कार्यक्रमों के टी० वी० रूपान्तरण प्रस्तुत होने लगे। पहले टी० वी० पर भी इसे दिन में प्रस्तुत किया जाता था। लेकिन कई स्वतन्त्र चैनल होने पर टी० वी० के "प्राइम टाइम" (महत्त्वपूर्ण) खण्ड में लोकप्रिय हो सकने वाले धारावाहिक नाटकों और टी० वी० फिल्मों की होड़-सी लग गई।

इस तरह के कार्यक्रम की लोकप्रियता का लाभ उठाकर कैंसर जैसे घातक रोगों के सम्बन्ध में आवश्यक जानकारी देने के लिए भी कैंसर सोसायटी ने "सोप आपेरा" का सहारा लिया।[22] इस तरह के प्रयोगों से प्रभावित होकर कई अन्य देशों ने मनोरंजन और समाज में जागृति के लिए अपने टी० वी० पर "सोप आपेरा" आदि दिखाने शुरू कर दिए। इनमें मेक्सिको द्वारा बनाए गए कार्यक्रम को संयुक्त राष्ट्र संगठन ने भी सराहा और अन्य देशों को भी ऐसे कार्यक्रम बनाने के लिए प्रोत्साहित किया।

इस तरह के प्रयोग सफल होने पर 977 में मेक्सिको ने परिवार नियोजन के सम्बन्ध में जन-जागृति के उद्देश्य से "सोप आपेरा" बनाने का निर्णय लिया। टेलीविजन द्वारा 180 खण्डों में प्रस्तुत आधे-आधे घण्टे के इस कार्यक्रम ने दर्शकों को बेहद प्रभावित किया।

इस सफलता से प्रभावित होकर संयुक्त राष्ट्र संघ ने आबादी की समस्या से प्रभावित भारत जैसे देशों को भी मेक्सिको में प्रेरणा लेने की सलाह दी। परिणामस्वरूप 1983 में, भारतीय सूचना प्रसारण मन्त्रालय ने नई दिल्ली में "सोप आपेरा" के सम्बन्ध में एक वर्कशाप का आयोजन किया और मेक्सिको विशेषज्ञों को भी आमंत्रित किया। इस प्रकार "सोप आपेरा" का भारत में भी प्रवेश हो गया।

लोकप्रिय धारावाहिक "हम लोग"

"हम लोग" धारावाहिक दूरदर्शन पर प्रदर्शित प्रथम धारावाहिक था। "हम लोग प्रोजेक्ट" सूचना और प्रसारण मन्त्रालय के भूतपूर्व सचिव एस० एस० गिल

21. आलोक मेहता, दूरदर्शन पर "हम लोग" और "सोप आपेरा" "नवभारत टाइम्स" पूर्वोक्त दैनिक, 29 जुलाई 1984, नगर संस्करण, पृ० 4.

22. पूर्वोक्त।

के दिमाग की उपज है। जिसके लिए उन्हें "पदम भूषण" से सम्मानित किया जा चुका है। श्री गिल ने अपनी मेक्सिको यात्रा के समय धारावाहिक नाटकों को दूरदर्शन पर दिखाने का निर्णय ले लिया था।[23] दो सौ खण्डों वाले इस धारावाहिक ने काफी लोकप्रियता अर्जित की थी।

"रजनी" तथा अन्य धारावाहिक नाटक

दूरदर्शन पर रजनी धारावाहिक ने इतनी लोकप्रियता प्राप्त की कि प्रधानमन्त्री राजीव गांधी तक ने इस कार्यक्रम की नायिका "रजनी" (प्रिय तेंदुलकर) की प्रशंसा की। एक लेखक मंगलेश डबराल का कथन है कि—

"टी० वी० का शायद ही कोई दूसरा कार्यक्रम "रजनी" जितना लोकप्रिय और विवादास्पद हुआ हो। उसकी नायिका प्रिया तेंदुलकर भी चर्चा में हैं। उनकी गर्ममिजाजी के दर्शन अखबार वालों तक को हो चुके हैं और खासकर मध्यम वर्गीय महिलाओं को उसकी नायिका से व्यक्तिगत जीवन में भी "रजनी" जैसे आचरण की उम्मीदें हुई हैं।

लेकिन असली प्रश्न यह है कि सामाजिक गड़बड़ियों से "रजनी" का जेहाद कौन से मूल्यों को जन्म दे रहा है ? क्या वह लड़ाई एक बेहतर मानवीय समाज के लिए है ?

"रजनी" को लेकर ऐसे कई प्रश्न लोगों के मन में हैं, जिन्हें सामने लाने को कोशिश समाज के लिए लाभदायक रहेगी।"[24]

समाज के मध्यम वर्ग में पाई जाने वाली तमाम बुराइयों का पर्दाफाश इस धारावाहिक में है। अतः सामाजिक परिवर्तन की दिशा में यह देशवासियों को काफी प्रभावित करता है। लेकिन इस धारावाहिक के कथानक में काफी विसंगतियां भी हैं।

"रजनी" के तमाम प्रसंगों में यह लगभग भुला दिया गया है कि जो लोग गड़बड़ियों के दोषी और समाज के खलनायक नजर आते हैं। वे हो सकता है कि स्वयं किसी बुनियादी और व्यापक गड़बड़ी के शिकार हों या एक ज्यादा बड़ी अन्यायी मशीन के एक छोटे से पुर्जे हों। इस बात के भी संकेत नहीं हैं कि एक काहिल बाबू की काहिली के पीछे एक भ्रष्ट सत्र मौजूद हो सकता है जिसने

---

23. उमेश माथुर, "दूरदर्शन पर धारावाहिक नाटकों की धमाचौकड़ी", "धर्मयुग", हिन्दी साप्ताहिक, बम्बई, 31 मार्च 1985, पृ० 9 व 10.

24. डबराल, "आखिर इस लड़ाई का मुद्दा क्या है ?" "जनसत्ता", नई दिल्ली, हिन्दी दैनिक, रविवारी जनसत्ता, 27 अक्तूबर 1985, पृ० एक।

उसे काहिल बनाकर छोड़ दिया है। समाज की ऐसी एकांगी, अधकचरी समझ किसी भोलेपन से नहीं, चालाकी से ही पैदा होती है, जिससे छोटी बुराइयों को तिगुना-चौगुना आंकते हुए बड़ी बुराइयों मे कतराया जाता है और इस तरह कभी-कभी उनकी पर्दादाकारी भी हो जाती है। जर्मन नाटककार बर्तोल्त ब्रेख्त के शब्दों में कहें तो हमें छोटे-छोटे न्याय दे दिए गए हैं ताकि एक बड़ा अन्याय जारी रह सके।

"रजनी" के निर्माता बासु चटर्जी नायिका प्रिया तेंदुलकर और कुछ किश्तों की लेखिका मन्नु भण्डारी का तर्क यह है कि एक महिला को दैनिक जीवन में इन्हीं गड़बड़ियों और समस्याओं का सामना करना होता है अर्थात् इन्हीं को सारे समाज के संकट मानकर चलना चाहिए और इनके कारणों में जाने की उसे न तो जरूरत है और न फुर्सत। यही उनका सच है, भ्रष्टाचार के राजनीतिक-आर्थिक कारणों में जाना उसकी दुनिया के बाहर की चीज है, इसके लिए कोई सोचा-समझा प्रयास करने की जरूरत नहीं।

मंगलेश डबराल के शब्दों में, "बेशक, एक शहरी मध्यमवर्गीय महिला का पाला ऐसी चीजों से पड़ता है, हालांकी पुरुष कोई इन समस्याओं से अछूते नहीं बने रहते। पर दिक्कत यह है कि इस तर्क में यह मानकर चला गया है कि महिलाओं की दुनिया इससे अलग हो ही नहीं सकती, बल्कि कहीं यह उनके लिए अनिवार्य भी है। यह शहरी मध्यमवर्गीय स्त्री की एक भोली-सी तस्वीर है जो वास्तविकना से मेल नहीं खाती। एक स्त्री को क्यों नहीं वह जानना समझना और उससे लड़ना भी चाहिए, जो इस समाज को खोखला और व्यवस्था को संवेदन शून्य बनाए दे रहा है? उसे भूख, अन्याय और उसके असली कारणों का पता क्यों नहीं होना चाहिए? इसलिए वे तो अधूरी जानकारी के आधार पर ही जूझेंगी। इसे महिलाओं के प्रति अपमानजनक रवैया ही कहा जाना चाहिए। अन्याय के असली कारणों का पता अगर पुरुष लगाते हैं तो महिलाओं को क्यों नहीं इसका अधिकार है? बूरी खबर उन तक भी क्यों नहीं पहुंचनी चाहिए?"[25]

वस्तुतः "रजनी" धारावाहिक सामाजिक समस्याओं को गहराई से न लेकर उपले स्तर पर हल प्रस्तुत करना चाहती है, जो कि किसी भी सामाजिक समस्या के समाधान में सहायक नहीं हो सकता। सामाजिक समस्याओं से सम्बन्धित किसी भी फिल्म या टी० वी० धारावाहिक के लिए यह नितान्त आवश्यक है कि उसका कथानक उस समस्या के वस्तुपूरक हल को प्रस्तुत करें, तभी उसका कोई सामाजिक राजनीतिक मूल्य होगा।

25. पूर्वोक्त।

टी० वी० के अन्य जिन धारावाहिकों ने लोकप्रियता अर्जित की है—"खानदान", "नुक्कड़", "करमचन्द", "ये जो है जिन्दगी", तथा "विक्रम और बेताल" आदि। "रामायण" धारावाहिक ने तो लोकप्रियता के सभी रिकार्ड तोड़ दिए हैं। इनमें ज्यादातर धारावाहिक मनोरंजन प्रधान हैं। धारावाहिकों की सामाजिक, सांस्कृतिक तथा राजनीतिक उपयोगिता के लिए यह आवश्यक है कि इनके कथानक तथा प्रस्तुतीकरण भारतीय परिवेश के अनुरूप हों, विदेशों की नकल नहीं। इस विषय में, युगांक धीर ने लिखा है कि "कुछ निर्माता तेजी से सीरियलों (धारावाहिकों) का निर्माण करने के चक्कर में, विदेशों में लोकप्रिय कार्यक्रमाकों की नकल भरकर रहे हैं। यह एक अस्वस्थ परम्परा है, क्योंकि इस तरह के धारावाहिक हमारी जमीन पर न केवल बहुत अस्वाभाविक प्रतीत होंगे बल्कि उनसे हमारी संस्कृति को भी गलत दिशा मिलने का खतरा पैदा हो सकता है।"[26]

आवश्यकता है कि धारावाहिक मौलिकता से परिपूर्ण हों, तभी हमारे समाज के लिए वे उपयोगी होंगे। आधुनिक हिन्दी फिल्मों के कई निर्देशक व कलाकार धारावाहिकों की लोकप्रियता को देखते हुए इस ओर आकर्षित हुए हैं। यह एक शुभ लक्षण है।

दूरदर्शन पर आधुनिक हिन्दी फिल्में

दूरदर्शन पर हर सप्ताह हिन्दी तथा अन्य भाषाओं की फिल्में दिखाई जाती हैं। दूरदर्शन के माध्यम से करोड़ों व्यक्ति किसी फिलम को घर बैठे देख सकते हैं। हिन्दी की कला फिल्मों के लिए, जो कि बाक्स आफिस पर सफलता प्राप्त नहीं कर पातीं, करोड़ों दर्शकों तक पहुंचाने के लिए दूरदर्शन एकमात्र माध्यम है।

दूरदर्शन पर सदैव उद्देश्यपूर्ण तथा अच्छी फिल्में ही दिखाई जाएं यह दर्शकों की भी मांग रही है। "दिल्ली फिल्म जर्नलिस्ट फोरम" द्वारा "दूरदर्शन पर फिल्म कार्यक्रम" विषय पर आयोजित एक गोष्ठी में बोलते हुए तत्कालीन केन्द्रीय सूचना व प्रसारण मन्त्री एच० के० एल० भगत ने कहा था कि—

"दूरदर्शन पर अच्छी और उद्देश्यपूर्ण फिल्में दिखायी जानी चाहिए। दूरदर्शन छोटी, मनोरंजक और समाज के लिए उपयोगी फिल्मों का प्रदर्शन कर सकता है।"[27]

---

26. युगांक धीर, "आते हुए सीरियल", "धर्मयुग" पूर्वोक्त साप्ताहिक, 31 मार्च 1985, पृ० 13.
27. "हिन्दुस्तान", हिन्दी दैनिक, नई दिल्ली, 11 सितंबर 1984, पृ० तीन।

इसी गोष्ठी की अध्यक्षता करते हुए दैनिक हिन्दुस्तान के सम्पादक विनोद कुमार मिश्र ने कहा कि दूरदर्शन मनोरंजन का सबसे अधिक प्रभावशाली और सशक्त माध्यम है ।[28]

दूरदर्शन पर "पार", "दामूल", "अर्द्धसत्य" आदि कला हिन्दी फिल्में दिखायी गयी हैं। लेकिन विवादास्पद राजनीतिक फिल्म "न्यु दिल्ली टाइम्स" को प्रदर्शन की अनुमति देकर भी रोक दिया गया।[29] इस सम्बन्ध में नवभारत टाइम्स ने अपने सम्पादकीय में लिखा है कि —

" "न्यू दिल्ली टाइम्स" भी समाचार पत्रों और राजनीति से सम्बन्धित एक यथार्थवादी फिल्म है और इसे भी कुछ अज्ञात आंखों ने एकाएक देखा और आशक्तिजनक पाया। तमाशा यह है कि फिल्म से पहले दिखाया जाने वाला निर्देशक का इण्टरव्यू भी दूरदर्शन फिल्मा चुका था। फिर भी अचानक फिल्म अवांछनीय पायी गयी। साफ है कि दो तन्त्र काम कर रहे हैं – एक वह जो इन फिल्मों को सुनता है, और प्रसारण योग्य समझकर उनकी घोषणा करवा देता है और दूसरा वह नकाबपोश तन्त्र जो कहीं पर्दे के पीछे रहता है और ऐन आखिरी वक्त पर अपनी इस्पाती मुट्ठी में इस "विस्फोटक" सामग्री को दाब लेता है। व्यंग्य यह है कि इस "न्यु दिल्ली टाइम्स" को प्रसारण योग्य बनाने के लिए दूरदर्शन ने उसे दोबारा सेंसर किया था। जबकि सेंसर प्रमाण पत्र के बाद ऐसी कोई जरूरत नहीं होती और आठ लाख रुपये के सामने मजबूर निर्माता तथा निदेशक दोनों ने छः मिनट की अवधि के कुछ अंश निकालने पर अपनी सहमति भी दे दी थी। लेकिन कहीं कोई सुपर सेंसर है जो इन सारे सेंसरों से ऊपर तथा सर्वशक्तिमान है। उसकी निगाहों से "न्यु दिल्ली टाइम्स" जिसकी वास्तविकता और पैनेपन की सबने प्रशंसा की है, बच नहीं सकी।"[30]

दूरदर्शन की ढुलमुल नीतियों के कारण ही उसे उपरोक्त प्रकार की आलोचना का शिकार होना पड़ता है। दूरदर्शन को चाहिए कि वह अच्छी हिन्दी फिल्मों के प्रसारण हेतु एक सुनिश्चित नीति का निर्धारण करे तथा तटस्थ सदस्यों की एक चयन समिति बनायी जाये, जोकि सामाजिक-राजनीतिक दृष्टि से महत्वपूर्ण हिन्दी फिल्मों का दूरदर्शन पर प्रसारण हेतु चयन कर सके।

---

28. पूर्वोक्त ।
29. "नवभारत टाइम्स", नई दिल्ली, 4 मार्च 1986, नगर संस्करण, पृ० एक।
30. "संपादकीय", "नवभारत टाइम्स" पूर्वोक्त दैनिक, 4 मार्च 1986, नगर संस्करण, पृ० 4.

निष्कर्ष

फिल्म संस्थान, राष्ट्रीय फिल्म विकास निगम और दूरदर्शन आधुनिक हिन्दी फिल्मों के लिए कितने उपयोगी हो सकते हैं यह इन संस्थानों के पदाधिकारियों तथा फिलमकारों की जागरूकता और परस्पर मैत्रीपूर्ण सम्बन्धों पर निर्भर है।

दूरदर्शन की उपयोगिता दिन प्रतिदिन परिलक्षित होती जा रही है। दूरदर्शन पर प्रदर्शित "रामायण" सीरियल की अपार लोकप्रियता ने यह सिद्ध कर दिया है कि भारत की प्राचीन गौरवशाली संस्कृति की रक्षा में, यह "दृश्यश्रव्य माध्यम" (टेलीविजन) अमूल्य योगदान अदा कर सकता है। "कश्मीर से कन्याकुमारी तक भारत एक है" टेली फिल्मों और सीरियलों के माध्यम से इस राष्ट्रीय भावना में हम वृद्धि कर सकते हैं। यह भी आवश्यक है कि देश की भावी पीढ़ी के भविष्य निर्माण को देखते हुए बाल विकास से सम्बन्धित अच्छी टेली फिल्मों तथा सीरियलों को टेलीविजन पर दिखाया जाये। यह खेदजनक है कि इस दिशा में पर्याप्त कदम नहीं उठाये गये हैं। इसके साथ ही टेलीविजन पर दिखाये जाने वाले शैक्षिक कार्यक्रमों की गुणवता में भी वृद्धि की जानी चाहिए, ताकि शिक्षा के प्रचार प्रसार में इसकी उपयोगिता सिद्ध हो सके।

अध्याय पंचम

फिल्म सेंसर नीति

प्रत्येक फिल्म प्रदर्शन से पूर्व सेंसर द्वारा स्वीकृत की जाती है। सेंसर फिल्म के आपतिजनक अंशों को प्रदर्शन की अनुमति नहीं देता है तथा यह भी निर्धारित करता है कि फिल्म को "यू", "ए", "यूए" तथा "एस" इन चार में से किस वर्गीकरण के अन्तर्गत प्रमाण पत्र दिया जाये।

सेंसर का अर्थ

सेंसर का शाब्दिक अर्थ जानने के लिए ईसा पूर्व के रोमन इतिहास पर दृष्टि डालनी होगी। प्राचीन रोम में, "सेंसस" की अध्यक्षता करने वाले दो अधिकारियों को सेंसर कहा जाता था। इसका आरम्भ 443 ईस्वी पूर्व हुआ।[1] सेंसर के तत्कालिक कार्यों में कुछ कार्य वर्तमान से भिन्न भी थे। उस समय सेंसर के कार्य थे--

1. कबीलों और मतदान विभाग की सूची रखना।
2. नागरिकों की सम्मति के आधार पर कर निर्धारण करना।
3. नैतिक आधार पर सार्वजनिक त्योहार में भाग लेने से वंचित रखना जिसे "रेजिमन मॉरम" कहा जाता था।
4. जो सेंसर को कर देना बन्द कर देता था, उसे विधियुक्त करके संशोधन करना।
5. सीनेट का चुनाव कराना।
6. कर वसूली व्यवस्था एवं सार्वजनिक भवनों का पुनर्निर्माण करना।[2]

---

1. अर्जुन मेहतो, "सेंसर, कहां से चला कहां पहुंचा", "माधुरी", हिन्दी पाक्षिक बंबई, 24 दिसंबर 1982, पृ० 22.
2. पूर्वोक्त।

(अन्तिम दो कार्यों का उत्तरदायित्व प्रारम्भिक काल में नहीं था)

संक्षेप में, सेंसर का प्रमुख प्रारम्भिक कार्य जनसंख्या की गणना तथा जन-साधारण के सदाचार पर दृष्टि रखना था। इन्हीं कार्यों के कारण अंग्रेजी भाषा के दो शब्दों की उत्पत्ति हुई—(1) सेंसस (जनगणना) और (2) सेंसर (दोषानदवेषक)[3]

"दि अमेरिकन एनसाइक्लोपीडिया" के अनुसार सेंसरशिप का आधुनिक समय में तात्पर्य नियन्त्रण से है।[4] इस शब्द का प्रयोग दूसरों के आचरण और नैतिकता पर मत व्यक्त करने वाले के सम्बन्ध में किया जाता है। आक्सफोर्ड और कैम्ब्रिज विश्वविद्यालयों में जो छात्र कालेज और छात्रावासों से सम्बन्ध नहीं रखते उनका पर्यवेक्षण करने वाले को सेंसर कहा जाता है। रायल कालेज आफ फिजिशियन के जो अधिकारी लाइसेंस देते हैं, उन्हें सेंसर कहा जाता है।[5]

भारत में फिल्म सेंसर से सम्बन्धित अधिनियम

3 मई, 1913 को बम्बई में प्रदर्शित "राजा हरिश्चन्द्र" हिन्दी फिल्म को भारत की प्रथम फिल्म माना जाता है।[6] तब से फिल्मों का निर्माण होने लगा और सरकार को अधिनियम बनाने की आवश्यता अनुभव हुई। सर्वप्रथम, 1918 में "इण्डियन सिनेमाटोग्राफी अधिनियम" लागू हुआ।[7] जिसके प्रविधानों से, भारत में फिल्म सेंसरशिप की शुरूआत हुई। इस अधिनियम के द्वारा फिल्मों के लिए, "प्रान्तीय सेंसरशिप पद्धति" लागू की गयी।[8] इसके अन्तर्गत

---

3. पूर्वोक्त।
4. "दि अमेरिकन एनसाक्लोपीडिया" के अनुसार

   "Cencership, in its modern meaning may be defined as the control, suppression, or elimination of some or all modes of expression or behaviour, in position to established standards of belief and conduct of either public or private organisations whose prestiage, power, and universality enable them to act as guardians of what deemed socially right. *The American Encyclopeadia, Volume VI, Page 193.*

   —पी० रानारेड्डी, "सिनेमाटोग्राफी कोड", सिनेमाटोग्राफी लाज रिसर्च इंस्टीट्यूट, हैदराबाद, 1968-69, पृ० 31.
5. अर्जुन मेहता, पूर्वोक्त लेख, पृ० 22.
6. बी० वी० धरप, "इण्डियन फिल्म्स, 1917 एण्ड 1978" मोशन पिक्चर्स एन्टरप्राईजेज, अलका टाकीज, पूना, 1979, पृ० 19.
7. करुणा शंकर, "भारतीय फिल्मों का इतिहास 1896-1964", रंगभूमि बुक डिपो, दिल्ली-**110006**, 1964, पृ० 147.
8. कैप्टन एम० के० शिन्दे, "शिन्देज डिक्शनरी आफ सिने आर्ट एण्ड फिल्म क्राफ्ट", पोपुलर प्रकाशन, 35 सी० ताडदेव रोड, बंबई, 1962 पृ० 19.

ब्रिटिश भारत के विभिन्न प्रान्तों को फिल्मों को सेंसर करने का अधिकार प्रदान किया गया था। इस अधिनियम को 1919 तथा 1920 में संशोधित भी किया गया।[9] इसके अनुसार 1920 में बम्बई, कलकत्ता और मद्रास में फिल्म सेंसर बोर्ड की स्थापना की गयी। उस समय बर्मा भारत का ही एक भाग था, अतः रंगून में भी एक सेंसर बोर्ड का गठन किया गया।[10] 1920 के बाद के दर्शकों में लाहौर में भी फिल्म व्यवसाय पनप रहा था, जिसके कारण पंजाब के लिए एक पृथक सेंसर बोर्ड की आवश्यकता अनुभव की गयी। अतः 1927 में पंजाव सेंसर बोर्ड का गठन किया गया।[11]

1920 में गठित बम्बई सेंसर बोर्ड के कुल छः सदस्यों में से तीन गैर सरकारी सदस्य थे जोकि हिन्दू, मुस्लिम और पारसी समुदाय का प्रतिनिधित्व करते थे। बम्बई के पुलिस आयुक्त पदेन सभापति तथा दो निरीक्षक सदस्य होते थे।[12] जून, 1920 में स्थापित मद्रास सेंसर बोर्ड में उन्नीस सदस्यों की तथा पंजाब सेंसर बोर्ड में बारह सदस्यों की नियुक्ति अधिनियम के अनुसार होनी थी।[13]

"इण्डियन सिनेमाटोग्राफी अधिनियम, 1918" के प्राविधानों का मूल्यांकन करने तथा भारतीय फिल्म क्षेत्र की, अन्य समस्याओं के सम्बन्ध में 1927 में एक समिति का गठन किया गया, जिसे "इण्डियन सिनेमाटोग्राफी कमेटी" कहा गया।[14] इसके अध्यक्ष दीवान बहादुर टी० रंगाचारी थे, इसलिए इसे "रंगाचारी समिति" भी कहा गया।[15] "रंगाचारी समिति" ने अपनी रिपोर्ट में "एक केन्द्रीय सेंसर बोर्ड" की स्थापना का सुझाव दिया, ताकि अलग-अलग प्रान्तीय

---

9. पी० रामरेड्डी, ,'पूर्वोक्त पुस्तक" पृ० 32.
10. अर्जुन मेहता, पूर्वोक्त लेख, पृ० 22.
11. पी० रामारेड्डी, "पूर्वोक्त पुस्तक", पृ० 32.
12. केप्टन एम० के० शिन्दे, "पूर्वोक्त पुस्तक", पृ० 19.
13. पूर्वोक्त।
14. बी० बी० धरप, "पूर्वोक्त पुस्तक", पृ० 11.
15. दीवान बहादुर टी० रंगाचारी (1865-1945) मद्रास के एक प्रमुख राष्ट्रवादी वकील थे। वे 1898 से 1900 तक मद्रास के ला कालेज में प्रोफेसर भी रहे। 1908 में वे मद्रास निगम के सदस्य बने तथा 1916-1919 तक "मद्रास लेजिस्लेटिव काउंसिल" के भी सदस्य रहे। उन्होंने कई अन्य समितियों के सदस्य के रूप में भी कार्य किया जिनमें "इण्डियन बार कमेटी", "मरकेन्टाईल मेरिन कमेटी" तथा "ईशर कमेटी" आदि प्रमुख थीं। उन्होंने कई देशों की यात्रा भी की तथा कई अन्तर्राष्ट्रीय सम्मेलनों में भारत का प्रतिनिधित्व भी किया था।
पूर्वोक्त।

सेंसर बोर्ड के कारण उत्पन्न कठिनाइयों को समाप्त किया जा सके। किन्तु इस समिति के सुझावों को स्वाधीनता प्राप्ति तक लागू नहीं किया जा सका।

1949 में "सिनेमाटोग्राफी अधिनियम, 1918" में संशोधन करके सेंसरशिप के केन्द्रीयकरण की व्यवस्था की गयी तथा "ए" व "यू" प्रमाण पत्र द्वारा फिल्मों का वर्गीकरण किया गया।[16] 15 जनवरी, 1951 को "केन्द्रीय फिल्म सेंसर बोर्ड" की स्थापना हुई[17] जिसका केन्द्रीय कार्यालय बम्बई में तथा क्षेत्रीय कार्यालय कलकत्ता और मद्रास में स्थापित किये गये।[18] भारत सरकार ने श्री एस० के० पाटिल की अध्यक्षता में "फिल्म इन्कवायरी कमेटी" की स्थापना की[19] जिसने भी सेंसर व्यवस्था में परिवर्तन की आवश्यकता बतलायी। अन्ततः भारतीय संसद ने "सिनेमाटोग्राफी अधिनियम, 1952" पारित किया।[20] इस अधिनियम में, 1953, 1957, 1959 तथा 1960 में संशोधन भी किये गये।[21]

"सिनेमाटोग्राफी अधिनियम, 1952" के उद्देश्य व कारण भारत सरकार के राजपत्र (गजट) में प्रकाशित किये गये।[22] इस अधिनियम का सर्वत्र स्वागत

16. अर्जुन मेहतो, पूर्वोक्त लेख, पृ० 22.

17. पूर्वोक्त।

18. केप्टन एम० के० शिन्दे, "पूर्वोक्त पुस्तक", पृ० 19.

19. बी० वी० धरप, पूर्वोक्त पुस्तक", पृ० 1

20. पी० रानारेड्डी, "पूर्वोक्त, पुस्तक" पृ० 17.

21. पूर्वोक्त।

22. भारत सरकार के राजपत्र (गजट) के अनुसार

"The cinematograph Act, 1952 as it stands is of a mixed context dealing with two seperate matters, namely: (a) examination and certification of films as suitable for public exahibition and (b) regulation of cinemas including their licensing. In the seventh schedule of the constitution 'Sanctioning of cinematography films for exhibitions' has been included in entry 60 of the Union list and 'Cinema subject to the provisions of entry 60 of list I' in entry 33 of the state list. Some of the sections of the Cinematograph Act, therefore, concern the central government and some of the state governments and others both the central and state governments. Some sections of the Act where amended in 1949, but only for the introduction of 'A' and 'U' certificates and centralisation of clear demarcation of the respective provisions of the Act with which the central and State Government are concerned, various difficulties are arising in the administration of the Act. The purpose of the present Bill is to resolve the confusion by reenacting the provisions of the Act of 1918 as amended in 1949 seperating the provisions relating to the sanctioning of films for exhibition of a Union subject from the provisions relating to licensing and regulation of cinema (a State subject)."

"गजट आफ इण्डिया", 1952, पार्ट-2, सेक्शन 2, पृ० 220.

हुआ तथा उद्योग के विकास में इसका महत्वपूर्ण योगदान रहा।

वर्तमान में, केन्द्रीय फिल्म सेंसर बोर्ड को "सेण्ट्रल बोर्ड आफ फिल्म सर्टिफिकेशन" कहा जाता है। इसके अतिरिक्त, अब दो नये सेंसर प्रमाण-पत्र और अस्तित्व में आ चुके हैं। ये हैं—"यूए" तथा "एस"। "यूए" प्रमाण पत्र ऐसी फिल्मों को दिया जाता है जिसे बारह वर्ष से अधिक आयु के सभी व्यक्ति देख सकते हैं ऐसी फिल्में सार्वजनिक भी होती हैं और व्यस्कों के लिए भी। "एस" प्रमाण पत्र ऐसी फिल्मों को दिया जाता है जिसे केवल विशिष्ट वर्ग के व्यक्ति ही देख सकते हैं।

"सिनेमाटोग्राफी अधिनियम, 1952" के अनुसार देश में निर्मित या बाहर से आयात की गयी प्रत्येक फिल्म का सेंसरशिप केवल पहले दस वर्ष के लिये वैध माना जाता था।[23] कुछ फिल्म निर्माताओं को इस पर आपत्ति थी और वे यह अवधि दस वर्ष से बढ़ाकर पच्चीस वर्ष करवाना चाहते थे।[24] भारत सरकार ने इस मांग पर विचार किया और सूचना एवं प्रसारण मंत्रालय, भारत सरकार के संयुक्त सचिव (फिल्म्स) द्वारा 25 सितम्बर, 1984 को जारी एक अधिसूचना में जो कि "सिनेमाटोग्राफी अधिनियम, 1952" की धारा नौ के तहत जारी की गयी थी, कहा गया कि एक बार सेंसर द्वारा स्वीकृत फिल्म को पुनः सेंसर कराने की आवश्यकता नहीं है।[25] भारत में, वीडियो फिल्मों का प्रचलन काफी बढ़ गया है। फिल्मों के अवैध वीडियो कैसेटों के निर्माण को रोकने के लिए सिनेमाटोग्राफी कानून में संशोधन किया गया तथा यह संशोधित कानून देश भर में 27 अगस्त, 1984 से लागू हो गया। इस संशोधित कानून में अनाधिकृत फिल्मों के प्रदर्शन के लिये कारावास तथा जुर्माना के दण्ड का पहले से ज्यादा कठोर प्राविधान किया गया है।[26]इस संशोधित कानून द्वारा सेंसर द्वारा स्वीकृत होने से पूर्व ही, फिल्मों के अवैध वीडियो कैसेटें तैयार करने की प्रवृत्ति रोकी जा सकेगी।

भारत में, फिल्म सेंसर सम्बन्धी अधिनियमों में समय-समय पर संशोधन तथा परिवर्तन करके फिल्म सेंसरशिप को समयानुकूल तथा अधिक उपयोगी बनाया जाता रहा है।

---

23. "नवभारत टाइम्स", हिन्दी दैनिक, नई दिल्ली, नगर संस्करण, 11 अक्तूबर 1984, पृ० एक।
24. "स्क्रीन", अंग्रेजी सिने साप्ताहिक, बंबई, 12 अक्तूबर 1984, पृ० 1 व 2.
25. पूर्वोक्त तथा नवभारत टाइम्स, हिन्दी दैनिक, नई दिल्ली, नगर संस्करण, 11 अक्तूबर 1984, पृ० एक।
26. "पंजाब केसरी", 7-1-85, पृ० 6.

फिल्म सेंसर की कार्य पद्धति तथा कार्य

वर्तमान में, "सेन्ट्रल बोर्ड आफ फिल्म सर्टिफिकेशन" का केन्द्रीय कार्यालय बम्बई में है तथा मद्रास व कलकत्ता के अतिरिक्त बंगलौर और त्रिवेन्द्रम में भी इसके क्षेत्रीय कार्यालय हैं। सेंसर बोर्ड में अध्यक्ष सहित नौ सदस्य होते हैं।[27] इसके बम्बई क्षेत्रीय सलाहकार समिति के साठ सदस्य होते हैं। जो सेंसर की पूरी गतिविधियों का निर्धारण करते हैं। ये सदस्य विभिन्न क्षेत्रों में अपने-अपने पेशों में सिद्धहस्त होते हैं और इन्हें भारत सरकार नामजद करती है।[28]

कोई भी फिल्म जो सेंसर बोर्ड के पास आती है, उसे देखने के लिये चार-चार सदस्यों के पैनल बना दिये जाते हैं। बम्बई कार्यालय में छः अधिकारी हैं और एक अध्यक्ष का सचिव। पैनल के चार सदस्यों के साथ एक अधिकारी फिल्म देखता है। छोटी फिल्मों को देखने के लिये एक अधिकारी व पैनल का एक सदस्य होता है। कुल सदस्यों में से सप्ताह भर के लिये पैनल बना दिये जाते हैं। पूरे सप्ताह फीचर फिल्में देखने के लिये ये पैनल होते हैं। पैनल द्वारा फिल्म देखने के बाद अध्यक्ष को रिपोर्ट दी जाती है। आमतौर पर एक दिन में दो फिल्में देखी जाती हैं जैसी ही एक फिलम आती है। उसे तुरन्त देखने की कोशिश की जाती है। विदेशी फिल्मों को प्राथमिकता दी जाती है। कुछ सदस्यों की नामजदगी सूचना प्रसारण मंत्रालय द्वारा की जाती है। इनमें पत्रकार, प्रोफेसर गृहणियों व व्यवसायी भी शामिल होते हैं। फिल्म देखने के लिये कोई वेतन नहीं दिया जाता। एक फिल्म देखने के लिये पचास रुपये प्रति सदस्य बतौर "आनरे-रियम" दिये जाते हैं।[29] फिल्म को स्वीकृति देने से पूर्व, उसे "यू" (सार्वजनिक) "ए" (व्यस्क), "यूए" (सार्वजनिक किन्तु बारह वर्ष की आयु के छोटे बच्चों के लिये नहीं) "एस" (विशेष) वर्गीकरण में से किसी एक के लिये चुना जाता है।

फिल्म के निर्णय के बारे में विचार करने के बाद फिल्म निर्माता के पास निम्न व्यवस्थायें हैं—

(अ) वह उन कमेटी को अपने निर्णय पर पुनः विचार करने हेतु आवेदन कर सकता है तथा उनसे साक्षात्कार कर अपने विचार भी प्रकट कर सकता है।

अगर निर्माता "रिवाइजिंग कमेटी" के निर्णय से संतुष्ट नहीं होता है तो

---

27. किरण पांडेय "सौ तीरों का एक निशाना, सेंसर और उसका तानाबाना "माधुरी" हिन्दी सिने पाक्षिक, बंबई, 24 दिसम्बर 1982, पृ० 15.

28. पूर्वोक्त।

29. पूर्वोक्त।

वह नई दिल्ली में, सूचना और प्रसारण मंत्रालय से सामने अपनी बात रख सकता है, जो उसे देखकर अपना निर्णय देंगे। अगर निर्माता इन सबसे भी सन्तुष्ट न हो तो वह अदालत में जा सकता है।

(ब) फिल्म "रिवाइजिंग कमेटी" के पास जाती है। वहां अध्यक्ष की निगरानी में कम से कम पांच व अधिकतम दस सदस्य उसे देखते हैं। इसमें पहले वाले पैनल का कोई सदस्य नहीं होता है। रिवाइजिंग कमेटी फिल्म देखकर अपना निर्णय देती है। सदस्यों के मतभेद की अवस्था में बहुमत की बात मानी जाती है।[30]

किसी फिल्म में अगर कोई दृश्य नियमों के अन्तर्गत वर्जनीय हो, तो सेंसर स्वीकृत से पूर्व फिल्म में से निकाल भी सकता है। निम्नलिखित फिल्म दृश्य वर्जनीय अर्थात प्रदर्शन के अयोग्य है[31] तथा इन पर सेंसर की कैंची बन सकती है।

(1) कोई भी दृश्य जिसके देखने से दर्शकों का नैतिक स्तर गिरने की आशंका हो अर्थात फिल्म में किसी ऐसे अपराध, दुष्कर्म आदि के दृश्य हों, जिससे आकृष्ट होकर दर्शकों में उसे नकल करने की प्रवृति जागृत हो।

(2) ऐसे दृश्य, जिनमें अपराधों को विशेष महत्व न देकर अपराधियों की कार्यप्रणाली को चित्रित किया गया हो।

(3) ऐसे दृश्य, जिनमें अपराधी पात्रों के कार्यकलाप को ऊंचा उठाकर दिखाया गया हो और उनके चरित्रों में रोमांच की पराकाष्ठा दिखायी गयी हो।

(4) अश्लील दृश्य, क्रूर व बीभत्स दृश्य।

इनके अतिरिक्त, दृश्य व संवाद जिनमें देश की सम्प्रभुता व अखण्डता के बारे में शंका उठाई गयी हो, न्यायालय का अपमान व मानहानि की गयी हो, राष्ट्र की सुरक्षा को खतरा पहुंचता हो तथा मित्र देशों के साथ भारत के समबन्धों पर बुरा प्रभाव पड़ता हो, फिल्म में दिखलाना वर्जनीय है[32] तथा सेंसर को उन्हें काट देने का अधिकार है। फिल्म सेंसरशिप को किसी दृश्य या संवाद को निकालते समय विभिन्न मानदण्डों को ध्यान में रखना पड़ता है। किसी फिल्म के किसी दृश्य को निकाल दिया जाता है, जबकि ठीक वैसे ही दृश्य को किसी दूसरी फिल्म में सेंसर की स्वीकृति मिल जाती है।

---

30. पूर्वोक्त।
31. करुणा शंकर, "पूर्वोक्त पुस्तक", पृ० 149-151.
32. किरण पाण्डेय, "पूर्वोक्त लेख", पृ० 15.

कई फिल्मों के अश्लील द्विअर्थी संवाद व गीत सेंसर ने पास कर दिये, जबकि वे काफी आपत्ति जनक थे। दादा कोडके की पहली हिन्दी फिल्म अश्लील द्विअर्थी संवादों से भरी पड़ी है,[33] जबकि सेंसर ने इसे स्वीकृति प्रदान कर दी। इसी प्रकार "विधाता" फिल्म का एक लोकप्रिय गीत अश्लील एवं द्विअर्थी है, लेकिन इस पर भी सेंसर की कैंची नहीं चली। सेंसर बोर्ड की तत्कालीन कार्यकारी अध्यक्ष श्रीमती अर्वणा मोहिते ने भी स्वीकार किया था कि यह गीत द्विअर्थी है, लेकिन उन्होंने तर्क दिया था कि यह एक लोकगीत है—इसलिये इसकी अनुमति दे दी गयी थी।[34] दर्शकों ने इस गीत के कारण सेंसर बोर्ड की बड़ी आलोचना की थी।

लेकिन इसका अभिप्राय यह नहीं है कि सेंसर सभी फिल्मों के सभी दृश्यों को पास कर देता है। "छोरी गांव की", (हम से बढ़कर कौन) "सन्नाटा" "वेलियतम" (मलयालम), "वकील बाबू" "दासी", "आगी रावा" (तेलगू), "पांच कैदी" "दिल ही दिल में" "मान गये उस्ताद" "नारी" "नणद भावज" (मराठी) "चेदूरिदा चित्रागुलु" (कन्नड़) "कच्चे हीरे" "महात्रचंडरू" (कन्नड़) "दर्द" "कसम भवानी", "होटल" "खून का रिश्ता" "जय बजरंगवली" (कन्नड़) "घुंघरू की आवाज" "साराना" "गहरा जख्म" "फिफ्टी" "रक्षा" "शाका" "संगदिल" "गोपीचन्द जासूस" "जियो तो ऐसे जियो" "कहानी एक चोर की" "दौलत" "कालिया" तथा "उस्तादी उस्ताद से" आदि विगत कुछ वर्षों में प्रदर्शित ऐसी फिल्में हैं,. जिनके कई दृश्यों एवं संवादों को सेंसर ने काट दिया था।[35] कई बार किसी फिल्म के किसी दृश्य को काटने की बजाय उसे "ए" (वयस्कों के लिये) प्रमाण पत्र दे दिया जाता है।

फिल्मों में चुम्बन दिखलाया जाये या नहीं, यह विवाद का विषय है। चार-पांच दशक पहले की भारतीय फिल्मों में चुम्बन दृश्य मिल जाते हैं। "जैरीना" नामक हिन्दी फिल्म में बलालिस चुम्बन दृश्य थे।[36] "कर्म" देविकारानी और हिमांशु राय को लेकर भारत में बनी पहली अंग्रेजी फिल्म थी जिसमें खूब चुंबन दृश्य थे।[37] भूतपूर्व केन्द्रीय सूचना एवं प्रसारण मंत्री श्री वी० पी० साठे फिल्मों में चुम्बन के विरोधी नहीं थे।[38] सेंसर बोर्ड विदेशी फिल्मों में चुम्बन की स्वीकृति

33. प्रकाश, "फिल्मों में अश्लील और द्विअर्थी संवाद व गीत", "पंजाब केसरी" हिन्दी दैनिक, दिल्ली नगर संस्करण, 20 जुलाई 1984, पृ० एक।

34. पूर्वोक्त।

35. मंगरूराम मिश्र, "ऐसे होते हैं वे दृश्य जिन्हे सेंसर बेरहमी से काट फेंकता है", "माधुरी", हिन्दी सिने पाक्षिक, बंबई, 24 दिसम्बर 1982, पृ० 16-17.

36. "माधुरी", पूर्वोक्त पत्रिका, 2 मई 1980, पृ० 51.

37. पूर्वोक्त।

38. "माधुरी", पूर्वोक्त पत्रिका, 4 अप्रैल 1980, पृ० 45.

आसानी से दे देता है । उसकी मान्यता है कि "फिल्म की जांच उस देश की जनता तथा वहां के तत्कालीन सामाजिक स्तरों के अनुकूल ही की जाये, जहां से वह सम्बन्ध रखती है।"[39] सेंसर बोर्ड अब भारतीय फिल्मों में भी कहानी की मांग होने पर चुम्बन की स्वीकृति देने लगा है । विगत कुछ वर्षों में प्रदर्शित फिल्में "बेताब" "तोहफा" व "आल राउन्डर" के चुम्बन दृश्य सेंसर की इस छूट के प्रमाण हैं ।[40] वस्तुत: चुम्बन के प्रति सेंसर का बदला हुआ यह दृष्टिकोण उचित ही है ।

कई बार कोई फिलम, सेंसर बोर्ड इसलिए स्वीकृत नहीं करता, क्योंकि उसमें विवादास्पद विषय पर दृश्य होते हैं । उदाहरण स्वरूप, 1984 में, एक हिन्दी फिल्म "जागो" पर सेंसर ने प्रतिबन्ध लगा दिया था । यह फिल्म कांग्रेस (आई) के तत्कालीन सांसद श्री जाम्बुवंत राव धोते ने बनायी थी और इसमें उन्होंने एक सुधारवादी की भी भूमिका की थी। इसमें महाराष्ट्र सरकार के तत्कालीन तीन मंत्रियों ने भी अभिनय किया था। इस फिल्म को, फिल्म प्रमाणीकरण के केन्द्रीय बोर्ड की परीक्षण समिति ने देखा था । समिति ने मुख्य रूप से आपातकालीन स्थिति के जिक्र पर आपत्ति की । समिति के एक सदस्य के अनुसार श्री धोते ने हर जगह देश में आपातकालीन स्थिति को अच्छा बतलाया था। इसकी वकालत करते हुए उन्होंने इसे फिर से लागू करने का सुझाव दिया था । प्रसिद्ध फिल्म निर्माता निर्देशक ख्वाजा अहमद अब्बास की फिल्म "दि नक्सलाईट्स" भी शुरू में सेंसर में अटक गयी थी । फिल्म की राजनीतिक कहानी पर सेंसर ने आपति की थी । चार माह के बाद इस फिल्म को प्रदर्शन के लिए स्वीकृति मिल सकी ।[41] इसे "ए" प्रमाण पत्र दिया गया था।

इस सम्बन्ध में, श्री अब्बास का कहना था कि भारत में राजनीतिक कहानी पर फिल्म बनाना बहुत कठिन है, क्योंकि सेंसर अधिकारी इस विषय में बहुत अड़चन डालते हैं ।[42] प्रसिद्ध फिलमकार सत्यजीत राय का भी मत है कि भारत

39. विनोद तिवारी, "सेंसर की समस्या, सिर्फ समझ-समझ का फेर है" पूर्वोक्त पत्रिका, 24 दिसंबर 1982, पृ० 13.

40. राजीव रंजन नाग एवं उमा अर्पिता, "सेंसर भी चुंबन के प्रति आकर्षित", "पंजाब केसरी", हिन्दी दैनिक दिल्ली, नगर संस्करण, 15 सितम्बर 1984, पृ० एक ।

41. "राधिका", हिन्दी फिल्म मासिक, नई दिल्ली, फरवरी 1981, पृ० 34.

42. पूर्वोक्त ।

में, राजनीतिक फिल्मों के निर्माण के लिए सेंसर की स्थिति अनुकूल नहीं है।[43] कई बार ऐसा भी है कि किसी फिल्म को सेंसर ने प्रदर्शन की अनुमति दे दी, लेकिन जनता के भारी रोष के कारण उसका प्रदर्शन रोक देना पड़ा। उदाहरणत: जालन्धर जिले में हिन्दी फिल्म "गुरु रविदास की अमर कहानी" दिखाने पर प्रतिबन्ध लगा दिया गया था। ऐसा ही प्रतिबन्ध लुधियाना जिले में भी लगाया गया।[44] यह प्रतिबन्ध एक वर्ग के लोगों द्वारा यह आपत्ति उठाने पर लगाया था कि फिल्म गुरु रविदास के जीवन का गलत चित्रण करती है।[45] यह उल्लेखनीय है कि सेंसर की स्वीकृति के बाद ही यह फिल्म प्रदर्शित हुई थी।

मुस्लिम पृष्ठभूमि पर बनी फिल्म "निकाह" यद्यपि सेंसर द्वारा स्वीकृत हो गयी थी और इसने बाक्स आफिस पर अतुलनीय सफलता भी पायी लेकिन फिर भी इसके निर्माता व कलाकारों पर मानहानि का मुकदमा दायर किया गया। श्रीनगर के भी श्री हमदाद सकील ने मुस्लिम जीवन और संस्कृति तथा मूल रूप से इस्लामी न्याय प्रक्रिया के विरुद्ध मानहानि का आरोप लगाते हुए मुकदमा दिल्ली के चीफ मेट्रोपोलिटन मेजिस्ट्रेट के न्यायालय में दायर किया था।[46] ठीक ऐसा ही आरोप गाजियाबाद के एक वकील ठाकुर जितेन्द्र चौहान ने राजकपूर की फिल्म "प्रेम रोग" पर लगाया था। उन्होंने गाजियाबाद के मुंसिफ मजिस्ट्रेट की अदालत में एक याचिका दायर कर आरोप लगाया था कि "प्रेम रोग" में ठाकुरों पर प्रहार किया गया है कि जिससे आम जनता की निगाह में ठाकुरों का अपमान होता है।[47] मुंसिफ मजिस्ट्रेट ने उक्त वकील की इस शिकायत पर 10 अक्तूबर, 1982 को राजकपूर तथा अन्य को सम्मन जारी कर अदालत में उपस्थिति होने को कहा। राजकपूर ने इस आदेश के विरुद्ध स्पेशल जज, गाजियाबाद की अदालत में पुनर्विचार याचिका दाखिल की, जोकि खारिज कर दी गयी। बाद में, उन्होंने इसके विरुद्ध इलाहाबाद उच्च न्यायालय में एक याचिका दायर की, जिसे विचारार्थ स्वीकार करते हुए न्यायालय ने

43. भरत, "एक दुनिया सत्यजीत राय की", "अमर उजाला", हिन्दी दैनिक आगरा, 14 अक्तूबर, 1983, पृ० सात।

44. "नवभारत टाइम्स", हिन्दी दैनिक, नई दिल्ली, नगर संस्करण, 27 अक्तूबर 1984, पृ० पांच।

45. पूर्वोक्त।

46. "दैनिक जागरण", हिन्दी, मेरठ, 20 जनवरी 1285, पृ० 9.

47. "पंजाब केसरी", हिन्दी दैनिक, दिल्ली, नगर संस्करण, 8 जुलाई 1984, पृ० चार।

स्थगन आदेश जारी किया।[48] किसी एक समुदाय की पृष्ठभूमि और उसके रीति रिवाजों पर आधारित फिल्म सेंसर के लिए भी एक समस्या बन जाती है। सेंसर इस बात का पूरा ध्यान रखता है कि किसी फिल्म से किसी समुदाय विशेष की भावनाओं को ठेस न पहुंचे, लेकिन फिर भी "गुरु रविदास की अमर कहानी" "निकाह" और "प्रेम रोग" जैसी फिल्मों के कथानक पर संबंधित समुदाय रोष प्रकट कर ही देता है।

सेंसर की समस्याओं से फिल्मकार काफी परेशान रहते हैं। 1983 में, "इडियन एकादमी आफ मोशन पिक्चर्स आर्ट्स एण्ड सांइसेज" ने सेंसर की समस्याओं पर एक सेमिनार आयोजित किया था, जिसमें तत्कालीन केन्द्रीय सूचना एवं प्रसारण मंत्री श्री एच० के० एल० भगत, फिल्म सेंसरशिप जांच समिति के अध्यक्ष न्यायाधीश जी० डी० खोसला, श्री राम बोहरा, फिल्मोद्योग के अनेक फिल्मकार तथा सेंसर बोर्ड के अधिकारीगण शामिल हुए थे।[49] फिल्म अभिनेता अमोल पालेकर की शिकायत है कि सेंसर की कोई एकीकृत नीति नहीं है। सेंसरशिप के कारण अनेक अच्छी फिल्में अपने उद्देश्य से हट जाती हैं। अतः इसे उदार बनाये जाने की आवश्यकता है।[50]

जहां तक सेंसर की आलोचनाओं का सवाल है, बतौर फिल्म अभिनेता शशि कपूर "सेंसर की आलोचना करना आजकल फैशन हो गया है"।[51] एक सिने समीक्षक का मत है कि "हमारा सेंसर बोर्ड अपना दायित्व निभा रहा है।"[52] सेंसर की आलोचना के विषय में "माधुरी" के सम्पादक श्री विनोद तिवारी के निम्नलिखित विचार उल्लेखनीय हैं :

सेंसर की आलोचना का सबसे बड़ा कारण वह चीजें बनती हैं, जिनमें अक्सर विरोधाभास स्पष्ट नजर आता है। सेंसर द्वारा काटे गये दृश्यों अथवा दृश्यांशों पर गौर करें तो मालूम होगा कि कहीं तो ऐसी बातों पर एतराज उठाया गया है, जिसमें कुछ विशेष आपत्तिजनक नहीं लगता और कहीं ऐसी बातें छोड़ दी गयी हैं, जो दर्शकों को बार-बार खटकती है। इस बात के लिए सेंसर की आलोचना करने पूर्व दो बातों को ध्यान में रखना बहुत जरूरी है। पहली बात तो यह है कि सेंसर के लिए फिल्म देखने वाले सदस्य, जोकि समाज

48. पूर्वोक्त।

49. "माधुरी", हिन्दी सिने पाक्षिक, बंबई, 8 जुलाई 1983, पृ० 28.

50. "पंजाब केसरी", हिन्दी दैनिक, दिल्ली नगर संस्करण, 15 जनवरी 1985, पृ० 5.

51. "मायापुरी", हिन्दी सिने साप्ताहिक, नई दिल्ली, 27 जुलाई 1980, पृ० 6.

52. किरण अरोड़ा, "हमारा सेंसर बोर्ड अपना दायित्व निभा रहा है।" "दैनिक जागरण", हिन्दी, मेरठ, साप्ताहिक परिशिष्ट, 10 फरवरी 1985, पृ० 4.

विभिन्न दृष्टिकोण के होते हैं। शिक्षा, पारिवारिक पृष्ठभूमि, पद, सामाजिक स्थिति के अनुसार ही उनका वैचारिक स्तर विकसित हुआ होता है। अतः इस बात की पूरी सम्भावना रहती है कि कभी कभार उनके तथा आम दर्शक के बीच दृष्टिकोण का अन्तर हो जाये। यह मतभेद जहां जरा ज्यादा होता है, वहीं आलोचना का कारण बन जाता है।

दूसरी बात यह है कि वे देश जहां सेंसर हटा देने जैसे विशिष्ट महत्व के निर्णय लिए जा सकते हैं और बिना विरोध लागू किये जा सकते हैं, फैलाव की दृष्टि से हमारे देश के मुकाबले बहुत छोटे हैं। भारत जैसे विशाल देश में, जहां भाषा, धर्म, परम्पराओं की दृष्टि से विभिन्नता बहुत अधिक है, वहां सारी जनता के लिए कोई सर्वमान्य दृष्टिकोण नियत करवाना कोई सरल नहीं। हमारे यहां तो कहीं महिलायें वक्षस्थल अनावृत रखकर भी निःसंकोच सहज होकर घूमती हैं। तो कहीं चेहरे से लेकर पांव तक परदे में कैद महिलाओं को भी घर से बाहर निकलना अच्छा नहीं समझा जाता। युवतियों की खुली बाहों, खुली पीठ वाली पोशाक कहीं सामान्य आधुनिक आवश्यकता बन गयी है तो कहीं अब भी बेहयाई की प्रतीक हैं। ऐसी स्थिति में, यदि दो फिल्मों में सेंसर के दो स्तर दिखायी देते हैं तो उसका सीधा अर्थ जरूरी तौर पर यह नहीं कि यह सब भ्रष्टाचार का नमूना है। हो सकता है कि फिल्म के परिवेश को देखते हुए कहीं वही छूट देना सेंसर के सदस्यों को उचित लगा हो, जिस पर उन्होंने स्वयं ही किसी दूसरी फिल्म में आपत्ति की थी।"[53]

सेंसर का कार्य ऐसा है कि वह कितनी ही उदारता तथा निष्पक्षता बरते, उसकी आलोचना तो होगी ही। वैसे भी सेंसर बोर्ड अब फिल्मों को "यू" प्रमाण पत्र देने में काफी उदार हो गया है। सेंसर बोर्ड ने 1982 में 507 भारतीय फिल्मों में से केवल 27 फिल्मों को ही "ए" (केवल व्यस्कों के लिए) प्रमाण पत्र दिया जबकि 1981 में 737 भारतीय फिल्मों में से 202 फिल्मों को "ए" प्रमाण पत्र दिये थे। इस प्रकार "केवल व्यस्कों के लिए" (ए) प्रमाण पत्र जारी करने का प्रतिशत 1981 में 29.4 प्रतिशत था जोकि 1982 में घटकर केवल 5.3 प्रतिशत रह गया।[54] इसी प्रकार, 1982 में 174 विदेशी फिल्मों में से 68 फिल्मों को "ए" प्रमाण पत्र दिए गए हैं।[55]

---

53. विनोद तिवारी, "शेष फिर (संपादकीय)" "माधुरी", हिन्दी सिने पाक्षिक, बंबई, 24 दिसंबर 1982, पृ० 5.
54. "पंजाब केसरी", हिन्दी दैनिक, दिल्ली नगर संस्करण, 1 जून 1983, पृ० 5.
55. पूर्वोक्त।

1984 में सेंसर बोर्ड ने कुल 833 फिल्में पास कीं,[56] जिनमें से मद्रास स्थित क्षेत्रीय कार्यालय ने 515 तथा बंगलौर, त्रिवेन्द्रम तथा कलकत्ता स्थित क्षेत्रीय कार्यालयों ने क्रमशः 24, 16 तथा 61 फिल्में पास कीं।[57] जबकि 1983 में कुल 740 फिल्में सेंसर द्वारा पारित हुई थीं।

तालिका 5.1 : 1983-1984 में सेंसर द्वारा स्वीकृत फिल्मों की संख्या

क्रमांक	भाषा	सेंसर द्वारा स्वीकृत फिल्मों की संख्या	
		1983 में	**1984 में**
1	2	3	4
1.	तेलगू	134	170
2.	हिन्दी	132	165
3.	तामिल	128	148
4.	मलयालम	112	121
5.	कन्नड़	72	81
6.	बंगला	49	35
7.	गुजराती	27	30
8.	मराठी	20	25
9.	उड़िया	12	14
10.	पंजाबी	19	10
11.	भोजपुरी	11	9
12.	असमी	4	5
13.	हरियाणवी	1	4

56. "स्क्रीन", अंग्रेजी सिने साप्ताहिक, बंबई, 18 जनवरी 1985, पृ० 11.
57. "नवभारत टाइम्स", हिन्दी दैनिक, नई दिल्ली, 27 जनवरी 1985, रविवार्ता, पृ० तीन।

1	2	3	4
14.	नेपाली	2	4
15.	राजस्थानी	4	2
16.	मणिपुरी	3	2
17.	अंग्रेजी	1	2
18.	उर्दू	4	1
19.	ब्रज भाषा	—	1
20.	खासी	1	1
21.	गढ़वाली	1	1
22.	तुलु	1	1
23.	सिंधि	—	1
24.	संस्कृत	1	—
25.	कश्मीरी	1	—
	कुल	740	833

अभी हाल में, "फिल्म सर्टिफिकेशन बोर्ड" ने कहानी की मांग होने पर फिल्म में चुम्बन दृश्यों की स्वीकृति के प्रति उदार दृष्टिकोण अपनाया है। इसका परिणाम यह हुआ है कि "सागर" तथा "राम तेरी गंगा मैली" जैसी फिल्मों में चुम्बन दृश्यों का दुरुपयोग किया गया है। कुछ विशेष परिस्थितियों में, सिर्फ एडल्ट फिल्मों में चुम्बन दृश्य का होना यदि स्वाभाविक रूप से हो, तो बुरा नहीं कहा जा सकता लेकिन फिल्म निर्माताओं ने इस छूट का दुरुपयोग ही किया है और ऐसी फिल्मों में भी चुम्बन दृश्यों की भरमार होती जा रही है, जिन्हें परिवार के सभी सदस्य एक साथ बैठकर देखते हैं। यह समाज के लिए हानिकारक है।

निष्कर्ष

फिल्म सेंसरशिप का फिल्मोद्योग के विकास में उल्लेखनीय योगदान रहा

है। सेंसर से उत्पन्न समस्यायें कटुता का वातावरण न बनाये तथा सेंसर की आलोचना सदा सकारात्मक एवं सोद्देश्यपूर्ण हो, इसी में सबका हित निहित है।

जब से फिल्में टेलीविजन पर भी दिखलायी जाने लगी हैं तथा उनके वीडियो कैसेट सर्वत्र उपलब्ध होने लगे हैं, तब से सेंसर बोर्ड का उत्तरदायित्व और अधिक बढ़ गया है। क्योंकि टेलीविजन के माध्यम से, किसी भी फिल्म को करोड़ों दर्शक एक साथ अपने-अपने घरों में ही देखते हैं तथा वीडियो कैसेट से किसी भी फिल्म को कभी भी देख सकते हैं। ऐसी स्थिति में अश्लील, हिंसा-पूर्ण दृश्य तथा द्विअर्थी संवादों को सेंसर प्रमाण पत्र देने से पूर्व फिल्म में से निकाल देना आवश्यक हो चुका है, ताकि सह फिल्म दूरदर्शन जैसे सशक्त "दृश्यश्रव्य माध्यम" को दूषित न कर सकें।

अध्याय षष्ठ

प्रमुख भारतीय फिल्म निर्यातक

भारतीय फिल्मोद्योग का विश्व में प्रथम स्थान है। भारत न केवल फिल्म निर्माण के क्षेत्र में, बल्कि फिल्मों के निर्यात के क्षेत्र में भी एक उल्लेखनीय स्थान रखता है। सन 1980-81 के वर्ष में कुल 1712 फिल्में निर्यात की गई, जिनमें हिन्दी फिल्मों की संख्या 1275 थी।[1] इसी प्रकार 1983-84 के वर्ष में निर्यात की जाने वाली 1170 फिल्मों में से 800 तथा 1984-85 में कुल 861 फिल्मों से 514 हिन्दी भाषा की थीं।[2] ब्रिटेन, कनाडा, संयुक्त राज्य अमरीका, अरब देशों तथा लेटिन व अफ्रीकी देशों में आप्रवासी तथा भारतीय मूल के व्यक्ति बड़ी संख्या में रहते हैं। इन भारतीयों में भारतीय विशेषतः हिन्दी फिल्मों के प्रति गहरा लगाव पाया जाता है। इसके अतिरिक्त विदेशी भी हिंदी फिल्मों के मधुर संगीत के कारण उन्हें पसन्द करते हैं। इसी कारण प्रतिवर्ष भारतीय फिल्मों के निर्यात से करोड़ों रुपये की आय होती है।

---

1. "भारतीय फिल्में विदेशी मुद्रा का एक प्रमुख स्रोत हैं। अभी हाल के वर्षों में, राष्ट्रीय फिल्म विकास निगम ने फिल्म निर्यात व्यवसाय को प्रोत्साहन देने की नीति अपनायी है। जिसका परिणाम हुआ है कि वीडियो के प्रसार के बावजूद फिल्म निर्यात की स्थिति में उत्तरोत्तर सुधार हो रहा है। इसके साथ ही, इन फिल्मों के वीडियो अधिकार भी विदेशों में बेचने की नीति अपनायी गयी है। ताकि वीडियो चोरी से होने वाले नुकसान को रोका जा सके। राष्ट्रीय फिल्म विकास निगम विदेशों में भारतीय फिल्मों के निर्यातकों तथा वितरकों से निरन्तर संपर्क बनाये रखता है।"
2. "स्क्रीन, अंग्रेजी साप्ताहिक", बंबई, 28 जून, 1985, पृ० 15.

तालिका 6.1 : 1980-81, 1983-84 तथा 1984-85 की अवधि में विभिन्न भारतीय भाषाओं तथा भारत में निर्मित फिल्मों की निर्यात स्थिति तथा उनके मूल्यों (लाख रुपये में) का विवरण

क्रमांक	भाषा	1980-81		1983-84		1984-85	
		फिल्मों की संख्या	मूल्य लाख रुपये में	फिल्मों की संख्या	मूल्य लाख रुपये में	फिल्मों की संख्या	मूल्य लाख रुपये में
1	2	3	4	5	6	7	8
1.	हिन्दी	1275	1262.11	800	742.15	514	489.43
2.	तमिल	251	141.98	226	108.19	174	75.07
3.	मलयालम	112	81.26	88	89.33	74	64.29
4.	पंजाबी	12	5.07	15	6.48	5	2.18
5.	तेलुगु	22	5.09	20	3.02	54	18.96
6.	बंगाली	25	3.49	16	12.30	27	25.12
7.	गुजराती	10	4.97	2	0.47	3	0.92

(क्रमशः)

1	2	3	4	5	6	7	8
8.	कन्नड़	3	3.11	3	3.23	2	5.46
9.	अंग्रेजी	—	—	3	1.75	6	11.92
10.	मराठी	1	0.09	2	0.45	2	0.41
11.	राजस्थानी	—	—	—	—	—	—
12.	कोकड़ी	—	—	—	—	—	—
13.	उर्दू	—	—	1	0.30	—	—
14.	भोजपुरी	1	0.26	—	—	—	—
	योग	1712	1507.43	1176	967.67	861	693.76
	विदेशों में भारतीय फिल्मों के वीडियो अधिकारों का निर्यात	—	—	217	185.07	163	155.76
	कुल योग	1712	1507.43	1393	1152.74	1024	849.52

उपरोक्त तालिका से स्पष्ट है कि वर्ष 1980-81 की अवधि में 1983-84 तथा 1984-85 की अवधियों की अपेक्षा अधिक फिल्मों का निर्यात हुआ तथा उनके मूल्यों के रूप में प्राप्त आय भी अधिक रही। इसी प्रकार हिन्दी फिल्मों का निर्यात अन्य फिल्मों की अपेक्षा सर्वाधिक रहा।

तालिका 6.2 : विभिन्न देशों को भारतीय फिल्मों के निर्यात से प्राप्त आय (लाख रुपये में) की स्थिति

क्रमांक	क्षेत्र/देश	1980-81 फिल्मों की संख्या	1980-81 आय	1983-84 फिल्मों की संख्या	1983-84 आय	1984-85 फिल्मों की संख्या	1984-85 आय	पूर्ववर्ती अवधि से तुलना
1	2	3	4	5	6	7	8	9
(1)	अफगानिस्तान	2	1.45	11	5.56	8	4.44	—.·12
(2)	मध्यपूर्व							
1.	ईरान	1	0.27	24	10.46	6	1.17	
2.	इराक	35	25.36	13	6.84	2	1.18	
3.	इसराइयल	52	13.71	—	—	—	—	
4.	जोरडन	53	18.07	33	13.30	18	8.51	
5.	लेबनान	22	7.05	6	2.89	7	3.00	
6.	सीरिया	5	1.34	16	9.58	7	1.57	

(क्रमशः)

1	2	3	4	5	6	7	8	9
7.	टर्की	—	—	2	0.66	—	—	
8.	मिश्र (ए० आई० ई०)	20	11.90	1	12.01	8	3.39	
9.	यूनान	1	0.13	4	1.42	—	—	
10.	साइप्रस	1	0.25	—	—	—	—	
	योग	190	79.32	113	57.16	48	18.72	-38.44
(3)	अरब खाड़ी का क्षेत्र	299	537 77	281	385.64	269	304.91	—80.73
(4)	सुदूर पूर्व							
1.	सिंगापुर	93	63.66	82	30.07	78	33.62	
2.	मलेशिया	102	40.54	30	9.24	15	2.64	
3.	हांगकांग	5	1.40	1	0.06	7	3.59	
4:	थाईलैंड	10	2.76	—	—	—	—	

5.	इण्डोनेशिया	38	38.56	36	58.96	25	50.03	
6.	ब्रूनई	—	—	—	—	—	—	
7.	तायवान	—	—	—	—	1	0 35	
	योग	248	146.92	149	98.33	126	95.23	— 3.20
(5)	जापान	1	0.55	8	2.35	1	1.02	— 1.33
(6)	फिलीपाइंस	2	0.46	—	—	—	—	
(7)	बंगलादेश	1	0.04	—	—	—	—	
(8)	श्रीलंका	38	43.90	55	41.03	36	15.19	—25.84
( )	मालदीव	7	0.97	26	9.60	4	1.10	—8.50
(10)	पूर्वी यूरोप							
1.	यूगोस्लाविया	2	1.21	1	1.47	1	0.65	
2.	बुल्गारिया	1	0.61	6	6.48	11	10.05	

(क्रमशः)

1	2	3	4	5	6	7	8	9
3.	रूमानिया	4	1.28	—	—	1	1.56	
4.	हंगरी	—	—	3	1.16	1	0.62	
5.	चेकोस्लोवाकिया	2	0.74	—	—	1	3.20	
6.	जर्मन जनवादी गणराज्य	—	—	—	—	1	5.20	
	योग	9	3.84	10	9.11	16	21.28	+ 12.17
(11)	पश्चिमी यूरोप (ब्रिट्रेन व आयरलेंड रहित)							
1.	पुर्तगाल	9	3.02	—	—	1	0.86	
2.	स्विट्जरलेंड	—	—	1	2.50	1	0.55	
3.	फ्रांस	8	2.36	7	7.49	4	8.17	

4.	पश्चिम जर्मनी	5	1.64	2	1.55	—	—	
5.	हौलेंड	6	2.26	1	0.23	1	1.15	
6.	बेल्जियम	2	0.74	—	—	—	—	
7.	स्पेन	1	1.15	—	—	1	0.75	
8.	स्कैण्डिनेविया	1	0.35	8	0.89	7	3.71	
	योग	32	11.52	19	12.74	15	15.13	+ 2.45
(12)	ब्रिटेन और आयरलैण्ड	111	257.07	40	50.05	38	27.64	— 22.41
(13)	संयुक्त राज्य अमेरिका व कनाडा	96	85.79	50	9.41	19	2.82	— 6.59
(14)	दक्षिण/लैटिन अमेरिका (ब्राजील)	2	0.59	10	4.73	14	5.27	+ 0.54
(15)	वैस्ट इण्डीज	92	43.62	19	13.38	10	5.39	— 7.99

(क्रमशः)

1	2	3	4	5	6	7	8	9
(16)	फीजी आइलैण्ड्स	82	60 59	67	51.44	48	32.20	—19.24
(17)	सूडान	27	5.33	34	12.01	5	2.19	— 9.82
(18)	पूर्वी अफ्रीका							
1.	कीनिया	35	10.65	1	0.35	—	—	
2.	तनजानिया	52	17.89	19	15.73	10	6.79	
3.	मालावी	29	8.72	—	—	—	—	
4.	ईथोपिया	—	—	—	—	—	—	
5.	स्वाजीलैंड	1	0.45	—	—	—	—	
6.	जिम्बाब्वे	—	—	—	—	1	0.33	
7.	बोतस्वाना	6	2.28	—	—	—	—	
8.	लेसोथो	3	1.30	—	—	—	—	

9. जंजीबार.	—	—	1	0·20	—	—	
10. अंगोला	—	—	—	—	5	3.55	
योग	126	41.29	21	16.28	16	10.67	—5.61
(19) पश्चिमी अफ्रीका							
1. नाइजीरिया	40	19.17	14	11.46	3	1.03	
2. घाना	—	—	1	0.31	—	—	
3. गाम्बीया	28	12.12	30	17.28	18	7.14	
4. सियेरे-लियोन	7	1.54	—	—	3	0.80	
5. लाइबीरिया	21	5.87	9	3.46	2	1.40	
योग	96	38.70	54	32 51	26	10.37	—22.14
(20) उत्तरी अफ्रीका							
1. मोरक्को	96	49.63	59	32.68	29	16.38	

(क्रमशः)

1	2	3	4	5	6	7	8	9
2.	अल्जीरिया	—	—	2	0.70	2	0.67	
3.	लीबिया	4	0.99	14	5.31	5	1.74	
4	केमेरून	—	—	—	—	—	—	
5.	सेनेगल	4	1.34	—	—	—	—	
6.	जिबराल्टर	25	8.87	11	5.08	27	11.41	
7.	ट्यूनिशिया	—	—	—1	0.43	—	—	
8.	टोगो	—	—	—	—	—	—	
9.	आइवरी कोस्ट	1	0.35	—	—	—	—	
	योग	130	61.18	87	44.20	63	30.20	—14.00
(21)	मारीशस एवं मेडागास्कर	61	19.64	42	23.17	57	24.73	+1.56
(22)	यमन व दूजीबोटी	59	22.09	51	25.09	13	6.58	—18.57

(23) आस्ट्रेलिया	1	0.39	4	1.65	6	3.46	+1.81
(24) न्यूजीलैण्ड	—	—	—	—	1	0.22	+0.22
(25) चीन	—	—	1	0.72	3	3.27	+2.55
(26) शेष विश्व (राष्ट्रीय फिल्म विकास निगम के क्षेत्रों को छोड़कर)	—	—	1	0.97	1	0.08	—0.89
(27) राष्ट्रीय फिल्म विकास निगम के क्षेत्र							
1. सोवियत संघ	8	38.25	16	54.01	12	45.92	—8.09
2 बर्मा	9	5.95	7	6.53	6	5.67	—0.86
3. मोज़ाम्बिक	—	—	—	—	—	—	—
योग	17	44.20	23	60.54	18	51.59	—8.95

(क्रमशः)

1	2	3	4	5	6	7	8	9
(28)	राष्ट्रीय फिल्म विकास निगम के क्षेत्र का पूर्वी यूरोपीय देशों को छोड़ कर शेष विश्व में "वीडियो" अधिकारों का निर्यात	—	—	217	185.07	164	155.76	—29.31

कुल योग-आय (लाख रुपयों में)

क्रमांक	1980-81		1983-84		1984-85		
	फिल्मों की संख्या	आय	फिल्मों की संख्या	आय	फिल्मों की संख्या	आय	पूर्ववर्ती अवधि से तुलना
1	2	3	4	5	6	7	8
1.	2	1.42	11	5.56	8	4.44	— 1.12
2.	190	79.32	113	57.16	48	18.72	—38.44
3.	299	537.77	281	385.64	2699	304.91	—80.73
4.	248	146.92	149	98.33	126	95.23	— 3.10
5.	1	0.55	8	2.35	1	1.02	— 1.33
6.	2	0.46	—	—	—	—	—
7.	1	0.04	—	—	—	—	—
8.	38	43.90	55	41.03	36	15.19	—25.84

(क्रमशः)

1	2	3	4	5	6	7	8
9.	7	0.97	26	9.60	4	1.10	— 8.50
10.	9	3.84	10	9.11	16	21.28	+12.17
11.	32	11.52	19	12.74	15	15.19	+ 2.45
12.	111	257.07	40	50.05	38	27.64	—22.41
13.	96	85.79	50	9.41	19	2.82	— 6.59
14.	2	0.59	10	4.73	14	5.27	+ 0.54
15.	92	44.83	19	13.38	10	5.39	— 7.99
16.	82	50.59	67	51.44	48	32.20	—19.24
17.	27	5.33	34	12.01	5	2.19	— 9.82
18.	126	41.29	21	16.28	16	10.67	— 5.61
19.	96	38.70	54	32.51	26	10.37	—22.14
20.	130	61.18	87	44.20	63	30.20	—14.00
21.	61	19.61	42	23.17	57	24.73	+ 1.56

22.	59	22.09	51	25.09	13	6.58	—18.55
23.	1	0.39	4	1.65	6	3.58	+ 1.81
24.	—	—	—	—	1	0.22	+ 0.22
25.	—	—	1	0.72	3	3.27	+ 2.55
26.	—	—	1	0.97	1	0.08	— 0.89
27.	17	44.20	23	60.54	18	51.59	— 8.95
28.	—	—	217	185.07	164	155.76	—29.31
कुल योग	1729	1507.43	1393	7152.74	1025	849.52	—303.22

उपरोक्त तालिका का दिग्दर्शन करने पर ज्ञात होता है कि वर्ष 1984-85 में 1983-84 की अपेक्षा फिल्मों के निर्यात से कम आय प्राप्त हुई। अतः आवश्यकता इस बात की है कि वीडियो चोरी को रोकने के लिए और अधिक कठोर व प्रभावशाली कदम उठाये जायें, तभी फिल्म निर्यात व्यवसाय की स्थिति सुधर सकेगी।

निर्यातक

भारतीय फिल्मों का निर्यात राष्ट्रीय फिल्म विकास निगम के अतिरिक्त कई निजी संस्थायें भी करती हैं। ये संस्थायें मुख्यतः बम्बई तथा मद्रास में स्थिति हैं।

तालिका 6.3 : भारतीय विशेषतः हिन्दी फिल्मों के बम्बई क्षेत्र स्थित प्रमुख निर्यातक —

क्रमांक	निर्यातक संस्था	मुख्यालय
1	2	3
1.	आशीर्वाद फिल्म्स प्राइवेट लिमिटेड	गिरिराज, 383 सी, लिंकिंग रोड, खार, बम्बई-52
2.	ए. जी. एन्टरप्राइजेज	लोटिया पैलेस, 373, लिंकिंग रोड, खार, बम्बई-52
3.	एशिया फिल्म्स	315, जी, न्यू चर्नी रोड, बम्बई-4
4.	एशियन फिल्म्स कारपोरेशन	अलंकार सिनेमा बिल्डिंग, सरदार पटेल रोड, बम्बई-4
5.	एसोसियेटेड फिल्म्स एण्ड फाइनेन्स कारपोरेशन	आनन्द विला, पन्द्रहवां रास्ता, खार, बम्बई-54
6.	अवतार सिंह एण्ड कम्पनी प्राइवेट लिमिटेड	महेश चेम्बर्स, दूसरी मंजिल, 391, नरसिनाथा स्ट्रीट, बम्बई-9
7.	बजाज ब्रदर्स प्राइवेट लिमिटेड	राउण्डर बिल्डिंग, कालबा देवी रोड, बम्बई-2

1	2	3
8.	बसन्त पिक्चर्स	136, चमर बाग रोड, परेल, बम्बई-12
9.	बाम्बे यूनाइटेड ट्रेडर्स	25-26, कैलाश दर्शन, कैनेडी ब्रिज, बम्बई-2
10.	सी. ए. कारपोरेशन	हनुमान बिल्डिंग, पिकेट रोड, बम्बई-7
11.	चन्द्रा ब्रदर्स	22, आउनर्स कोर्स, "ए" रोड, चर्च गेट, बम्बई-20
12.	छाबिया एन्टरप्राइजेज	ग्राण्ड केन्थन, पाली हिल, बान्द्रा, बम्बई-50
13.	कास्मत इण्टरनेशनल	7/36, उएयर कंडीशन्ड मार्केट, ताड़देव, बम्बई-19
14.	दण्ड एसोसियेशन	घाट कोपर (पश्चिम), बम्बई-86
15.	देवकी चित्रा	एल-3, एडन हाल, डाएनी विसेंट रोड, वर्ली, बम्बई-18
16.	दण्ड एक्सपोर्ट्स	माण्डवी चेम्बर्स, 184, सेमुअल स्ट्रीट, बम्बई-9
17.	दोषी इण्टरनेशनल	249, संत तुकाराम रोड, आयरन मार्केट, बम्बई-9
18.	एल्लोरा फिल्म्स	नाज बिल्डिंग, डा. दादा साहिब भाडकमकर मार्ग, बम्बई-4
19.	एम्बसी फिल्म्स	रूपतारा स्टूडियो, दादा साहिब फालके रोड, दादर, बम्बई-14
20.	एक्सेलसियर फिल्म्स एक्सचेन्ज	गोवर्धन बिल्डिंग, पारिख स्ट्रीट, बम्बई-4

1	2	3
21.	फिल्म इण्डिया	4/4, एयर कंडीशन्ड मार्केट, ताड़देव रोड, बम्बई-34
22.	फिल्म्स एण्ड कामर्स प्राइवेट लि०	नोवल्टी चेम्बर्स, ग्रान्ट रोड, बम्बई-7
23.	गुलमर्ग इण्डस्ट्रीज़ कारपोरेशन	इंजीनियर बिल्डिग, 159, प्रिसेन्स रोड, बम्बई-2
24.	इण्डियन फिल्म कम्बाइन प्राइवेट लिमिटेड	कला भवन, 3 मेथ्यू रोड, बम्बई-4
25.	इण्टरनेशनल फिल्म डिस्ट्रीब्यूटर्स	फेलथम हाऊस, बेलईएस्टेक ग्राहम रोड, बम्बई-38
26.	जयराम ट्रेडिंग कम्पनी	166, सेमुअल स्ट्रीट, बम्बई-9
27.	जमना दास ब्रदर्स	जी-4, घालमल चेम्बर्स, न्यू मेरिन लाइन्स, बम्बई-20
28.	जोली फिल्म्स	नाज सिनेमा बिल्डिग, लेमिंगटन रोड, बम्बई-4
29.	जुपिटर इण्टरनेशनल	एयर कंडीशन्ड मार्केट, ताड़देव रोड, बम्बई-34
30.	कल्पना ट्रेडर्स	99, ओल्ड प्रभादेवी रोड, बम्बई-25
31.	कांजी मोरार जी	कानपुर हाउस, नरसी नाथा स्ट्रीट, बम्बई-9
32.	किशोर फिल्म्स डिस्ट्रीब्यूटर्स	एयरकंडीशन मार्केट, ताड़देव रोड, बम्बई-34
33.	कमलेशवर फिल्म्स प्राईवेट लिमिटेड	रूपतारा स्टूडियो, दादा साहिब फाल्के, दादर, बम्बई-14

1	2	3
34.	कृष्णा फिल्म्स	नाज सिनेमा बिल्डिग, डा. दादा साहिब भाड़कमकर मार्ग, बम्बई-4
35.	लिबर्टी एक्सपोर्ट	चर्चगेट चेम्बर्स, न्यूमेरिन लाइन्स, बम्बई
36.	मधु एन्टरप्राइजेज	बिलिंगडन कैथोलिक कालोनी, सान्ताक्रुज, बम्बई-54
37.	दौलत कारपोरेशन प्राईवेट लिमिटेड	पटेल चेम्बर्स, फ्रन्च ब्रिज, बम्बई-7
38.	मिनी मूवीज	हनुमान बिल्डिग, पिकेट रोड, बम्बई-2
39.	मोनार्च फिल्म इण्टरनेशनल	2/29, एयर कंडीशन मार्केट, ताड़देव रोड, बम्बई-34
40.	मुकुन्द फिल्म्स	अलंकार सिनेमा बिल्डिग, एस. वी. पटेल रोड, बम्बई-4
41.	मूवी टी. वी. एन्टरप्राईजेज	रणजीत स्टूडियो, दादर, बम्बई-14
42.	नटराज इन्टरप्राईजेज	नाज बिल्डिग, लेमिंगटन रोड, बम्बई-4
43.	नेटट्यून एन्टरप्राईजेज	पालमयारा, 593, इक्कीसवां रास्ता, बान्द्रा, बम्बई-50
44.	ओवरसीज फिल्म कारपोरेशन प्राइवेट लिमिटेड	बन्सीलाल मेन्शन, ब्रुस स्ट्रीट, फोर्ट, बम्बई-1
45.	पदम एन्टरप्राईजेज	राज महल, सर एम. वी. रोड, अंधेरी (पूर्व), बम्बई-7
46.	प्लाजा एक्सपोर्ट प्राईवेट लिमिटेड	कैलाश दर्शन, कैनेडी ब्रिज, बम्बई-7
47.	कृष्णा फिल्म्स	नाज बिल्डिग, डा. दादा साहिब भाडकमकर मार्ग, बम्बई-4

1	2	3
48.	राजश्री प्रोडक्शन प्राईवेट लिमिटेड	"भावना" वीर सावरकर रोड, प्रभा देवी बम्बई-25
49.	आर. एम. इन्टरनेशनल	4-ए, विजय चेम्बर्स, त्रिभुवन रोड, बम्बई-4
50.	साई एमुजमेंटेंस	3-सी, गणेश भुवन, नियर माहिम स्टेशन, बम्बई-16
51.	कालिगया एण्ड कम्पनी	17, बाम्बे एयर कंडीशन मार्केट, ताड़देव रोड, बम्बई-34
52.	शामलाल एण्ड कम्पनी	कुल्नी मेन्शन, नरसी नाथा स्ट्रीट, बम्बई-9
53.	श्यामलाल बाल कृष्णा एण्ड कम्पनी	प्रसाद चेम्बर्स, रोक्सी सिनेमा के पीछे, बम्बई-4
54.	सिंधी फिल्म्स प्राईवेट लिमिटेड	3, जी, नाज बिल्डिंग, लेमिंगटन रोड, बम्बई-4
55.	सोवेनियर एन्टरप्राईज	2/202, सुख सागर, ह्न्यूमस रोड, बम्बई-7
56.	ठक्कर, सी. पी.	गुल एपार्टमेंट्स, हाजी अली, बम्बई-26
57.	ठक्कर, डामुभाई एम.	अलंकार सिनेमा बिल्डिंग, सरदार वी. पी. रोड, बम्बई-4
58.	टाइगर फिल्म्स प्राईवेट लिमिटेड	जोली भवन-1, न्यू मेरिन लाइन्स, बम्बई-20
59.	त्रिमूर्ति फिल्म्स प्राईवेट लिमिटेड	बी-11, कामर्स सेन्टर्स, ताड़देव, बम्बई-52
60.	टिवन फिल्म्स इन्टरनेशनल	किन्विन बिल्डिंग, चौदहवां रास्ता, खार, बम्बई-52

1	2	3
61.	यूनिवर्सल एक्सपोर्ट	19/2, एयर कंडीशन्ड मार्केट, ताड़देव, बम्बई-34
62.	विनोदा फिल्म डिस्ट्रीब्यूटर्स	6/46, एयर कंडीशन्ड मार्केट, ताड़देव रोड, बम्बई-34
63.	यग इण्डिया एक्सपोर्टर्स	45, एयर कंडीशन्ड मार्केट, ताड़देव रोड, बम्बई-34

तालिका 7.4 : दक्षिण भारत स्थित प्रमुख निर्यातक

क्रमांक	निर्यातक संस्था	मुख्यालय
1	2	3
1.	अभिरामी कम्बाइन्स	6, रामचन्द्र रोड, मद्रास-17
2.	ए. बी. एस. प्रोडक्सन्स	21/बी, मुरूगेसा नायकर कालोनी, रगारालापुरम, कोडाम्बक्कम, मद्रास-24
3.	आल इण्डिया पिक्चर्स	785, माउण्ट रोड, मद्रास-2
4.	अम्बिका फिल्म्स	पन्द्र क्रास बास्वेस्वरा रोड, चुम्मुन-भपुरम, मद्रास-4
5.	अमुथम पिक्चर्स	थर्ड क्रास रोड, सी. आई. टी. कालोनी, मद्रास-4
6.	अनुपम फिल्म्स	17/डी, राजा राम डायरेक्टर्स कालोनी, मद्रास
7.	आरायाना मूवीज	ए० बी० एम० कालोनी, विरुगाम-बक्कम, मद्रास-92

2	3
8. आरामान एन्टरप्राईजेज	1/ए, रामराव स्ट्रीट, टी० नगर, मद्रास-17
9. ए० आर० एस० ए० बार० विल्लिअप्पन	2, श्री नगर कालोनी, ग्यून्डी, मद्रास-15
10. ⌊क्ल फिल्म्स	15, नायडु स्ट्रीट, माईलापुर, मद्रास-4
11. ए० वी० एम० प्रोडक्शन प्राइवेट लिमिटेड	16, एडवर्ड इलियेटस रोड, मद्रास-4
12. अवतार सिंह एण्ड कम्पनी	6/16, सेकिण्ड स्ट्रीट, नोर्थ बोग रोड, टी नगर, मद्रास-17
13. बाला सुब्रह्मण्यम लिमिटेड	16, एडवर्ड इलियटस रोड, मद्रास-4
14. भवानी राजेश्वरी आर्ट्स	3764, ऊन्ना नगर, मद्रास-40
15. चन्द्र प्रभा पिक्चर्स	264, बिग बाजार स्ट्रीट, कोयम्बटूर
16. चन्द्रोदस आर्ट फिल्म्स	38, राजा बाथेर स्ट्रीट, मद्रास-17
17. चिनप्पा देवर फिल्म ट्रस्ट	1/1, वेंकटरामा अय्यर स्ट्रीट, टी. नगर, मद्रास
18. चित्रा फिल्म्स	7, नार्थ माडा स्ट्रीट, मद्रास-4
19. चित्रकल्पना फिल्म्स	6/ए, एच० डी० राजा स्ट्रीट, मद्रास-18
20. चित्रलेखा फिल्म कापरेटिव लिमिटेड	त्रिवेन्द्रम-17
21. सिने डिस्ट्रीब्यूटर्स	एंथीपाड़ा, त्रिवेन्द्रम-25
22. सिने इण्डिया प्रोडक्शन	95, माउण्ट रोड, मद्रास-2
23. मैसर्स सीनी डिस्ट्रीब्यूटर्स	परूथीपाड़ा, त्रिवेन्द्रम-25

1	2	3
24.	दीपक फिल्म्स	सेन्ट्रल लाज, पालघाट, केरल
25.	देवा प्रसाद फिल्म डिस्ट्री-ब्यूटर्स	12, लिनवुड एवेन्यू, लेडी माधवन नायर कालोनी, मद्रास-34
26.	धन्डयुधापानि फिल्म्स	22, डा० नायर रोड, टी० नगर, मद्रास-17
27.	जी० बी० एन० ट्रेडर्स	8-ए, अधिपट्टन स्ट्रीट, माउन्ट रोड, मद्रास-2
28.	गीता चित्रा	14, कारपोरेटिव कालोनी, मद्रास-18
29.	जेमिनी कलर लेबोरेटरी	121, माउन्ट रोड, मद्रास-6
30.	जेमनी पिक्चर्स सर्किट प्राइवेट लिमिटेड	121, माउण्ट मेरी रोड, मद्रास-6
31.	जियो मूवी प्रोडक्शन्स प्राइवेट लिमिटेड	4, स्कीम रोड, महालिंगापुरम, मद्रास-34
32.	गोकुल मूवीज	बी० ए० अधिपट्टन स्ट्रीट, माउण्ट रोड, मद्रास
33.	हाजिना फिल्म्स	1, पार्क न्यू रोड, यूनाइटेड इण्डिया कालोनी, कोडाम्बक्कम, मद्रास-24
34.	इण्डियन फिल्म कम्बाईन प्राइवेट लिमिटेड	11/ए-3, माउन्ट रोड, मद्रास-2
35.	इण्टर कान्टीनेन्टल फिल्म डिस्ट्रीब्यूटर्स	111, माउन्ट रोड, मद्रास-6
36.	जगपति आर्ट पिक्चर्स	34, हबिबुल्लाह रोड, मद्रास-17
37.	जमाल एण्ड सयानी	सिनूमा फिल्म एक्सपोर्टर्स, इन्गान-बथेरी, केरल

1	2	3
38.	जयति फिल्म्स (मदुराई) प्राइवेट लिमिटेड	कस्तूरी रंगा आयंगर रोड, मद्रास-18
39.	जुनोगलोबस एक्सपोर्ट	65, सी० एन० के० रोड, चेपक, मद्रास-18
40.	कला केन्द्र मूवीज	1, सी. बी. रमण रोड, मद्रास-18
41.	कानागमानी कम्बाइन्स	10, वेंकटरमन स्ट्रीट, मद्रास-17
42.	केरल फिल्म डिस्ट्रीब्यूटर्स	4, अरुमुगा नाइकेन स्ट्रीट, मद्रास-2
43.	कृष्णास्वामी एसोसिएट्स प्राइवेट लिमिटेड	5, महात्मा गांधी रोड, शास्त्री नगर, मद्रास-17
44.	लंकल फिल्मस	65, एन. जी. ओ. कालोनी, राजा राम मैथा नगर, मद्रास-17
45.	मोर्डन थियेटर्स लिमिटेड	सलेम-7
46.	मूवी एक्सपोर्टर्स	2, मेन रोड, राजा अन्नामलाई पुरम, मद्रास-28
47.	मूवी एक्सपोर्ट्स	2, विश्वनाथ पुरम, फस्ट स्ट्रीट, मद्रास-24
48.	मुरूमन मूवीज	उस्मान रोड, टी. नगर, मद्रास-17
49.	मूवी इन्टरनेशनल	7/बी, स्मिथ रोड, माउन्ट रोड, मद्रास-2
50.	मुथु एन्टरप्राइजेज	7, मसिलसमनी मुडालियार रोड, बालाजी नगर, मद्रास-14
51.	नारायणन कम्पनी प्राइवेट लिमिटेड	26-ए, माउन्ट रोड, मद्रास-2
52.	एस. ए. नारायणन	10, थापर साहिब मार्केट लेन, मद्रास-2

1	2	3
53.	नरेश फिल्म्स	9, एफ कलिगा कालोनी, के. के. नगर, मद्रास-78
54.	नवनीथा इण्टरनेशनल	5, मारेन साहिब स्ट्रीट, मद्रास-2
55.	नवरंग पिक्चर्स	14, मोरन साहिब स्ट्रीट, माउन्ट रोड, मद्रास-2
56.	ओसियनिक फिल्म्स डिस्ट्री-ब्यूटर्स	रोथापेट आह हाई रोड, मद्रास-14
57.	पेरूवरम इन्टरप्राइजेज	सातवीं मेन रोड, राजा अन्नामलाई पुरम, मद्रास-28
58.	प्रभाकरन	4, वेंकटेश्वर लेन, पेरियार पथाई, मद्रास-94
59.	प्रसाद प्रोडक्शन प्राइवेट लिमिटेड	2, सारंगपाणि स्ट्रीट, टी. नगर, मद्रास-17
60.	प्रेमालय	2, थर्ड क्रास स्ट्रीट, सी. आई. टी. कालोनी, मद्रास-4
61.	प्रास्पेरिटी पिक्चर्स	23/28, लुज एवेन्यू, माइलापुर, मद्रास-4
62.	राधाकृष्ण कम्बाइन्स	23, नार्थ बोग रोड, टी. नगर, मद्रास-17
63.	आर० के० फिल्म्स	172-सी, आरकोट रोड, मद्रास-26
64.	रमन पिक्चर्स	4, बोग रोड, मद्रास-1
65.	आर. एम. एस. प्रोडक्शन्स	थर्ड क्रास स्ट्रीट, सी. आई. टी. कालोनी, मद्रास-45
66.	रतन पिक्चर्स	गांधी नगर, बंगलौर-9

1	2	3
67.	सरत इण्टरनेशनल	साईं बाबा मन्दिर, विजयवाड़ा-8
68.	सेबिन हिल्स	43, नल्लनना मुदालि स्ट्रीट, मद्रास-14
69.	शाजी मूवीज	1124, वेस्ट अन्ना नगर, मद्रास-40
70.	शानू एन्टरप्राईजेज	3, लिन वुड ऐवेन्यू, मद्रास-34
71.	शेनास फिल्म्स	26, वेस्ट अवानी मूला स्ट्रीट, मदुराई-1
72.	शिवा प्रोडक्शन्स	3, विसेन्ट नगर, मद्रास-14
73.	शिवा एन्टरप्राईजेज	शिवालय बिल्डिंग, कमांडर-इन-चीफ रोड, मद्रास-8
74.	एस. के. पिक्चर्स	वासन स्ट्रीट, टी, नगर, मद्रास-17
75.	साउथर्न इण्टरनेशनल फिल्म डिस्ट्रीब्यूटर्स	13-ए, चित्रकुलम, नार्थ स्ट्रीट, मद्रास-4
76.	एस. पी. टी. फिल्म्स	बी-269, टेंथ एवेन्यु, अशोक नगर, मद्रास-83
77.	श्रीनिवास आर्ट प्रोडक्शन्स	4-ई, वेदचाला गार्डन्स, मद्रास-28
78.	श्री चित्र महल	32, वेंकटनारायण रोड, टी. नगर, मद्रास-17
79.	श्री फिल्म्स	फर्स्ट स्ट्रीट, साउथ गोपालपुरम, मद्रास
80.	श्री गिजावल्ली पिक्चस	बाल्मीकि स्ट्रीट, टी. नगर, मद्रास-17
81.	श्री मूकमबिका मूवीज	11, थीरूवेंकट स्वामी नायकर स्ट्रीट, मद्रास
82.	श्री विनयगा पिक्चर्स	4, बोग रोड, टी. नगर, मद्रास-17

1	2	3
83.	स्टर्लिंग डिस्ट्रीब्यूटर्स	अनेष्पी, केरल
84.	सुब्बू प्रोडक्शन्स	मुरेज गेट रोड, अलवर पेट, मद्रास-8
85.	सुजाता सिने आर्ट्स	29-बी, पेन्थन रोड, मद्रास-8
86.	सुन्दरम, पी. एम.	अग्राहरम, रविपुरम रोड, कोचीन, केरल
87.	थिरुमानी पिक्चर्स	60, नन्दनम एक्सटेंशन, मद्रास-35
88.	श्री उमैयाविगई कम्बाइन्स	3, सुंकुवर अग्राहरम स्ट्रीट, चिन्तारिपेट, मद्रास-94
89.	यूनियन फिल्म्स	44-ए/1, बुरकिट रोड, मद्रास-17
90.	उषाज फिल्म्स	18, वेंकटेश्वर लेन, पेरियर पेडाई, मद्रास-94

उपरोक्त तालिकाओं में दिग्दर्शित बम्बई स्थित निर्यातक संस्थायें मुख्यत: हिन्दी फिल्मों का निर्यात करती हैं, जबकि मद्रास व अन्य दक्षिण भारतीय नगरों में स्थित संस्थायें मुख्यत: दक्षिण भारतीय भाषाओं में निर्मित फिल्मों का ही निर्यात करती हैं। लेकिन वे इसके साथ ही दक्षिण भारतीय फिल्म निर्माण संस्थाओं द्वारा निर्मित हिन्दी फिल्मों के निर्यात अधिकारों को भी खरीद लेती हैं। इन निर्यातक संस्थाओं का व्यवसाय अच्छी स्थिति में है तथा विदेशों में उनकी भी साख है।

निष्कर्ष

भारतीय फिल्मों के निर्यात से 1954 में हमें 97.13 लाख रुपये की धनराशि प्राप्त हुई। तब से यह संख्या लगातार बढ़ती गई और 1976-77 में यह राशि 6,02,42,937 रुपये हो गई। भारतीय फिल्में विदेशों में खूब पसन्द की जाने लगीं। ब्रिटेन, अमेरिका, सोवियत संघ, जापान, सिंगापुर, अरब नेपाल, श्रीलंका, अफगानिस्तान, थाईलैंड, घाना, इजरायल, ईरान, जोर्डन, कोरिया, लेबनान, नाईजीरिया, मारीशस, मलेशिया, हांगकांग, बर्मा, मोरक्को,

पश्चिम जर्मनी, इण्डोनेशिया, इटली, यमन व वेस्टइंडीज आदि सभी प्रमुख देशों को भारतीय फिल्में पिछले ढाई दशक से निर्यात की जाती रही हैं और इन देशों में हमारी फिल्मों के लिये बहुत बड़ी संख्या में दर्शक मौजूद हैं। भारतीय फिल्मों का विदेशों में निर्यात करने वाली दो दर्जन से अधिक वितरण संस्थायें हैं, जिनमें "इन्टरनेशनल फिल्म डिस्ट्रीब्यूटर्स" "ओवरसीज फिल्म कम्बाइन" "बाम्बे यूनाइट्रे डर्स" तथा "ऐलोरा फिल्म्स" आदि प्रमुख हैं।

भारतीय फिल्मों के निर्यात में वृद्धि करने व परम्परागत बाजारों में फिल्मों की मांग बढ़ाने के उद्देश्य से भारत सरकार ने 19 वर्ष "इम्पेक" की स्थापना की थी। इम्पेक (इण्डियन मोशन पिक्चर्स एक्सपोर्ट कारपोरेशन) अपने स्थापना के कुछ समय बाद 1970-71 में 47 लाख रुपये की फिल्में विदेशों को निर्यात की गयीं, अन्य वितरण संस्थाओं के माध्यम से 576 लाख रुपए की फिल्में विदेशों को निर्यात हुईं लेकिन "इम्पेक" आशा के अनुसार सफल नहीं हो सकी और 5 वर्ष पूर्व भारत सरकार ने "इम्पेक" को समाप्त कर दिया। विदेशों को फिल्में निर्यात करने का दायित्व भारतीय फिल्म विकास निगम को सौंपा गया। निगम की अदूरदर्शिता के कारण भारतीय फिल्मों के विदेशी बाजारों की साख खराब है। पहले भारती फिल्में मध्य एशिया व पूर्वी एशिया में व्यावसायिक स्तर पर दिखाई जाती थीं। अफ्रीकी देशों में भी भारतीय फिल्में पसन्द की जाती हैं, लेकिन अब इन देशों में भारतीय फिल्में नहीं जातीं।

पिछले पांच वर्षों में स्थिति बिगड़ी ही है। एक ओर जहां भारतीय सिनेमा व कलाकारों को अन्तर्राष्ट्रीय स्तर पर पहचान मिली है और फ्रांस व वेनिस में भारतीय फिल्मों की मांग बढ़ी है, वहीं दूसरे कई देशों में लोकप्रियता कम हुई है। अभिनेता-निर्माता शशि कपूर जब "उत्सव" को बेचने के लिये विदेश गये तब वहां से लौटकर उन्होंने बताया कि पिछले कुछ वर्षों में भारतीय फिल्मों की विदेशी बाजारों में मांग घटी है। अब अच्छी फिल्में भी कम कीमत पर बेचनी पड़ती है। शशि के अनुसार "जुनून" व "कलयुग" के समय यह स्थिति नहीं थी। कारण विदेशी वितरण संस्थायें अमेरिकी तथा यूरोपीय फिल्मों के मुकाबले भारतीय फिल्मों को फिल्म बाजारों में जमने नहीं देना चाहती।

यह उल्लेखनीय है कि पिछले तीन चार वर्षों में खाड़ी के देशों में भारतीय फिल्मों की मांग बढ़ी है। वहां अधिकांश सिनेमाघरों में भारतीय फिल्में चलती हैं। पिछले दिनों एक भारतीय फिल्म ने अबुधाबी में एक ही सप्ताह के भीतर दो लाख रुपये का व्यवसाय किया। सवाल उठता है कि सब प्रयासों के बावजूद भी हम फिल्म निर्यात से एक सामान्य सी विदेशी आय ही क्यों प्राप्त कर पाते हैं।

यह ठीक है कि विदेशी बाजारों में भारतीय फिल्मों की मांग घट रही है, जिसके कई कारण हैं। लेकिन एक अन्य कारण है फिल्म-निर्यात व्यवसाय में व्याप्त तस्करी। करोड़ों रुपये की विदेशी मुद्रा का नुकसान हमें तस्करी से होता है। एक अनुमान के अनुसार लगभग आठ करोड़ की विदेशी मुद्रा तस्करी के कारण स्वाहा हो जाती है। फिल्म प्रिण्ट बनाने वाली प्रयोगशालाओं दस-प्रतिशत की जो सीजन छूट दी जाती है। वह तस्करी के रूप में प्रयोग होती है।

दूसरी ओर "प्रोसिसग" के लिये कुछ फिल्में लन्दन जाती हैं। लन्दन की रंगीन फिल्म प्रयोगशालायें तस्करी का अड्डा है। यहां फिल्म "निगेटिव" तैयार कर लिया जाता है और उससे नए प्रिण्ट निकाल लिये जाते हैं जो लेटिन अमेरिका, अफ्रीका व पश्चिम एशिया के फिल्मी बाजारों में धड़ल्ले से बेच दिए जाते हैं। यह काम कुछ दलालों के माध्यम से होता है। फिल्म के निर्माता को इस चोरी का तब पता चलता है, जब उसे कोई यह बताता है कि फलां देश में उसकी फिल्म फलां नगर में चल रही है।

विदेशों में भारतीय फिल्मों की मांग कम होने का खास कारण फिल्मों की वीडियो चोरी बताया गया है। आज फिल्मों की वीडियो चोरी, सिर्फ भारत के लिये ही नहीं, पूरे विश्व सिनेमा के लिए बहुत बड़ी समस्या और चुनौती है। हर देश अपने तौर पर और एक दूसरे से सहयोग करके इस समस्या का मुकाबला कर रहा है।

राष्ट्रीय फिल्म विकास निगम को फिल्मों की वीडियो चोरी का सामना करने के लिये अपनी वर्तमान नीति को बदलना होगा। एक नई नीति को अपनाना होगा, जो विदेशों में आबाद भारतीय बाशिंदों को, भारतीय फिल्मों की मांग को पूरा कर सके और पूरी दुनिया में फैली हुई फिल्मों को वीडियो चोरी का भी मुकाबला कर सकें।

एक बात तो तय है जैसे वीडियो कैसटों के फैलाव को नहीं रोका जा सकता, इसी प्रकार फिल्मों की वीडियो चोरी को भी पूरी तरह न रोका जा सकता है न खत्म किया जा सकता है। इसके होते हुए भी देश को विदेशों में अपनी फिल्मों के लिये फिल्म बाजार में जगह बनानी पड़ेगी। राष्ट्रीय फिल्म विकास निगम को भी विदेश में भारतीय फिल्मों के लिये, फिल्मों को वीडियो चोरी के बावजूद जगह तलाश करनी पड़ेगी।

इसके लिये सबसे पहले यह किया जाना चाहिये कि फिल्म विकास निगम विश्व में ऐसे नए इलाके खोजे जहां भारतीय फिल्मों की खपत की गुंजाइश हो

लेकिन वहां भारतीत फिल्में न पहुंच रही हों। दूसरे जिन देशों में भारतीय फिल्मों की मांग पहले से कम हुई है, वहां उसके कारणों का पता लगाने की कोशिश की जानी चाहिये। यह भी हो सकता है कि फिल्मों की वीडियो चोरी के अलावा गलत फिल्मों का निर्यात भी इन देशों में भारतीय फिल्मों की मांग के कम हो जाने का एक कारण हो। अत: अच्छी व सुरुचीपूर्ण फिल्मों के निर्यात की ओर ध्यान दिया जाय।

चतुर्थ भाग

अध्याय सप्तम

क्षेत्रीय तथा आंचलिक सिनेमा

भारत विभिन्न भाषाओं का देश है। देश के विभिन्न क्षेत्रों में बोली जाने वाली भाषाओं का भी देश की संस्कृति के विकास में उल्लेखनीय योगदान रहा है। तमिल, तेलगु, मलयालम, कन्नड़, उड़िया, बंगला, असमी, पंजाबी, भोजपुरी, राजस्थानी, सिन्धी, हरियाणवी आदि भाषाओं में निर्मित फिल्मों का भी जन मानस पर गहरा प्रभाव पड़ा है। हिन्दी सिनेमा का क्षेत्रीय तथा आंचलिक भाषाओं की फिल्मों के साथ गहरा सम्बन्ध है। भारतीय संस्कृति के वर्तमान संक्रान्ति काल में, क्षेत्रीय और आंचलिक सिनेमा ने भी, हिन्दी सिनेमा के समरूप ही भारतीय संस्कृति को प्रभावित किया है। इसलिये, इन भाषाओं की फिल्मों के विकास का विश्लेषणात्मक विवेचन हिन्दी फिल्म दृष्टिकोण को समझने के लिये आवश्यक है।

1984 में संख्या की दृष्टि से तेलगु फिलमों का प्रथम स्थान रहा है। कुल निर्मित 833 फिल्मों में से, इस वर्ष, 170 तेलगू फिल्में थीं।[1] 1983 में 134 फिल्में बनाकर तेलगू फिल्म ने प्रथम स्थान प्राप्त किया था।[2] न केवल संख्या-

1. "जन-सत्ता" हिन्दी दैनिक, नई दिल्ली, नगर संस्करण, 4 फरवरी 1985, पृ० 2.
2. "स्क्रीन", अंग्रेजी सिने साप्ताहिक, बंबई, 18 जनवरी 1985, पृ० 11.

त्मक दृष्टि से, बल्कि तकनीकी और कला की दृष्टि से भी क्षेत्रीय भाषाओं की फिल्मों को उच्च स्थान प्राप्त होता रहा है।

दक्षिण भारतीय भाषाओं की फिल्म

भारतीय सिनेमा के इतिहास में दक्षिण भारतीय भाषाओं की फिल्मों को गौरवमय स्थान प्राप्त है। दक्षिण भारत की चारों भाषाओं तेलगू, तामिल, कन्नड़ और मलयालम में, फिल्मों का निर्माण मूक युग से होता आ रहा है। इन चारों भाषाओं की फिल्मों का विवेचनात्मक विश्लेषण पृथक-पृथक इस प्रकार है।

तेलगू फिल्में

तेलगू फिल्मों का इतिहास 1909 से ही आरम्भ हो चुका था, जबकि एक लोकप्रिय चित्रकार श्री रघुपति बैंक्यय नायडु ने क्रैनों मेगाफोन नामक एक चलचित्र सम्बन्धी यन्त्र का आयात कर कुछ आयातित फिल्मों का प्रदर्शन किया था।[3] किन्तु तेलगू फिल्मों का इतिहास, प्रमाणिक उपलब्ध तथ्यों के आधार पर 1920 में श्री रघुपति वेंक्यनायडु की स्टार आफ दि ईस्ट फिल्म्स नामक सस्था की स्थापना और उनके सुपुत्र श्री आर० प्रकाश की प्रथम फिल्म (मूक) "भीषम प्रतिज्ञा" से प्रारम्भ होता है।[4] यह फिल्म, न केवल तेलगु भाषा की, बल्कि दक्षिण भारतीय भाषाओं में से किसी भी भाषा में निर्मित पहली फिल्म थी।[5] 1920-30 की अवधि में आर० प्रकाश सी० पुल्लय्या और वी० वी० राव ने गजेन्द्र मोक्ष, नन्दनार, कन्यका परमेश्वरी, विष्णु लीला, आदि मूक फिल्मों का निर्माण किया।[6]

तेलगू की प्रथम सावाक फिल्म - "भक्त प्रहलाद" 1931 में प्रस्तुत की गयी थी। इसके मुख्य कलाकार बी० वी० सुब्बाराव तथा सुरबि कमला बाई थे।[7] इसका निर्माण बम्बई की मूवीटोन फिल्म कम्पनी के तत्वावधान में एच.

---

3. इन्नूरी वेंकटेशवर राव, "तेलगु चलचित्र उद्योग का सिंहावलोकन (लेख)" देवदत्त शास्त्री द्वारा संपादित "पृथ्वीराज कपूर अभिनन्दन ग्रन्थ" (उत्तरायण) विशाल मंच, इलाहाबाद 1963 पृ० 41.
4. बाल शोरी रेड्डी, "तेलगु चलचित्रों का इतिहास", "साप्ताहिक हिन्दुस्तान", हिन्दी नई दिल्ली, 27 दिसंबर 1964, पृ० 25.
5. पूर्वोक्त।
6. महेन्द्र मित्तल, "भारतीय चलचित्र", अलंकार प्रकाशन, दिल्ली 1975, पृ० 563.
7. करुणा शंकर, "भारतीय फिल्मों का इतिहास", रंगभूमि बुक डिपो, दरियागंज, दिल्ली, 1964, पृ० 117

एम. रेड्डी ने किया था। उन्हें तेलगु की "सावाक" फिल्मों का जनक कहा जाता है।[8] 1932 में, सागर मूवीटोन, बम्बई ने दो फिल्में बनायीं "पादुका पट्टा-भिषकम" तथा "शकुन्तला"। 1933 में बम्बई और कलकत्ता की दो कम्पनियों ने "सावित्री" नामक दो तेलगु फिल्में बनायी।[9] इसके बाद 1939 तक दो-तीन फिल्में हर वर्ष बनती रहीं। 1939 के अन्त तक तेलगु फिल्मों का निर्माण क्षेत्र बम्बई और कलकत्ता से हटकर मद्रास हो चुका था।[10]

तालिका 7.1: 1940 से 1950 तक की अवधि में मद्रास में निर्मित तेलगू फिल्मों का विवरण

क्रमांक	फिल्म का नाम	निर्मात्री कम्पनी अथवा निर्माता	वर्ष
1	2	3	4
1.	भोज कालिदास	जय फिल्म्स लिमिटेड	1940
2.	सुमंगली	वाहनी पिक्चर्स	1940
3.	चण्डिका	भवानी पिक्चर्स	1940
4.	अपवाद	कस्तूदी फिल्म्स	1941
5.	चूड़ामणी	जानकी पिक्चर्स	1941
6.	देवता	वाहुनी पिक्चर्स	1941
7.	महात्मा गांधी	वृत्त चित्र	1941
8.	पार्वती कल्याणाम्	प्रफुल्ल पिक्चर्स	1941
9.	थल्ली प्रेम	राज राजेश्वरी	1941
10.	भल्ला पल्ली	जगन्नाथ प्रोडक्शन	1942
11.	जीवन मुक्ति	जैमिनी पिक्चर्स	1942
12.	पत्नी	सारथी फिल्मस	1942

8. महेन्द्र मित्तल, "पूर्वोक्त पुस्तक", पृ० 563.
9. करुणा शंकर, "पूर्वोक्त पुस्तक", पृ० 117.
10. महेन्द्र मित्तल, "पूर्वोक्त पुस्तक", 565-566.

1	2	3	4
13.	दीनबन्धु	रूपवाणी पिक्चर्स	1942
14.	भाग्य लक्ष्मी	श्री रेणुका फिल्म्स	1943
15.	पन्तुलु अम्मा	सारथी फिल्म्स	1943
16.	तहसीलदार	जगदीश फिल्म्स	1944
17.	कामालोकम	सारथी फिल्म्स	1945
18.	स्वर्ग सीमा	वाहुनी	1945
19.	भक्त तुलसीदास	राज राजेश्वरी	1946
20.	गृह प्रवेशम्	सारथी	1946
21.	वरूस्थनी	आनन्द पिक्चर्स	1946
22.	ब्रह्मा रथम	श्री वेंकटारम	1947
23.	पल्नाति युद्धम्	श्री शारदा	1947
24.	योगी वामन	वाहुनी	1947
25.	भक्त सरियाल	मुरली पिक्चर्स	1948
26.	द्रोही	स्वतन्त्र फिल्म्स	1948
27.	गीतांजीली	श्यामल फिल्म्स	1948
28.	गुण सुन्दरी कथा	वाहुनी	1949
29.	कीलुगुर्रम्	शोभनाचल पिक्चर्स	1949
30.	मानदेशम	एम. आर. ए. प्रोडक्शन	1949
31.	आहुति	नवीन फिल्म्स	1950
32.	बीदल पतलु	पक्षीराज स्टूडियो	1950
33.	जीवानम्	ए. वी. एम. प्रोडक्शन	1950
34.	पल्लतरूपिल्ल	शोभनाचल प्रोडक्शन	1950
35.	लक्ष्मी अम्मा	शोभनाचल प्रोडक्शन	1950
36.	स्वप्न सुन्दरी	प्रतिभा प्रोडक्शन	1950
37.	संसारम्	साधना पिक्चर्स	1950

उपर्युक्त तालिका के अध्ययन से ज्ञात होता है कि इस अवधि में, मुख्यतः कार्मिक कथानकों पर आधारित तेलुगु फिल्मों का ही निर्माण हुआ।

रेखाचित्र 7.1 : 1940-50 की अवधि में प्रत्येक वर्ष के अनुसार प्रमुख तेलुगु फिल्मों की संख्या।

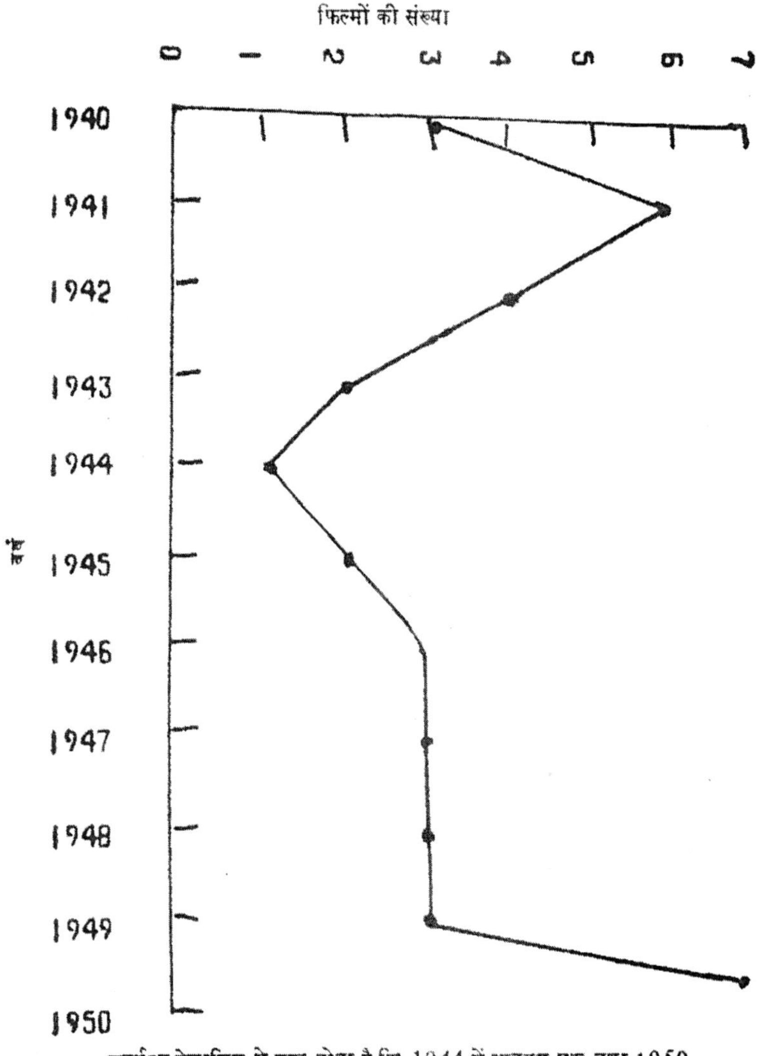

उपर्युक्त रेखाचित्र से ज्ञात होता है कि 1944 में न्यूनतम एक तथा 1950

1951 से लेकर वर्तमान काल तक तेलगु फिल्मों ने काफी प्रगति की है। कुछ तेलुगु फिल्मों और उनके कलाकारों आदि को राष्ट्रीय और अन्तर्राष्ट्रीय पुरुस्कार भी प्राप्त हुये हैं। 1955 में तेलगु फिल्म फिल्म "बंगरू माया" को स्टेट एवार्ड में रजत पदक मिला था।[11] 1958 में "पल्लिनती प्रणमालू", 1963 में "नाम्मीना बाण्टू" 1964 में "नर्तनशाला" को तथा 1965 में "डा० चक्रवर्ती" को राष्ट्रपति का रजत पदक मिला। इसके अलावा "थोडू डोंगालू" (1955) "बिप्रनारायण" (1955) "अर्द्धांगी" (1956) "एदीनिजामु" (1957) "भाग्यरेखा" (1957) "तोडी कोडालू" (1958), "मंगलया बालम" (1959) "माइन्ती महालक्ष्मी" (1960) ' जय मेरी" (1960) "सीताराम कल्याणाम्" (1961) "श्री सम्पदालु" (1963) "कुलागोटरालु" (1963) तथा "रामदासू" आदि तेलगु फिल्मों को योग्यता के प्रमाण पत्र प्राप्त हो चुके हैं।[12] इतनी ही नहीं कुछ तेलगु फिल्मों ने अन्तर्राष्ट्रीय समारोह में भी पुरस्कार प्राप्त कर भारत के सम्मान को बढ़ाया है। 1964 में, जकार्ता फिल्म महोत्सव में, तेलगू फिल्म "नरथानसाला" के कलाकार रंगाराव को सर्वश्रेष्ठ पुरुष कलाकार का तथा इसके कला निर्देशक को सर्वश्रेष्ठ कला निर्देशक का पुरस्कार प्राप्त हुआ था।[13] 1978 को कालोवी वेरी फिल्म समारोह में, तेलगु फिल्म "ओका उरिये वका" को जूरी का विशेष पुरस्कार तथा फिल्म क्लब पुरुस्कार प्राप्त हुआ था।[14] 1981 केगबासान्कान (फ्रांस) के फिल्म समारोह में तेलगु फिल्म "शंकराभरा-नामक" को संगीत पुरस्कार प्राप्त हुआ था।[15] 1982 के कुआलालम्पुर फिल्म समारोह में, तेलगु फिल्म "थयागया" को "सर्वश्रेष्ठ धार्मिक कथानक का पुरस्कार" प्राप्त हुआ था।[16] इन फिल्मों को मिले अन्तर्राष्ट्रीय सम्मान से यह स्पष्ट हो जाता है कि तेलगु फिल्में अन्तर्राष्ट्रीय सिनेमा में, प्रतिस्पर्धा हेतु पूर्णतः सक्षम है।

व्यावसायिक दृष्टि से भी तेलगु फिल्मों ने बाक्स आफिस पर अपार सफ-

---

11. करुणा शंकर, "पूर्वोक्त पुस्तक", पृ० 119.
12. "फिल्मफेयर", अंग्रेजी साप्ताहिक, बम्बई, 23 अगस्त 1963, पृ० 30.
13. वी० पी० साठे (सम्पादक), "फिल्मोत्सव", 84, डायरेक्टरेट ऑफ फेस्टीवल, नरिमन पोइन्ट, बम्बई, 1984, पृ० 105.
14. पूर्वोक्त, पृ० 106.
15. पूर्वोक्त, पृ० 107.
16. पूर्वोक्त, पृ० 108.

लता प्राप्त की है। 1971 में ग्यारह तेलगु फिल्में बाक्स आफिस पर हिट रहीं।[17]

तालिका 7.2 : 1971 में बाक्स आफिस पर हिट तेलगु फिल्में तथा उनके मुख्य कलाकार

क्रमांक	फिल्म का नाम	मुख्य कलाकार
1	2	3
1.	बुल्लेम्मा बुल्लूड़ू	थालम, विजयललिता
2.	कल्याणा मण्डपम	शोभन बाबू, कंचन
3.	मदटीलो मनीक्यम	चालम, पी. भानुमति
4.	मोसागाल्लाकु मोसागडु	कृष्णा विजयनिर्मला
5.	प्रेम नगर	ए. नागेश्वर राव, वाणी श्री
6.	पवित्र बन्धन	ए. नागेश्वर राव कंचन
7.	रायलु कुटुम्बम	ए. नागेश्वर राव, कंचन
8.	रीतुब्रिड्डा	एन. टी. रामाराव, वाणी श्री
9.	सति अनसुया	कान्ता राव, जमुना
10.	श्री कृष्ण सत्य	एन. टी. रामाराव, जयललिता
11.	ताहसिदरूगरि अम्मायी	शोभन बाबू, जमुना

उपर्युक्त तालिका का विश्लेषण करने पर यह रोचक तथ्य ज्ञात होता है कि पुरुष कलाकारों में थालम, शोभन बाबू, कृष्णा, ए. नागेश्वर राव, कान्ता राव तथा एन. टी. रामाराव की क्रमशः दो, दो, एक, तीन, एक, तथा दो फिल्में बाक्स आफिस पर हिट रहीं, जबकि महिला कलाकारों में विजयललिता, कंचन, पी. भानुमति, विजयनिर्मला, वाणीश्री, जमुना, तथा जयललिता की क्रमशः एक, तीन, एक, एक, दो, दो तथा एक फिल्में सफल हुई हैं।

17. बी० वी० धरप; "इण्डियन फिल्मस 1973", मोशन पिक्चर्स एन्टरप्राइजेज, अलका टाकीज, पूना, 1974, पृ० 482-483.

रेखाचित्र 7.2 : 1971 में बॉक्स ऑफिस पर हिट प्रमुख तेलगु फिल्मों के कलाकार व उनकी फिल्मों की संख्या।

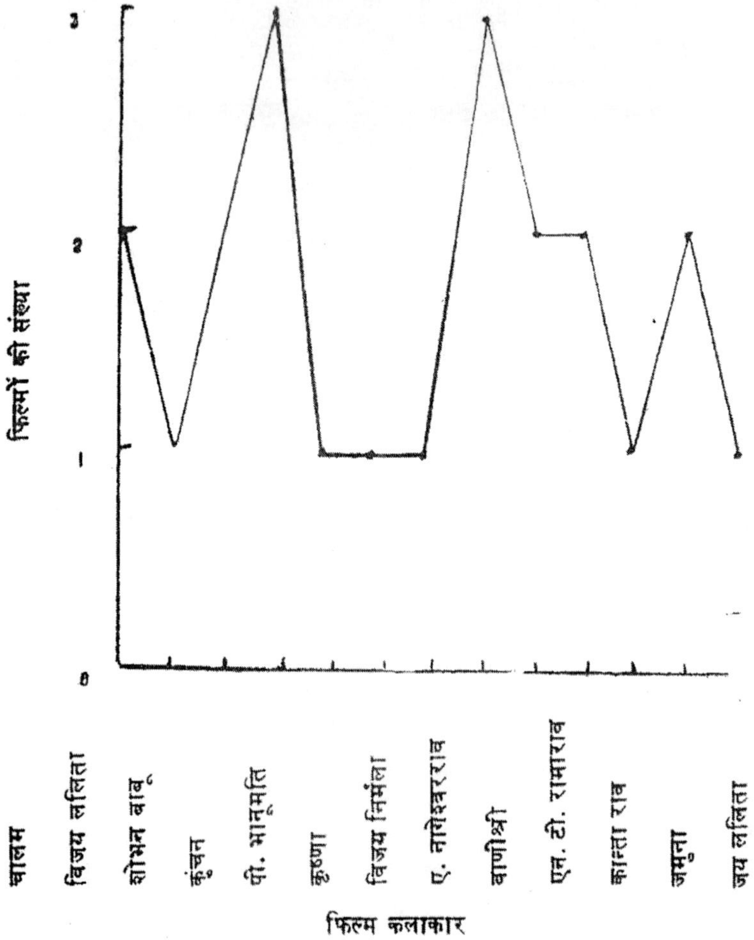

इसी प्रकार, 1972 में "बड़ी पन्तुलु" "बाला भारतम्" "बंगरू बाबू" "कलेक्टर जानकी" "इल्लु इल्लालु" "मन्नाबाडु धनावुडु" "पडन्ती कपूरम्" "सम्पूर्ण रामायणम" "टाटा मानावाडू" तथा "विचित्र बन्धम" आदि तेलगू फिल्में बाक्स आफिस पर हिट रही थीं।[18] 1973 में, जिन तेलगु फिल्मों को बाक्स आफिस पर सफलता मिली वे निम्नलिखित थीं।[19]

"डब्बुकु लोकम डोसोहम", "डेवुडु चेसिना मनुशुलु", "देसोधराकुलु", "गांधी पुट्टिना देसम", "जीवन थारनगालु", "मायादारी मल्लीगाडू", "भीना-रूबाबू", "निरामू शिक्षा" तथा "शारदा"।

तेलगु फिल्म अभिनेत्री वाणीश्री को तीन बार लगातार फिल्म फेयर पुरस्कार मला है।[20] यह पुरस्कार उन्हें 1979 में "जीवन तरांगुल" 1974 में "कृष्णा वेणी" तथा 1975 में "जीवन ज्योति" फिल्म के लिए मिला था।[21] वे तेलगू की चोटी की अभिनेत्रियों में से एक हैं। ठीक इसी प्रकार, लोकप्रिय तेलगु अभिनेता शोभन बाबू को भी तीन बार लगातार फिल्म फेयर पुरस्कार मिल चुका है।[22] यह पुरस्कार उन्हें 1974 में "ओसीता कथा" 1975 में "जीवन ज्योति" तथा 1976 में "सोग्गाडु" फिल्म के लिये मिला था[23] उनकी "सोग्गाडू" तेलगु फिल्म ने सफलता के कई कीर्तिमान स्थापित किये थे।

तेलगु फिल्मों के गुण-अवगुण के विषय में डा. महेन्द्र मित्तल का कथन है "गुणावगुण की दृष्टि से तेलगु फिलमों का कला पक्ष सुन्दर और भव्य है।"

तेलगु की कितनी ही उत्कृष्ट श्रेणी की कलात्मक फिल्में, विषय की अनेकरूपता अथवा विविधता को धारण करने वाली मराठी, बंगला अथवा हिन्दी की फिल्मों से कला के किसी भी पोपान पर समता कर सकती है। तेलगु फिल्में अधिकांशतः सुखान्त होती हैं। पर "सुमंगली" जैसी दुःखान्त फिल्मों में, निर्देशक की सूझबूझ और पात्रों का भावपूर्ण अभिनय दुःखान्त फिलमों को भी लोकप्रिय बनाने में समर्थ हैं।"[24]

18. पूर्वोक्त, पृ० 486.
19. पूर्वोक्त, पृ० 489.
20. "माधुरी", हिन्दी सिने पाक्षिक, बंबई, 4 अप्रैल 1980, पृ० 30.
21. पूर्वोक्त।
22. किरण पाण्डेय, "शोभन बाबू—अभिनय कोई कागजी काम नही है" "माधुरी", हिन्दी सिने पाक्षिक, बंबई, 2 मई 1980, पृ० 37.
23. पूर्वोक्त।
24. महेन्द्र मित्तल, "पूर्वोक्त पुस्तक" पृ० 570.

यद्यपि 1984 में 170 फिल्मों का निर्माण कर तेलगु फिल्म उद्योग का देश में प्रथम स्थान रहा है, फिर भी इस वर्ष तेलगु फिल्मों को काफी कठिनाइयों का सामना करना पड़ा।[25] फिर भी तेलगु फिल्मों की संख्या प्रतिवर्ष बढ़ती जा रही है। हैदराबाद में भी कुछ अच्छे स्टूडियो स्थापित हो चुके हैं और मद्रास के साथ-साथ वहां भी फिल्मों का निर्माण हो रहा है। तेलगु फिल्में तेलगु जनता की गौरव की प्रतीक हैं।

तामिल फिल्में

तामिल की फिल्मों का श्रीगणेश 1931 से माना जाता है। हिन्दी की प्रथम सवाक फिल्म "आलम आरा" को प्रस्तुत करने वाली इम्पीरियल फिल्म कम्पनी, बम्बई ने ही प्रथम तामिल फिल्म "कालिदास" का निर्माण किया था।[26] इस फिल्म के संवाद तमिल में थे और गाने तेलगु भाषा में। टी. पी. राजलक्ष्मी इसकी हीरोइन थीं।[27] 1932 में चार तथा 1933 में सात तमिल फिल्में बनायी गयीं। ये फिल्में बम्बई और कलकत्ता की कम्पनियों ने बनायी थीं। 1934 में पहली बार मद्रास में, प्रथम सवाक तमिल फिल्म "श्री निवास कल्याणम" का निर्माण हुआ। इस फिल्म को दक्षिण भारत की प्रथम सवाक फिल्म होने का भी गौरव प्राप्त है।[28] इस वर्ष चौदह तमिल फिल्मों का निर्माण हुआ।[29] 1935 में, तमिल फिल्मों की संख्या अड़तीस तक जा पहुँची। जिनमें

---

25. 1984 में तेलुगू फिल्म उद्योग की स्थिति के बारे में वाई० वी० राव ने विजयवाड़ा से 'स्क्रीन" में लिखा है

"The year 1984 can be described as a bad year for the Telugu film industry. The worst drought conditions, the cyclone in Nellore and Chittor districts, the death of Mrs. Gandhi, the Spurt in the distribution sector and the competition from the video parlours have caused a heavy loss to the industry.

In 1984 the Telugu film industry increased its production to 170 films. In 1983, 136 Telugu films were released. But this increase has resulted in the failure of several films."

वाई० आर० राव, "1984 बैड ईयर फार तेलुगु इण्डस्ट्री", "स्क्रीन" अंग्रेजी सिने साप्ताहिक, बंबई, 11 जनवरी 1985, पृ० 14.

26. "इण्डियन टाकी", फिल्म फेडरेशन आफ इण्डिया, वल्लभ भाई पटेल रोड, बंबई, 1956, पृ० 88.

27. करुणा शंकर, "पूर्वोक्त पुस्तक", पृ० 109.

28. महेन्द्र मित्तल, "पूर्वोक्त पुस्तक", पृ० 571.

29. पूर्वोक्त।

अधिकांश फिल्में, पुराणों, धार्मिक कथाओं, ऋषि-मुनियों तथा सती नारियों के जीवन से घटनाओं को ग्रहण करके बनायी गयी थीं।[30]

तालिका 7.3: 1935 में मद्रास में निर्मित प्रमुख तमिल फिल्में तथा निर्मात्री संस्थायें

क्रमांक	फिल्म का नाम	निर्मात्री संस्था
1.	ध्रुव	पायनीयर कम्पनी और एंजिल्स फिल्म्स
2.	नल्लाथंगिल	पायनीयर कम्पनी और एंजिल्स फिल्म्स
3.	कौशल्या	साउथ इण्डियन फिल्म
4.	कृष्ण अर्जुन	रायल टाकी
5.	मार्कण्डेय	वेल पिक्चर्स
6.	लंका दहन	चेल्लम टाकी
7.	सती अहिल्या	चन्द्र भारती
8.	गुलबकावली	तमिलनायडु टाकी
9.	गुण सुन्दरी	श्रीनिवास सिनेटोन

तालिका 7.4: 1936-45 की अवधि की उल्लेखनीय तमिल फिल्में तथा निर्मात्री संस्थायें

क्रमांक	वर्ष	फिल्म	निर्माता/निमात्री कम्पनी
1	2	3	4
1.	193०	बालयोगिनी	मद्रास यूनाइटेड आर्ट्स, कलकत्ता
2.	1936	देवदास	न्यु थियेटर्स, कलकत्ता
3.	1936	महाभारतम	मेसंस तमिलनाडु, बम्बई

30. पूर्वोक्त।

1	2	3	4
4.	1936	बसन्त सेना	त्रिपुर टाकीज, मद्रास
5.	1936	विश्वामित्र	श्रीनिवास सिनेटोन, मद्रास
6.	1937	अम्बिकापथी	शंकर कम्पनी. सलेम
7.	1937	भस्मासुर मोहिनी	सुन्दरम, मद्रास
8.	1937	चिन्तामणी	रायल टाकीज, मद्रास
9.	1937	मिस्टर टाइट एण्ड मिस्टर लूज	सुन्दरम टाकीज, मद्रास
10.	1937	कविरत्न कालिदास	गणेश, मद्रास
11.	1937	विप्र नारायण	मद्रास साउण्ड और श्रीनिवास, मद्रास
12.	1937	विराट पर्वम	श्रीनिवास, मद्रास
13.	1938	सेवा सदन	चन्द्रप्रभा सिनेटोन, मद्रास
14.	1938	श्री रामानुज	येसल फिल्म्स, मद्रास
15.	1938	तुफान क्वीन	प्रकाश लक्ष्मी प्रोडक्शन, बम्बई
16.	1939	मातृ-भूमि	ए.एल. आर.एम. कम्पनी, मद्रास
17.	1939	तिरुनीलाकान्तार	त्यागराज फिल्म्स, मद्रास
18.	1939	त्याग भूमि	मद्रास यूनाइटेड आर्ट्स, मद्रास
19.	1940	चाइल्ड मैरिज	रुक्मिणी पिक्चर्स, मद्रास
20.	1940	उर्वशी-शेषम	वेण्ड पिक्चर्स, मद्रास
21.	1940	राजा योगम	मार्डन थियेटर लिमिटेड, मद्रास

1	2	3	4
22.	1941	अली बाबा चालीस चोर	अशोक फिल्म्स, मद्रास
23.	1941	आर्यमाला	पृथ्वीराज स्टूडियो, मद्रास
24.	1941	अशोक कुमार	मुरुगन टाकी, मद्रास
25.	1941	माया ज्योति	जय लक्ष्मी, मद्रास
26.	1942	कन्नागी	जूपिटर पिक्चर्स, मद्रास
27.	1942	पृथ्वीराज	सैण्ट्रल स्टूडियो, मद्रास
28.	1942	संन्यासी	जूपिटर पिक्चर्स, मद्रास
29.	1943	मंगम्मा	जैमिनी स्टूडियो, मद्रास
30.	1943	हरिश्चन्द्र	सरस्वती और श्रीराज राजेश्वरी पिक्चर्स, मद्रास
31.	1944	जगतलाप्रदापन	पक्षीराज, मद्रास
32.	1944	हरिदासस	रायल टाकी, मद्रास
33.	1945	जम्बूलिंगम	प्रीमियर सिनेटोन, मद्रास
34.	1945	मीरा	चन्द्रप्रभा सिनेटोन, मद्रास

उपर्यक्त तालिका का विश्लेषण करने पर ज्ञात होता है कि इस अवधि में उल्लेखनीय तमिल फिल्मों में से 85.3 प्रतिशत फिल्मों का निर्माण मद्रास में, 5 9 प्रतिशत फिल्मों का निर्माण कलकत्ता में, 5.9 प्रतिशत फिल्मों का निर्माण बम्बई में तथा 2.9 प्रतिशत फिल्मों का निर्माण सलेम में हुआ।

1946 से 1948 तक धार्मिक तथा पौराणिक कथा-प्रसंगों, विशिष्ट महापुरुषों की जीवन कथाओं आदि पर बनी तमिल फिल्में ही प्रचलित हुईं। किन्तु 1948 में भव्य नृत्यों और तलवारबाजी से युक्त फिल्म "चन्द्रलेखा" (जैमिनी स्टूडियो, मद्रास) के प्रदर्शन के बाद तमिल में भी, अनेक काल्पनिक राजपरिवारों की कथाएं फिल्मांकित की गयीं। 1949-56 के काल से जो तमिल फिल्में बनीं, उनमें "एथिर पारायातुरु" को राष्ट्रपति का रजत-पदक प्रदान किया गया था।

रेखाचित्र 7.3 : 1936-45 की अवधि में प्रत्येक वर्ष के अनुसार निर्मित तमिल फिल्मों की संख्या।

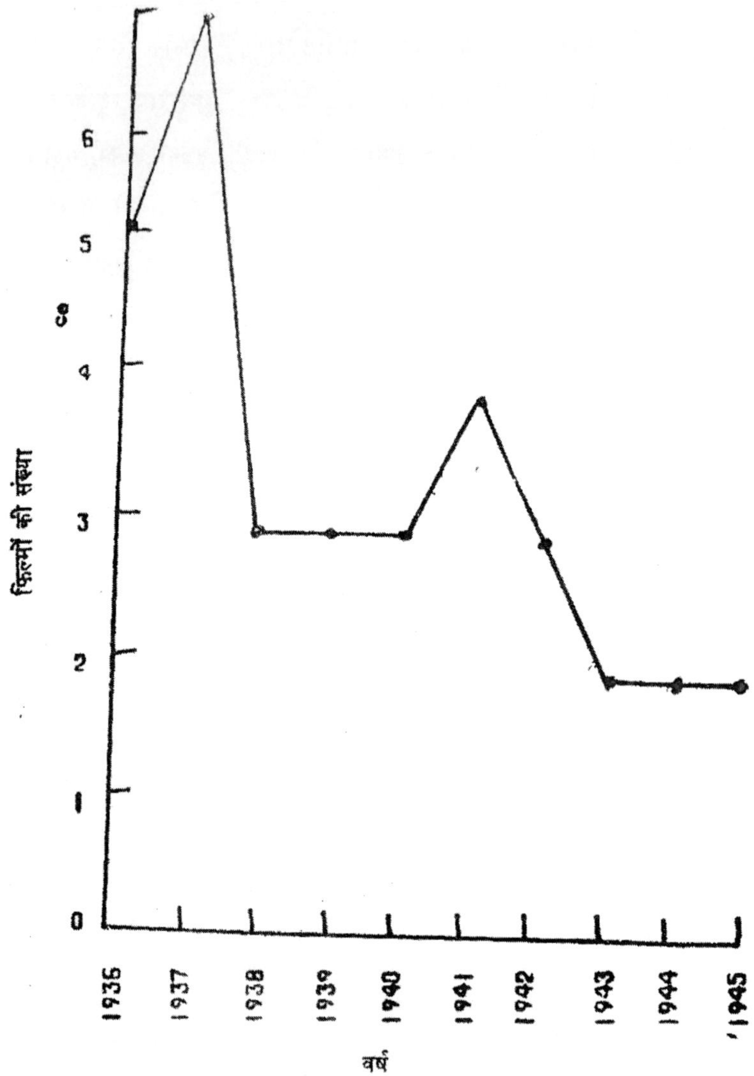

उपर्युक्त रेखाचित्र का विश्लेषण करने पर यह निष्कर्ष निकलता है कि वर्ष 1937 में सर्वाधिक सात तथा वर्ष 1943-44 तथा 45 में न्यूनतम दो-दो प्रमुख तमिल फिल्मों का निर्माण हुआ।

यह फिल्म 1954 में बनी थी। इसी प्रकार, 1956 में बनी फिल्म "मनगायर तिलकम्" को राष्ट्रपति का रजत पदक, 1957 में बनी "कुला देवम्" को राष्ट्रपति के योग्यता प्रमाण-पत्र प्राप्त हुए थे।

तमिल फिल्मों ने, विदेशों में आयोजित फिल्म समारोहों में भी, कई पुरस्कार प्राप्त किए हैं। 1934-82 की अवधि में, आयोजित विदेशी फिल्म समारोहों में, 1960 के काहिरा समारोह में तमिल फिल्म "वीरापंडिया कट्टारोमन" के हीरो शिवाजी गणेशन को सर्वश्रेष्ठ अभिनेता का पुरस्कार मिला था।[31] दुर्भाग्यवंश, यह कटु सत्य है कि विदेशी फिल्म समारोहों में पुरस्कार प्राप्त करने की होड़ में तमिल फिल्में बंगला, मलयालम और तेलुगु फिल्मों की अपेक्षा काफी पीछे हैं। शायद इसका कारण इन फिल्मों के निर्माताओं की ऐसे समारोहों के प्रति उदासीनता रही है।

तालिका 7.5 : 1971-73 की अवधि में व्यावसायिक दृष्टि से सफल तमिल फिल्में—

क्रमांक	वर्ष	फिल्म
1	2	3
1.	1971[32]	कुलामा गुलामा
2.	1971	रिक्षवाकरन
3.	1971	सवाले समाली
4.	1972[33]	ग्नानाओली
5.	1972	कसेथान कडाबुलाडा
6.	1972	नल्ला नीरम
7.	1972	पट्टीकडा पट्टानामा
8.	1972	पुगुंडा वीडू

31. वी० पी० साठे (संपादक), "पूर्वोक्त पुस्तक", पृ० 104.

32. बी० वी धरप, "पूर्वोक्त पुस्तक", पृ० 482.

33. पूर्वोक्त, पृ० 485-486.

1	2	3
9.	1973[34]	आरांग टेरान
10.	1973	भारथांविलास
11.	1973	इंगल थंगा राजा
12.	1973	पेंथा मनम पीथू
13.	1973	पुक्कारी
14.	1973	राजा पार्ट रंगादुराई
15.	1973	राजा-राजा चोजन
16.	1973	सूर्याकांथी
17.	1973	उलगम सूत्रम वलिबम

उपर्यक्त तालिका का अध्ययन करने पर ज्ञात होता है कि 1971, 1972 तथा 1973 में क्रमश: तीन, पांच तथा नौ तमिल फिल्मों ने व्यावसायिक दृष्टि से अपार सफलता प्राप्त की थी।

तमिल जनता का फिल्मों के प्रति विशेष लगाव है। इसी कारण, फिल्म कलाकारों के नाम पर, उनके प्रशंसकों ने "मनरम" (क्लब) बना रखे हैं।[34]

तमिल फिल्मों की उत्कृष्ठा के बारे में, एक प्रसिद्ध सिने लेखक डॉ० महेन्द्र मित्तल ने लिखा है कि—

"तमिल फिल्मों की कलात्मकता, भावात्मकता तथा सौन्दर्य बोधता पर जब दृष्टि जाती है तो निस्सन्देह यह कहा जा सकता है कि तमिल फिल्मों के प्रारम्भिक स्वरूपों में इनका कुछ भी स्थान रहा हो, पर आज जिस गति से तमिल फिल्में, अन्य क्षेत्रीय फिल्मों की समता में अनेकानेक पुरस्कार और योग्यता के प्रमाण-पत्र प्राप्त कर रही है, उससे तमिल फिल्मों के आदर्शात्मक और कलात्मक-सौन्दर्यबोध स्वत: ही अपने उत्कृष्ट संकेत देने लगे हैं।"[35]

34. पूर्वोक्त, पृ० 489.

35. महेन्द्र मित्तल, "पूर्वोक्त पुस्तक", पृ० 575.

रेखाचित्र 7.4 : 1971-73 की अवधि में प्रत्येक वर्ष के अनुसार व्यावसायिक दृष्टि से सफल तमिल फिल्मों की संख्या।

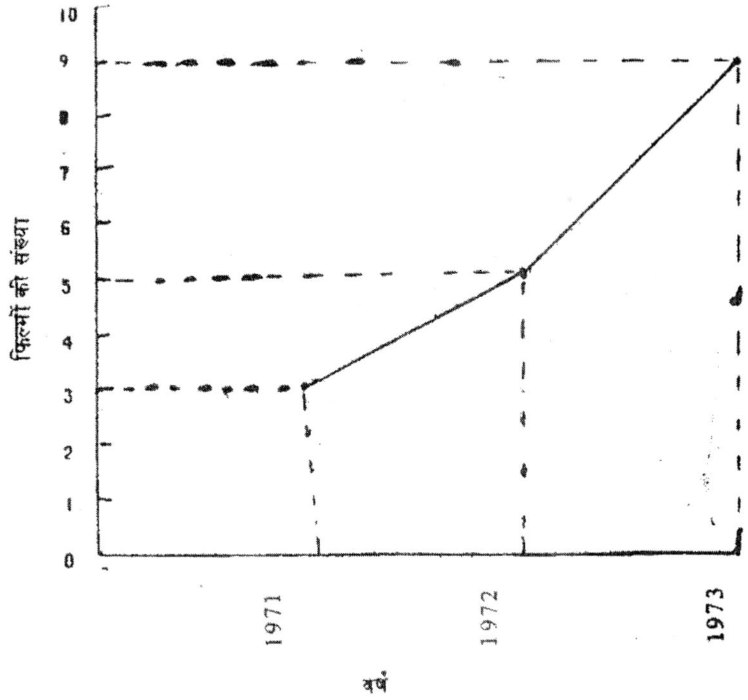

तमिल फिल्मों का जनमानस पर प्रभाव इतना व्यापक है कि तमिलनाडु की राजनीति में भी तमिल फिल्म नायकों का बोलबाला रहा है। फिल्म और राजनीति तमिल जनता के लिए एक ही सिक्के के दो पहलू बन चुके हैं।

कन्नड़ फिल्में

कन्नड़ भाषा कर्नाटक प्रदेश की मुख्य भाषा है। मूक युग में, 1929 में "मृच्छकटिक" (मिट्टी की गाड़ी) नामक एक कन्नड़ फिल्म का निर्माण हुआ था। यह फिल्म न केवल भारत में, बल्कि विदेशों में भी, विशेषकर जर्मनी में अत्यन्त लोकप्रिय हुई थी।[36] किन्तु सवक फिल्मों के युग के आरम्भ के बाद, प्रथम कन्नड़ फिल्म "ध्रुवकुमार" 1934 में, "आलमआरा" प्रस्तुत होने के तीन वर्ष बाद प्रस्तुत की गई थी।[37] इसका निर्माण "जयवाणी फिल्म्स, बम्बई" नामक कम्पनी ने किया था।[38] इसके प्रमुख कलाकार मुत्तु और कनक लक्ष्मी थे।[39] इसी वर्ष "सती सुलोचना" नामक एक अन्य कन्नड़ फिल्म का भी निर्माण हुआ। दक्षिण भारत में बनी प्रथम कन्नड़ फिल्म "संसार नौका" थी तथा इसका निर्माण "देवी फिल्म्स, मद्रास" ने किया था।[40] इसी वर्ष श्री बी० थिमैया ने मैसूर में "मैसूर साउण्ड स्टूडियो" की स्थापना की तथा 1937 में कन्नड़ भाषी क्षेत्र में प्रथम कन्नड़ फिल्म "राजसूय यज्ञ" का निर्माण किया गया।[41]

1938-40 की अवधि में किसी कन्नड़ भाषी फिल्म का निर्माण नहीं हुआ। 1941-53 की अवधि में निर्मित प्रमुख कन्नड़ फिल्में धार्मिक कथानकों पर आधारित थीं।[42]

तालिका 7.6 : 1941-53 की अवधि में निर्मित प्रमुख कन्नड़ फिल्में तथा निर्मात्री संस्थाएं—

क्रमांक	वर्ष	फिल्म	निर्माता/निर्मात्री संस्था
1	2	3	4
1.	1941	सुभद्रा	बीरन्ना और आचार्य, बम्बई
2.	1941	बसन्त सेना	प्रगति पिक्चर्स, मद्रास

36. महेन्द्र मित्तल, "पूर्वोक्त पुस्तक", पृ० 578.
37. करुणा शंकर, "पूर्वोक्त पुस्तक", पृ० 121.
38. महेन्द्र मित्तल, "पूर्वोक्त पुस्तक", पृ० 577.
39. करुणा शंकर, "पूर्वोक्त पुस्तक", पृ० 121.
40. महेन्द्र मित्तल, "पूर्वोक्त पुस्तक", पृ० 578.
41. पूर्वोक्त।
42. पूर्वोक्त, पृ० 6. 578-579.

1	2	3	4
3.	1942	जीवन नाटक	गुब्बी सी. एस. फिल्म्स, मद्रास
4.	1942	प्रहलाद	कलाडवानी फिल्म्स, मद्रास
5.	1943	हरिश्चन्द्र	सरस्वती, मद्रास
6.	1943	कृष्ण सुदामा	कलाडवानी फिल्म्स, मद्रास
7.	1943	राधा रमन	श्री विजय फिल्म्स, मद्रास
8.	1947	कृष्ण लीला	महात्मा पिक्चर्स, मद्रास
9.	1949	मीरा	शिवानन्दा फिल्म्स, मद्रास
10.	1949	दशहरा	शांतिराम प्रोडक्शन, बम्बई
11.	1949	नागकन्निका	महात्मा पिक्चर्स, मद्रास
12.	1949	सती तुलसी	अयंगार पाण्डरंग, मद्रास
13.	1951	जगत मोहिनी	महात्मा पिक्चर्स, मद्रास
14.	1951	तिलोत्तमा	सुखसागर चित्र, मद्रास
15.	1953	जातक पालन	आर. एन. आर. प्रोडक्शन, मद्रास
16.	1953	मंगला गौरी	माडर्न थियेटर, मद्रास
17.	1953	सौभाग्य लक्ष्मी	महात्मा पिक्चर्स, मद्रास

1954 में राज्य पुरस्कारों की व्यवस्था शुरू होते ही कन्नड़ फिल्म व्यवसाय का भी विकास हुआ। कन्नड़ फिल्मों की संख्या निरन्तर बढ़ती गई। 1983 में 72 तथा 1984 में 81 कन्नड़ फिल्मों को सेंसर प्रमाण-पत्र प्रदान किए गए।[43]

43. "स्क्रीन", अंग्रेजी सिने साप्ताहिक, बंबई, 18 जनवरी 1985, पृ० 11.

रेखाचित्र 7.5 : 1941-53 की अवधि में प्रत्येक वर्ष के अनुसार प्रमुख कन्नड़ फिल्मों की संख्या ।

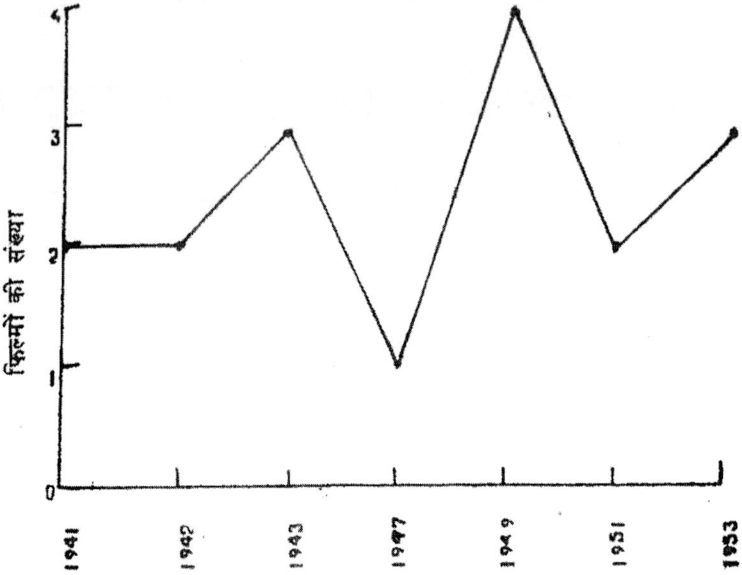

उपर्युक्त रेखाचित्र का विश्लेषण करने पर ज्ञात होता है कि कन्नड़ फिल्मों के निर्माण में 1941-53 की अवधि में उतार-चढ़ाव आता रहा है । द्वितीय विश्वयुद्ध के कारण 1943 से 1947 की अवधि में इनकी संख्या निरन्तर घटती रही, किन्तु स्वाधीनता प्राप्ति के बाद में स्थिति में सुधार हुआ ।

व्यवसायिक सफलता की दृष्टि से कन्नड़ फिल्मों की स्थिति सन्तोषजनक रही है। इस दृष्टि से 1971 का वर्ष कन्नड़ फिल्मों के लिए उल्लेखनीय रहा।[44] इस वर्ष अनेक कन्नड़ फिल्में बाक्स आफिस पर हिट रहीं।

तालिका 7.7 : 1971 में बाक्स आफिस पर सफल कन्नड़ फिल्में तथा उनके कलाकार, निर्देशक व संगीत निर्देशक—

क्र०	फिल्म	मुख्य कलाकार	निर्देशक	संगीत निर्देशक
1.	जथाकरत्ना गुंडा ज्योएसा	उदयकुमार, लता	बी. पदमानाभम	कोंडडापाणी
2.	कुला गौरव	राजकुमार, ज्योति	पेकेट्टी शिवराम	टी. जी. लिंगप्पा
3.	नम्मा सम्सारा	राजकुमार, भारती	सिद्धलिंगयाह	एम. रंगाराव
4.	न्यायवेदेवारू	राजकुमार, सरोजा देवी	सिद्धलिंगयाह	राजन-नगेन्द्र
5.	प्रथिडवानी	राजकुमार, आरती	बी. दोराईराज एस.के. भगवान्	जी. के. वेंकटेश
6.	शारा पंजारा	कल्पना, गंगाधारा अस्वथ	एस. आर. पुट्टन्ना कांगल	विजय भास्कर
7.	सिपाई रामू	राजकुमार, लीलावती	वाई. आर. स्वामी	उपेन्द्र कुमार
8.	थायी देवारू	राजकुमार, भारती	सिद्धलिंगयाह	जी. के. वेंकटेश
9.	वमशा व्रिक्शा	शारदा, बेकटराव तलगिरी, गिरीश कर्नाड	बी.वी. कारंथ	चन्दावरकर

44. बी० वी० धरप, "पूर्वोक्त पुस्तक", पृ० 483-484.

रेकाचित्र 7.6 : 1971 में बाक्स आफिस पर सफल कन्नड़ फिल्मों के कलाकार और उनकी फिल्मों की संख्या।

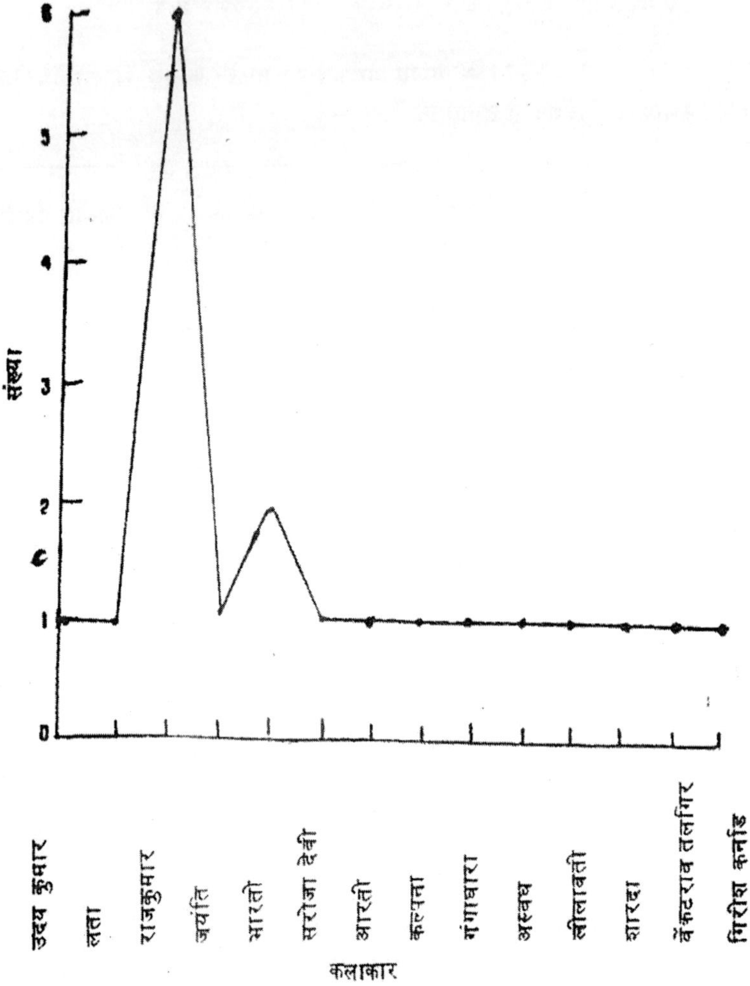

1972 में, "बंगरूडा मनुष्य" "भाले हुचा" "हृदय संगम" "जागा मेटचिदा मागा" "कुचला एजेंट 000" "नारी मुनिदारी मारी" "नागारा हाबु" तथा "नन्दा गोकुला" आदि कन्नड़ फिल्में बाक्स आफिस पर हिट रहीं।[45] 1973 में, "ईडाकुल्ल गुडाडा मेले" "गंधाडा गुडी" तथा "सम्पूर्ण रामायण" कन्नड़ फिल्में बाक्स आफिस पर सफल रहीं।[46]

वतमान में, श्री एच. एम. के. मूर्ति का कन्नड़ सिनेमा के विकास में उल्लेखनीय योगदान रहा है। इन्हें नवस्थापित "कन्नड़ फिल्म प्रोड्यूसर एसोशियेशन" का अध्यक्ष भी चुना गया है।[47] एक कैमरामैन, निर्देशक और निर्माता के रूप में कन्नड़ फिल्मों के इतिहास में उनका योगदान उल्लेखनीय रहेगा।[48] 1984 के मध्य में "सेंट्रल बोर्ड आफ फिल्म सर्टिफिकेशन" ने अपना एक क्षेत्रीय कार्यालय बंगलौर में भी स्थापित किया है तथा इस कार्यालय ने इसी वर्ष 24 फिल्मों को सेंसर प्रमाण-पत्र भी प्रदान किए हैं।[49] कन्नड़ फिल्मों के प्रदर्शन में, कर्नाटक के चलते-फिरते सिनेमाघरों का भी उल्लेखनीय योगदान है। राज्य सरकार के एक आदेशानुसार इन सिनेमाघरों को "अर्ध-स्थायी सिनेमाघरों" में परिवर्तन किया जा रहा है। एक अनुमान के अनुसार ऐसे सिनेमाघरों की संख्या 655 है। इनमें दस हजार व्यक्ति कार्य करते हैं तथा इस व्यवसाय पर तेरह

45. पूर्वोक्त, पृ० 287.
46. पूर्वोक्त, पृ० 490.
47. "स्क्रीन", अंग्रेजी सिने साप्ताहिक, बंबई, 11 जनवरी 1985, पृ० 14.
48. इस संबंध में जी० जी० राजेन्द्र ने "स्क्रीन" में लिखा है कि

"There are few people in the state of Karnataka who are concerned about th e development of the local film industry. Among them, Mr. H.M.K. Murthy is the most sincere. As a cameraman, director, producer and with plans to get into distribution Murthy is definitely a very active and enthusiastic person.

———During the course of his third film production Murthy took active part in organising the Kannada film producers. The Kannada Film producers' Association was thus formed under his presidentship and for the first time the exhibitors in Karnataka began to take the producers seriously. The screening of Kannada films in all the theaters of Karnataka now became a reality. The production of Kannada films increased from 15 to 20 films a year to between 60 to 80 in 1983-84."

जी० जी० राजेन्द्र, "एच० एम० के० मूर्ति—दि प्रोड्यूसर इस दि रियल आरचिटेक्ट, "स्क्रीन", अंग्रेजी सिने साप्ताहिक, बंबई, 11 जनवरी 1985, पृ० 14.

49. "स्क्रीन", अंग्रेजी सिने साप्ताहिक, बंबई, 18 जनवरी 1985, पृ० 11.

करोड़ रुपये की पूंजी लगी हुई है। मनोरंजन कर के रूप में कर्नाटक सरकार इन सिनेमाघरों से लगभग पांच करोड़ रुपये वार्षिक अर्जित करती है।[50] उनसे कन्नड़ निर्माता व वितरक भी लाभान्वित होते हैं क्योंकि नगरों में बने स्थायी सिनेमाघरों का किराया अपेक्षाकृत काफी अधिक होता है।

कन्नड़ फिल्म का भविष्य मुख्यत: इस बात पर निर्भर करेगा कि व्यवसायिक सफलता के साथ ही उसमें कलात्मकता का कितना समावेश होता है।

मलयालम फिल्में —

1938 में, माडर्न थियेटर, मद्रास निर्मित "बालन" फिल्म मलयालम भाषा में बनी प्रथम फिल्म मानी जाती है।[51] मलयालम फिल्मों का देर से निर्माण कार्य शुरू होने के कारण उसमें वे बुराइयां कम रहीं जोकि अन्य भारतीय भाषाओं में निर्मित फिल्मों में थीं। इसके बाद 1940 में "गण अम्बिका" 1941 में "प्रहलाद" 1948 में "निर्मला" 1949 में "वल्ली नवशतराम" मलयालम फिल्मों का निर्माण हुआ। 1950 से 1955 की अवधि में प्रतिवर्ष मलयालम फिल्मों का निर्माण हुआ।

तालिका 7.8 : 1950-55 की अवधि में निर्मित प्रमुख मलयालम फिल्में तथा निर्मात्री संस्थाएं —

क्रमांक	वर्ष	फिल्म	निर्माता/निर्मात्री संस्था
1	2	3	4
1.	1950	प्रसन्ना	पक्षीराज स्टूडियो, कोयम्बटूर
2.	1950	चन्द्रिका	कृष्ण प्रोडक्शन, मद्रास
3.	1950	चेंची	कैलाश पिक्चर्स, मद्रास
4.	1950	नल्ला तंका	के. एण्ड. के. प्रोडक्शन, मद्रास
5.	1950	शशिधरन	कैलाश पिक्चर्स, मद्रास
6.	1950	स्त्री	कोमला फिल्म्स, मद्रास

50. "जनसत्ता", हिन्दी दैनिक, नई दिल्ली, 6 मार्च 1987, नगर संस्करण, पृ० 5.
51. महेन्द्र मित्तल, "पूर्वोक्त पुस्तक", पृ० 582.

1	2	3	4
7.	1951	जीविता नौका	के. के. प्रोडक्शन, मद्रास
8.	1951	नव लोकम	पापुलर प्रोडक्शन, मद्रास
9.	1951	रक्तबन्धम	जय भारत पिक्चर्स, मद्रास
10.	1951	याचकम	केराली प्रोडक्शन, त्रिवेन्द्रम एवं कोयम्बटूर
11.	1952	अम्मा	एसोशियेटेड प्रोडक्शन, मद्रास
12.	1952	आत्म-शांति	सिटाडल फिल्म्स, मद्रास एवं कोयम्बटूर
13.	1952	देशभक्तम्	पक्षीराज स्टूडियो, कोयम्बटूर
14.	1953	आशादीपम	एसोशियेटेड प्रोडक्शन, मद्रास
15.	1953	जिनोवा	चन्द्र पिक्चर्स, कोयम्बटूर एवं मद्रास
16.	1953	लोक नीति	कैलाश पिक्चर्स, मद्रास
17.	1954	गृह देवता	नागूर सिने प्रोडक्शन, मद्रास, कोयम्बटूर
18.	1954	नीलाक्कुमिल	चन्द्रतारा प्रोडक्शन, मद्रास, त्रिवेन्द्रम एवं कोयम्बटूर
19.	1954	स्नेह सीमा	एसोशियेटेड पिक्चर्स, मद्रास एवं कोयम्बटूर
20.	1955	सी. आई. डी.	नीला प्रोडक्शन, मद्रास एवं कोयम्बटूर
21.	1955	हरिश्चन्द्र	नीला प्रोडक्शन, मद्रास एवं कोयम्बटूर
22.	1955	नाट्य तारा	रवि फिल्म्स, मद्रास
23.	1955	न्यूज पेपर ब्वाय	महात्मा जी मैमोरियल एसोशियेटेड, मद्रास एवं कोयम्बटूर

इसके अतिरिक्त भी, इस अवधि में कुछ अन्य मलयालम फिल्मों का निर्माण हुआ। तालिका 7.9 में, इस अवधि में, निर्मित कुल मलयालम फिल्मों की संख्या दर्शायी गई है ।

तालिका 7.9 : 1950-55 की अवधि में प्रतिवर्ष निर्मित कुल मलयालम फिल्मों की संख्या

क्रमांक	वर्ष	फिल्मों की संख्या
1.	1950	6
2.	1951	7
3.	1952	10
4.	1953	7
5.	1954	8
6.	1955	7

पिछले तीस वर्षों में संख्या और गुणवता दोनों ही दृष्टि से मलयालम फिल्मों ने काफी प्रगति की है। भारत की प्रथम "थ्री-डी" (त्रिआयामी फिल्म) फिल्म "हैलो मिस्टर डीयर कुट्चातन" का निर्माण भी मलयालम भाषा में हुआ है।[52] इसी फिल्म को, "छोटा चेतन" के नाम से हिन्दी मे "डब" करके प्रदर्शित किया गया है। "छोटा चेतन" ने अभूतपूर्व व्यावसायिक सफलता प्राप्त की है। 1984 में, 121 मलयालम फिल्मों का निर्माण हुआ, जबकि 1983 में यह संख्या 112 थी।[53] "सैण्ट्रल बोर्ड आफ फिल्म सर्टिफिकेशन" ने 1984 में अपना एक क्षेत्रीय कार्यालय त्रिवेन्द्रम में भी खोला है।[54] इस कार्यालय ने इसी वर्ष सोलह फिल्मों को सेंसर प्रमाण पत्र प्रदान किए हैं।[55]

मलयालम फिल्में किसी परम्परा से बंध कर नहीं बनती हैं। इस सम्बन्ध में डा० महेन्द्र मित्तल का यह विश्लेषण सारगर्भित है कि "मलयालम फिल्मों की

52. "जनसत्ता", हिन्दी दैनिक, नई दिल्ली, नगर संस्करण, 3 जनवरी 1285, पृ० दो।
53. "स्क्रीन", अंग्रेजी सिने साप्ताहिक, बंबई, 18 जनवरी 1985, पृ० 11.
54. पूर्वोक्त ।
55. पूर्वोक्त ।

रेखाचित्र 7.7 : 1950-55 की अवधि में, प्रत्येक वर्ष के अनुसार निर्मित प्रमुख मलयालम फिल्मों की संख्या।

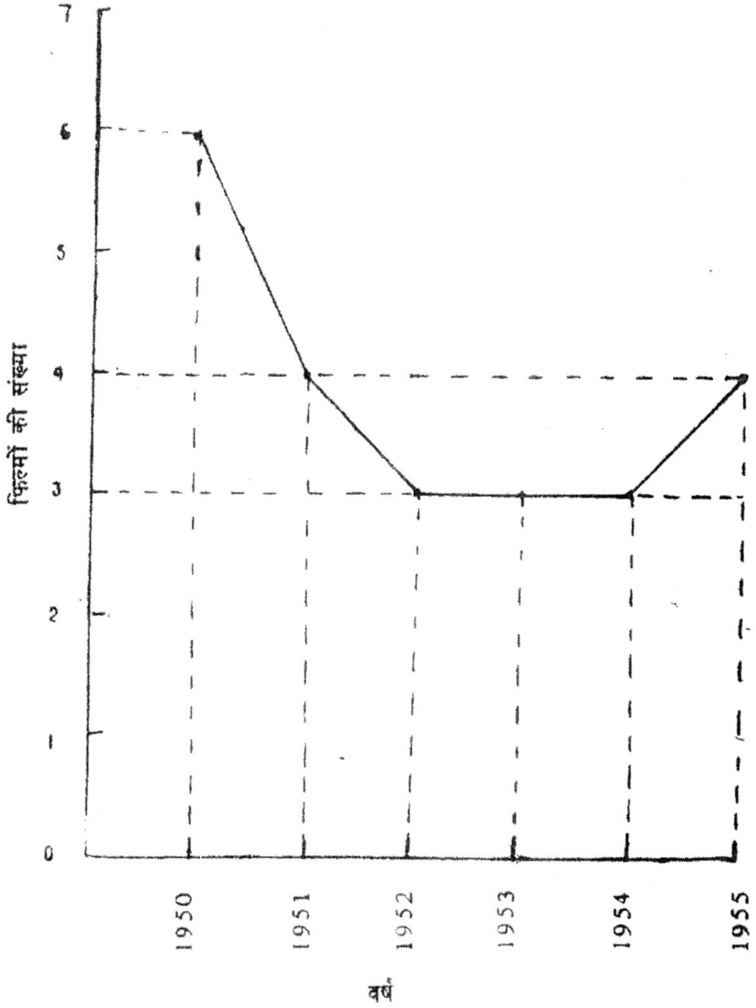

रेखाचित्र 7.8 : 1950-55 की अवधि में प्रतिवर्ष निर्मित कुल कलयालम फिल्मों की संख्या ।

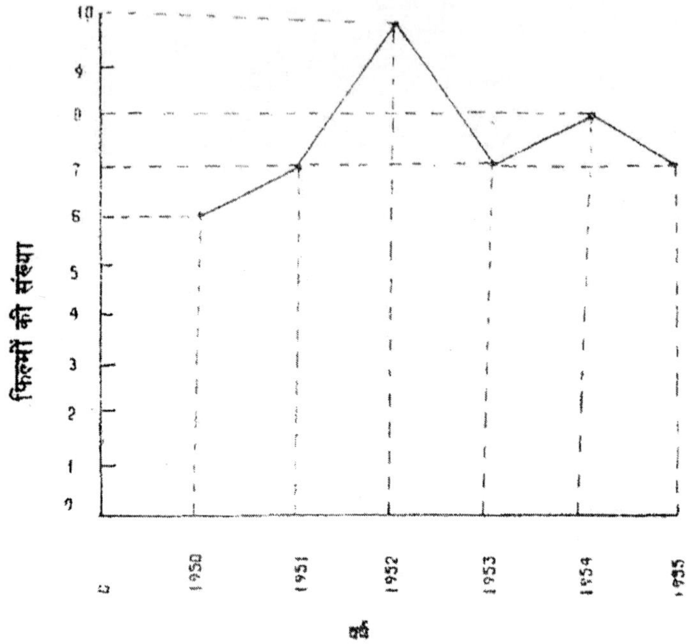

सबसे महत्वपूर्ण विशेषता यह है कि ये फिल्में किसी एक परम्परा अथवा लोक से बंधकर नहीं चलती, जैसा कि हिन्दी अथवा अन्य क्षेत्रीय भाषाओं की फिल्मों में यह प्रवृत्ति दिखलायी पड़ती है। इन फिल्मों में, विशेषत: सामाजिक कथाओं को ग्रहण किया जाता है और उन्हें पूर्ण विश्वास के साथ प्रगतिशील विचारधारा के साथ संयुक्त करके अभिव्यक्त किया जाता है। इसके अतिरिक्त, इन फिल्मों का निर्माण, एक सीमित बजट बनाकर किया जाता है तथा भारी व्यय करके पौराणिक या वेशभूषा प्रधान फिल्मों को इस उद्योग से सर्वथा त्याग दिया है। इस प्रकार मलयालम फिल्मों ने हिन्दी और अन्य क्षेत्रीय फिल्मों की दृष्टि में, संख्या में सीमित होते हुए भी, अपनी मौलिकता को अक्षुण्ण रखा है। वैसे, मलयालम फिल्मों की वर्तमान संख्या तीव्र गति से विस्तृत होती जा रही है।[56] आजकल मलयालम फिल्में, सेक्स दृश्यों के कारण काफी चर्चित हो रही हैं। मलयालम फिल्मों का दर्शक वर्ग, दक्षिण भारत की अन्य फिल्मों के दर्शक वर्ग की अपेक्षा छोटा है, अत: इन फिल्मों के निर्माताओं को अपनी फिल्म में ऐसा कुछ दिखाना ही पड़ता है, ताकि गैर-मलयालम व्यक्ति भी मलयालम फिल्म को देखने की ओर आकर्षित हों। इसी कारण, कई मलयालम फिल्मों में सेक्स की प्रधानता होती है।

पूर्वी भारतीय भाषाओं की फिल्में

बम्बई की तरह, कलकत्ता भी, मूक युग से फिल्म निर्माण का एक प्रमुख केन्द्र रहा है। बंगला भाषा की फिल्में अपनी साहित्यिक गरिमा तथा उच्च कोटि के कारण बहुत प्रसिद्ध रही हैं। इसी प्रकार पूर्वी भारत की अन्य दो प्रमुख भाषाओं उड़िया तथा असमी में भी फिल्मों का निर्माण काफी समय से होता आ रहा है। इन तीनों प्रमुख भाषाओं का विवरण इस प्रकार है।

बंगला फिल्में

बंगला फिल्म उद्योग का संस्थापक किसे माना जाये, यह विवादास्पद है[57] फिर भी, जे० एफ० मदन को बंगला फिल्म उद्योग का संस्थापक माना जाता है।[58] श्री मदन बम्बई निवासी एक पारसी व्यक्ति थे, जो कि कलकत्ता में बस गये थे। उन्होंने 1971 में, "मदन थिएटर्स लिमिटेड" के तत्वावधान में फिल्मों

56. महेन्द्र मित्तल, "पूर्वोक्त पुस्तक" पृ० 585.
57. पूर्वोक्त, पृ० 507.
58. पूर्वोक्त, पृ० 509.

का (विशेषतः) बंगला फिल्मों का निर्माण शुरू किया। इस संस्था ने लगभग सौ फिल्मों का निर्माण किया था।[59] प्रमाणिकता से, यही संस्था बंगला फिल्म उद्योग की आधारशिला रखने वाली मानी जाती है।[60]

1919 में, "अरोरा फिल्म कम्पनी" ने श्री देवीघोष के निर्देशन में, प्रथम बंगाली फिल्म "विषवृक्ष" का निर्माण किया था।[61] इसी वर्ष, मदन थियेटर्स ने भी अपनी पहली फिल्म "नल दयमन्ती" प्रदर्शित की। इसी वर्ष इस कम्पनी के तत्वावधान में, "बिल्वामंगल" "राजा हरिश्चन्द्र" "महाभारत" "ध्रुव चरित्र" आदि फिल्मों का निर्माण किया गया।[62] मूक फिल्मों का युग होने के कारण ये फिल्में बंगला संस्कृति की अभिव्यक्ति नहीं कर पाती थीं। मूक युग में ऐसी कई फिल्मों का निर्माण हुआ।

1931 में ही, "आलमआरा" के प्रदर्शन के बाद प्रथम बंगला सवाक फिल्म "जमाई शुष्ठि" प्रदर्शित हुई। यह फिल्म अमर चौधरी के निर्देशन में, मदन थियेटर्स ने बनाई थी।[63] 1931 से 39 की अवधि में कई लोकप्रिय बंगला फिल्मों का निर्माण हुआ।[64]

तालिका 7.10 : 1931-39 की अवधि में निर्मित प्रमुख बंगला फिल्में

क्रमांक	वर्ष	फिल्म
1	2	3
1.	1931	जमाई शुष्ठि
2.	1931	देना पावना
3.	1932	नाटेर पूजा
4.	1932	चण्डी दास

59. "फिल्मफेयर", अंग्रेजी सिने साप्ताहिक, बंबई, 24 जून 1966, पृ० 45.
60. देवदत्त शास्त्री (संपादक), "पृथ्वीराज कपूर अभिनन्दन ग्रन्थ", विशलय मंच, इलाहाबाद, पृ० 19.
61. महेन्द्र मित्तल, "पूर्वोक्त पुस्तक", पृ० 509.
62. पूर्वोक्त।
63. पूर्वोक्त, पृ० 512.
64. पूर्वोक्त।

1	2	3
5.	1932	चिर कुमार सभा
6.	1932	पल्ली समाज
7.	1932	पुनर्जन्म
8.	1932	पूरण भक्त
9.	1933	कपाल कुण्डला
10.	1933	मासतोतो भाई
11.	1935	भाग्य चक्र
12.	1935	रूप लेखा
13.	1935	देवदास
14.	1936	गृह दाह
15.	1936	माया
16.	1937	मुक्ति
17.	1938	अभागिन
18.	1938	विद्यापति
19.	1938	देशेर माटी
20.	1939	जीवन मरण
21.	1939	रजत जयन्ती

उपर्युक्त तालिका में प्रदर्शित फिल्म "नोटर पूजा" गुरुदेव रविन्द नाथ टैगोर की एक लोकप्रिय "नृत्य नाटिका" पर आधारित थी।

रेखाचित्र 7.9 : 1931-39 की अवधि में, प्रतिवर्ष निर्मित प्रमुख बंगला फिल्मों की संख्या।

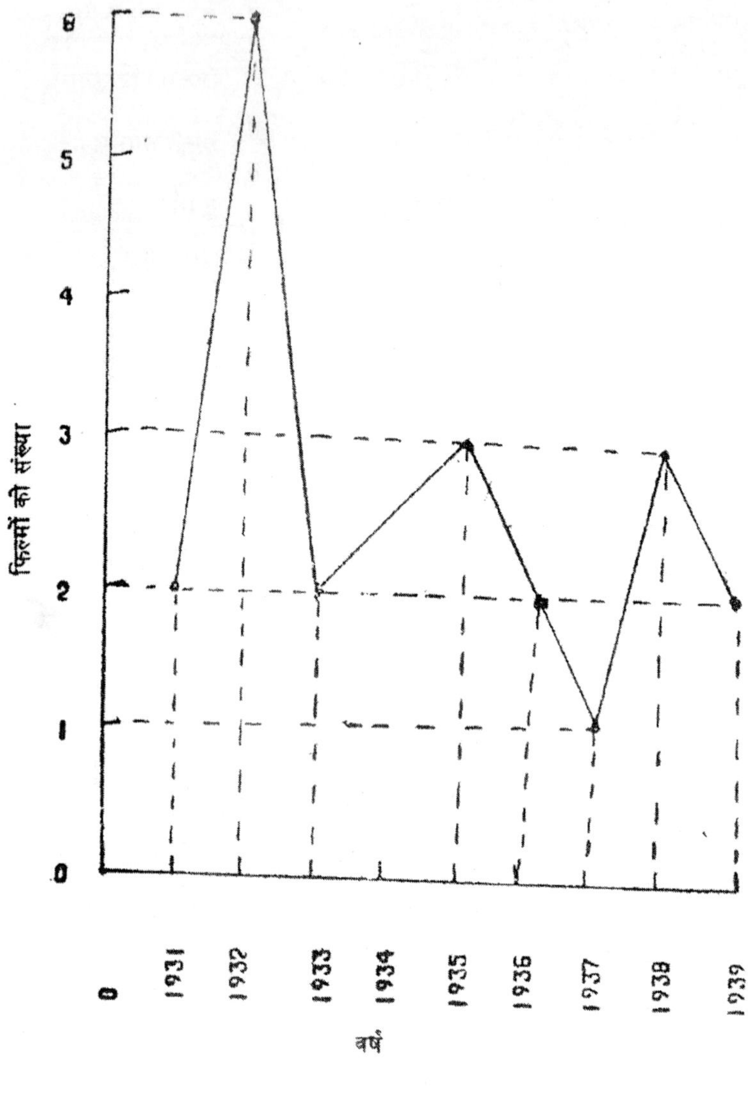

तालिका 7.11 : 1940-45 की अवधि में निर्मित प्रमुख बंगला फिल्में

क्रमांक	वर्ष	फिल्म	निर्माता/निर्मात्री संस्था
1	2	3	4
1.	1940	आलोक छाया	ऐसोशियेटेड प्रोडक्शन
2.	1941	आहुति	मोती महल पिक्चर्स
3.	1941	एपार ओपार	न्यू थियेटर
4.	1941	परिचय	न्यू थियेटर
5.	1941	मायेर प्राण	एम० पी० प्रोडक्शन
6.	1941	उत्तरायण	एम० पी० प्रोडक्शन
7.	1941	नन्दिनी	के० बी० पिक्चर्स
8.	1941	प्रतिशोध	फिल्म कार्पोरेशन आफ इण्डिया
9.	1942	बोन्दी	चित्ररूप लिमिटेड
10.	1942	परिणीता	पी० आर० प्रोडक्शन
11.	1943	पतिव्रता	अरोड़ा फिल्म कार्पोरेशन
12.	1943	वापस	न्यू थियेटर्स
13.	1943	काशीनाथ	न्यू थियेटर्स
14.	1943	प्रियबान्धवी	न्यू थियेटर्स
15.	1943	छद्मवेशी	डीलक्स पिक्चर्स
16.	1943	देवर	इन्द्रपुरी स्टूडियो
17.	1943	माटेर घर	भारत लक्ष्मी
18.	1943	शहर थके दूरे	ईस्ट टाकी

1	2	3	4
19.	1944	बिराज बोउ	न्यू थियेटर्स
20.	1944	उदमेर पुथे	न्यू थियेटर्स
21.	1945	कलंकिनी	आर० एस० चन्दनमल
22.	1945	पाथेर साथी	अरोड़ा फिल्मस
23	1945	हमराही	न्यू थियेटर्स
24.	1945	वसियतनामा	न्यू थियेटर्स
25.	1945	महाप्रस्थानेर पथे	न्यू थियेटर्स

उपर्युक्त तालिका में उल्लेखित सभी निर्मात्री संस्थाएं कलकत्ता से सम्बन्धित थीं।

तालिका का विश्लेषण करने पर ज्ञात होता है कि 1940 में एक, 1941 में सात 1942 में दो, 1943 में आठ, 1944 में दो तथा 1945 में पांच प्रमुख बंगला फिल्मों का निर्माण हुआ।

तालिका 7.12 : 1946-50 की अवधि में कलकत्ता में बनी प्रमुख बंगला फिल्में

क्रमांक	वर्ष	फिल्म	निर्माता/निर्मात्री संस्था
1	2	3	4
1.	1946	बन्दे मातरम	चलचतिका पिक्चर्स
2.	1946	निवेदिता	चित्र भारती
3.	1946	संग्राम	माडर्न टाकीज लिमिटेड
4.	1947	अभिजोग	बसन्तिका लिमिटेड
5.	1947	चन्द्रशेखर	पायनियर

रेखाचित्र 7.10 : 1940-45 की अवधि में प्रत्येक वर्ष के अनुसार निर्मित प्रमुख बंगला फिल्मों की संख्या।

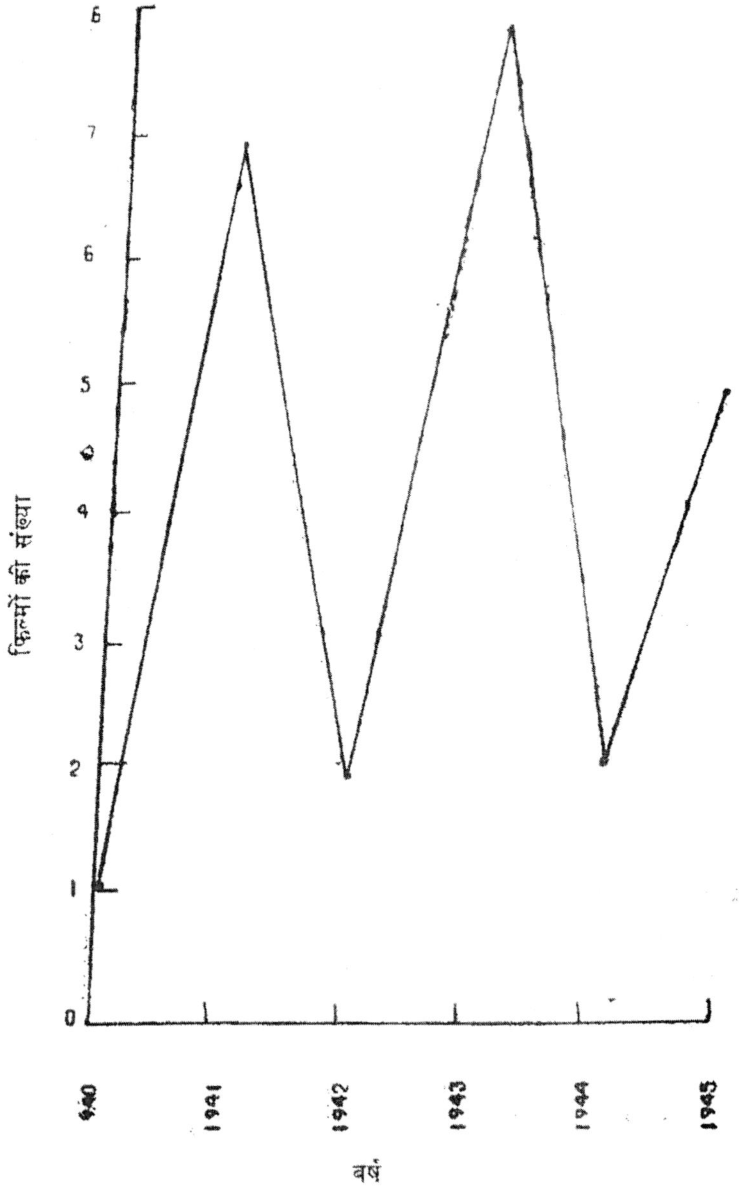

1	2	3	4
6.	1947	जागरण	बरूआ आर्ट प्रोडक्शन
7.	1947	पेंथेरदावी	एसोशियेटेड पिक्चर्स
8.	1947	रामेर सुमति	न्यू थियेटर्स
9.	1747	स्वयं सिद्धा	इण्डियन नेशनल टाकीज
10.	1948	प्रतिवाद	न्यू थियेटर्स
11.	1948	मायेर डाक	सिने प्रोड्यू ।र्स
12.	1948	सव्यसाची	एसोशियेटेड पिक्चर्स
13.	1948	तरुणार स्वपन	कामनी पिक्चर्स
14.	1948	भूली नाई	प्रोग्रेसिव पिक्चर्स
15.	1949	आभिजात्य	एम० पी० प्रोडक्शन
16.	1949	संकल्प	एम० पी० प्रोडक्शन
17.	1949	देवी चौधरानी	रूपायन पिक्चर्स
18.	1949	निशीर डाक	राजश्री कथा चित्र
19.	1949	परिवर्तन	नेशनल प्रोडक्शन
20.	1950	अपवाद	भवानी कला मन्दिर
21.	1950	अराजिता	नारंग पिक्चर्स
22.	1950	विद्यासागर	एम० पी० प्रोडक्शन
23.	1950	श्री तुलसी दास	कालिदास प्रोडक्शन
24.	1950	युग देवता	कालिदास प्रोडक्शन

उपर्युक्त तालिका का विश्लेषण करने पर ज्ञात होता है कि 1946 में तीन, 1947 में छः, 1948 में पांच, 1950 में पांच प्रमुख बंगला फिल्मों का निर्माण हुआ।

रेखाचित्र 7.11 : 1946-50 की अवधि में प्रत्येक वर्ष के अनुसार कलकत्ता में बनी प्रमुख बंगला फिल्मों की संख्या।

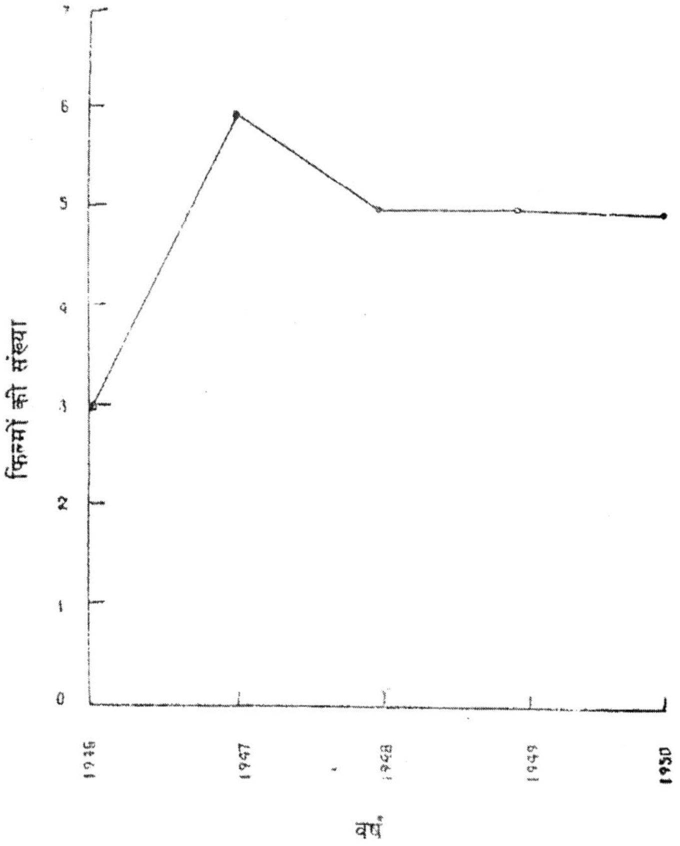

1947 में, देश विभाजन के फलस्वरूप बंगला फिल्म उद्योग को गहरा धक्का लगा। लगभग चालीस प्रतिशत बंगला भाषी भूभाग पूर्वी पाकिस्तान (अब बंगला देश) के रूप में देश से अलग हो गया। इससे बंगला फिल्मों के दर्शकों की संख्या एकदम घट गयी, जिसका प्रभाव, अन्ततः, बंगला फिल्म उद्योग पर भी पड़ा।[65]

1955 में, महान बंगला फिल्म "पाथेर पांचाली" के साथ, बंगला फिल्म उद्योग के इतिहास में एक नये युग का सूत्रपात हुआ। इस एक ही फिल्म ने, न सिर्फ बंगला सिनेमा की, बल्कि सम्पूर्ण भारतीय सिनेमा की धाक अंतर्राष्ट्रीय फिल्म जगत में स्थापित कर दी।[66] इस फिल्म को इतने राष्ट्रीय और अन्तर्राष्ट्रीय पुरस्कार मिले कि इसके निर्देशक सत्यजीत राय की गणना विश्व चोटी के फिल्मकारों में होने लगी। यह फिल्म कलात्मकता और मानवीयता की दृष्टि से विश्व की सर्वश्रेष्ठ फिल्मों से एक है। इसे 1955 में राष्ट्रपति का स्वर्ण पदक प्रदान किया गया।[67] 1956 के कान्स फिल्म समारोह में, इसे "सर्वश्रेष्ठ मानवीय दस्तावेज" का पुरस्कार मिला।[68] इसके अतिरिक्त इसे मनीला फिल्म समारोह 1956, सानफ्रांसिस्को फिल्म समारोह 1957, वेंकूवर (कनाडा) फिल्म समारोह 1958 में भी पुरस्कृत किया गया।[69] स्ट्राफोर्ड (कनाडा) फिल्म समारोह, 1958 में इसे "सर्वश्रेष्ठ फीचर फिल्म" का पुरस्कार मिला।[70] एक्रोआर्ट्स थियेटर्स, न्यूयार्क 1959 में तथा "नेशनल बोर्ड आफ रिव्यू, यू० एस० ए०" ने 1957 में इस फिल्म को पुरस्कृत किया।[71] "पाथेर पांचाली" के निर्माण के बाद, सत्यजीत राय तेजी से फिल्म शिखर की ओर बढ़ते गए। अब तक वे 25 फीचर फिल्मों तथा छः लघु फिल्मों का निर्माण कर चुके हैं। उन्हें पाँच बार डी० लिट् की मानद उपाधि से विभिन्न विश्वविद्यालय सम्मानित कर चुके हैं।[72] उन्हें "दादा साहब फालके पुरस्कार" भी मिल चुका है। अभी हाल ही में, उन पर श्री उतपलेन्दु चक्रवर्ती के निर्देशन

65. करुणा शकर, "पूर्वोक्त पुस्तक", पृ० 67.
66. महेन्द्र मित्तल, "पूर्वोक्त पुस्तक", पृ० 520.
67. पूर्वोक्त।
68. बी० बी० धरप (संकलन कर्ता) "अवार्ड्स वन बाई इण्डियन फिल्म्स एब्रोड" "फिल्मोत्सव 84", (बी० पी० साठे द्वारा संपादित), डायरेक्टोरेट आफ फिल्म फेस्टीवल्स, बंबई, 1984, पृ० 103
69. पूर्वोक्त।
70. पूर्वोक्त।
71. पूर्वोक्त।
72. "माधुरी", हिन्दी सिने पाक्षिक, बम्बई, 7 मार्च 1980, पृ० 48.

में, एक फिल्म "म्यूजिक आफ सत्यजीत राय" भी बनायी गयी है।[73] यह भी श्री राय की संगीत साधना कर दुर्लभ सम्मान है।

19'0 तक निर्मित सत्यजीत राय की प्रमुख फिल्में निम्नलिखित हैं[74]— "अपराजितो" (1956), "अपूर संसार" (1957), "जलसाघर" (1958), "देवी" (1960) "कंचनजंघा" (1961), "महानगर" (1963), "चारुलता" (1964), "कापुरुष ओ महापुरुष" (1965), "नायक" (1966), "तीन कन्या" "अभिमान" तथा "गोपी कायेन बाधा बायेन" (1969) आदि। इनमें से, "चारुलता" फिल्म रविन्द्रनाथ टैगोर की लम्बी कहानी "नष्टनीड" पर आधारित है।

तालिका 7.13 : 1951-70 की अवधि में उल्लखित बंगला फिल्में

क्रमांक	फिल्म	क्रमांक	फिल्म
1	2	1	2
1.	आनन्द मठ	2.	दर्पचूण
3.	दुर्गेश नन्दिनी	4.	खेलधर
5.	कार पाये	6.	शुभदा
7.	पल्ली समाज	8.	महाप्रस्थानेर पथे
9.	परिणीता	10.	भोर हयो अलो
11.	भगवान श्री कृष्ण चैतन्य	12.	पथिक
13.	अनूपमा	14.	पाथेर पांचाली
15.	लोह कपाट	16.	अपराजितो
17.	अपूर संसार	18.	जलसार
19.	सागर संगमे	20.	क्षुधित पाषाण

73. "जनसत्ता", हिन्दी दैनिक, नई दिल्ली, नगर संस्करण, 7 दिसम्बर 1984, पृ० 5.
74. महेन्द्र मित्तल, "पूर्वोक्त पुस्तक", पृ० 520-521.

1	2	1	2
21.	डाक हरकारा	22.	अजांत्रिक
23.	गंगा	24.	निले आकाशेर नीचे
25.	विचारक	26.	चालाचल
27.	देवी	28.	सप्तपदी
29.	सात पाके अन्धा	30.	कंचनजंघा
31.	महानगर	32.	नष्टनीड़
33.	चारुलता	34.	कापुरुष ओ महापुरुष
35.	नायक	36.	सुवर्ण रेखा
37.	तेरो नरदिर परे	38.	दादा ठाकुर
39.	जतु गृह	40.	आरोही
41.	अतिथी	42.	भ्रांति विलाश
43.	उत्तर फाल्गुनी	44.	बेशे श्रावण
45.	प्रीतिनिधि	46.	पुनश्च
47.	गृह दाह	48.	निर्जन सेकते
49.	आकाश कुसुम	50.	अनपुष्ट छन्द
51.	पलाटक	52.	हारा बाजारे
53.	सगीना महतो		

1970 से लेकर वर्तमान समय तक बंगला फिल्म उद्योग ने एक लम्बी यात्रा पूरी की है। 1983 में 49 बंगला फिल्मों को सेंसर बोर्ड ने प्रमाण पत्र दिए थे। 1984 में बंगला फिल्म अभिनेत्री मुनमुन सेन तथा देवा श्री राय को बंगला में देश की फिल्मों में भी नायिका बनने का अवसर मिला। इन दोनों अभिनेत्रियों को बंगला देश की फिल्मों में लेने वाले बंगला देसीय निर्माता श्री एम०

ए० सईद का विचार है कि पश्चिम बंगाल (भारत) तथा बंगला देश को फिल्म निर्माण में संयुक्त प्रयास करने चाहिए। 1984 में बंगला फिल्मोद्योग की समीक्षा करते हुए श्री असीम चक्रवर्ती ने "जनसत्ता" में लिखा है कि "पिछले कई वर्षों से बंगला फिल्में जिस आर्थिक संकट के दौर से गुजर रही हैं, ऐसे में 1984 की बंगला फिल्में टिकट खिड़की में खाली भीड़ इकट्ठा करने में कामयाब हुई हैं। ऐसी फिल्मों में पहला नाम निश्चित रूप से "लाल गोलाप" का लिया जा सकता है। इस फिल्म ने सफलता के मामले में अब तक की बंगला फिल्मों को पीछे छोड़ दिया है। इस फिल्म के अलावा "दादामणि" "पाडावत प्रिया", "मोहनार दिके", "तीन मूर्ती", "पुजारिनी", "गृहयुद्ध", और "शत्रु" आदि फिल्मों ने काफी पैसा बटोरा। लेकिन इस वर्ष प्रदर्शित होने वाली फिल्मों की संख्या कम ही रही। कुल 31 फिल्में रिलीज हुई हैं। "सूर्यसाक्षी", "दुजने" "समर्पिता", "जय पराजय", "दीपार प्रेम", "दादामणि", "अमर गीत", "गृह युद्ध", "विषवृक्ष", "राजेश्वरी", "सागर बलाका", "शिलालिपि", "सीमन्तराम", "लोल गोलाप", "पाड़ावत प्रिया", "पोहनार दिके", "अग्नि शुद्धि", "प्रार्थना", "आंकेल" "अभिषेक", "राशिफल", "तीनमूर्ति", "शोरगुल" "पूजारिनी", "नागदीपारा", "दिये ललिता", "दखल", "प्रगैतिहासिक मां", और "शत्रु" आदि फिल्में रिलीज हुईं। इन 31 फिल्मों में रंगीन फिल्मों की संख्या 20 है। बंगला फिल्मी दुनिया में एक वर्ष में रंगीन फिल्मों की संख्या इतनी अधिक इससे पहले कभी नहीं हुई।[75]

बंगला सिनेमा पर भी सेक्स और हिंसा का दुष्प्रभाव

अपनी उत्कृष्ट और विषय वस्तु की उपयोगिता के लिए प्रसिद्ध बंगला सिनेमा पर भी अब शनैः शनैः सेक्स और हिंसा का दुष्प्रभाव बढ़ता जा रहा है। इस विषय में एक विख्यात फिल्म निर्देशक का कथन है कि —

"पहले बंगला सिनेमा का सबसे जोरदार पहलू उसका भावनाप्रधान विषय होता था। अब पहले जैसी बात बिल्कुल नहीं रही। फिल्म "प्रतिकार" ही की चर्चा की जाये, तो निर्देशक ने सिर्फ इस बात को महत्व दिया है कि फिल्म का हीरो विक्टर बनर्जी अपने परिवार के साथ किए गए जुल्म का बदला कैसे लेता है? या कुछ दूसरी फिल्मों में "खो गये मिल गये" के फार्मूले को ज्यादा से ज्यादा नाटकीय अन्दाज दिया जा रहा है।"[76] ठीक ऐसी ही राय एक प्रसिद्ध

75. प्रसीम चक्रवर्ती, "बंगला फिल्मोद्योग-84 में सफलता मिली", "जनसत्ता", हिन्दी दैनिक, नई दिल्ली, नगर संस्करण, 15 फरवरी 1985, पृ० 5.

76. "बंगाली सिनेमा में भी सेक्स और हिंसा की भरमार", कलकत्ता संवाददाता, "जनसत्ता" हिन्दी, दैनिक, नई दिल्ली, 31 जुलाई 1987, पृ० 5.

बंगला फिल्म निर्माता ने भी व्यक्त की है। उनका कथन है कि "पहले हम लोग किसी नामी लेखक की कहानी लेकर उस पर कड़ी मेहनत करते थे और पटकथा तैयार करते थे लेकिन अब तो ऐसा लगता है कि नये निर्देशक ही फिल्म के कहानीकार और पटकथा लेखक हो गये हैं। ऐसी फिल्मों में न तो पात्रों की पहचान बनाने की तरफ कोई ध्यान दिया जाता है और न ही किसी पात्र की कोई भी घटना दिल और दिमाग को कायल करती है। सारा जोर रोमांस, सेक्स, हिंसा, भड़कीले संगीत और नजरों को पकड़ने वाली फोटोग्राफी पर लगा दिया जाता है। ऐसी फार्मूला फिल्म के लिए निर्देशक को दिमाग लगाने की कोई जरूरत ही महसूस नहीं होगी।[77]

वस्तुतः बंगला फिल्मों में बढ़ती हिंसा और सेक्स को देखते हुए यह प्रतीत होता है कि बंगला फिल्म निर्माण पर भी ऐसे फिलमकार हावी हो गए हैं जिनका अच्छे सिनेमा या सामाजिक उत्तरदायित्व के प्रति लेश मात्र भी समर्पण नहीं है। कलात्मक बंगला फिल्मकार इस स्थिति से चिंतित हो उठे हैं। अब वे "सेक्स और हिंसा" की इस नई लहर के प्रति सार्वजनिक चिंता प्रकट कर रहे हैं। कुछ अच्छे फिलमकारों को चिंता है कि दर्शक भी अब इस प्रकार की भड़कीली फिल्मों में ही रुचि लेने लग गये हैं, ऐसी स्थिति में कोई अच्छी फिल्म बाक्स आफिस पर सफल हो भी कैसे सकती है ? व्यावसायिक सिनेमा के नाम पर लचर बंगला फिल्मों की बाढ़ के प्रति बंगला फिल्म वितरक भी चिंतित हैं। एक वितरक का कथन है कि "ऐसा नहीं है कि पहले बंगाल में व्यावसायिक फिल्में नहीं बनती थीं। आज से दो दशक पहले उत्तम कुमार, सुचित्रा सेन, सावित्री चटर्जी और संध्या राय बंगाल के बेहद लोकप्रिय अदाकार और कलाकार थे। अब तो ऐसा जान पड़ता है कि अदाकार, कलाकार नहीं होता बल्कि कोई लठमार इंसान है। ऐसे वातावरण में गम्भीर सिनेमा के फिलमकार, जैसे गौतम घोष आदि, बंगाली सिनेमा को इस खाई से निकालने के लिए क्या और कितना योगदान दे सकते हैं। क्योंकि आखिर अच्छी फिल्म बनाने वाले दिन प्रतिदिन कम होते जा रहे हैं और लचर फिल्मों की बहार आ गई है।"

लेकिन "हिंसा और सेक्स" की इस लहर के लिए बंगला सिनेमा को ही एक मात्र दोषी नहीं ठहराया जा सकता। वस्तुतः यह राष्ट्रव्यापी लहर है जिससे पूरा भारतीय सिनेमा ही बुरी तरह से ग्रस्त है, और इस लहर से

77. पूर्वोक्त।

दुष्प्रभाव से बचने का प्रयत्न भारतीय फिल्मोद्योग को सामूहिक रूप से राष्ट्रीय स्तर पर ही करना होगा।

वस्तुतः बंगला फिल्मों का भविष्य काफी उज्ज्वल है। पश्चिम बंगाल सरकार भी फिल्म उद्योग के विकास के प्रति जागरूक है। फिल्म निर्माताओं को अनुदान देने के साथ ही, राज्य सरकार स्वयं फीचर व बाल बंगला फिल्मों का निर्माण कर रही है। बंगला फिल्मों का भविष्य राज्य सरकार के सहयोग पर काफी हद तक निर्भर है।

उड़िया फिल्में

उड़ीसा की मुख्य भाषा उड़िया है। श्री मोहन सुन्दर गोस्वामी की फिल्म "सीता विवाह" जिसका निर्माण 1936 में हुआ था, उड़िया भाषा की पहली फिल्म मानी जाती है।[78] इसके बाद, लगभग एक दशक तक कोई उल्लेखनीय उड़िया फिल्म नहीं बनी।

तालिका 7.14 : 1950-66 की अवधि में निर्मित प्रमुख उड़िया फिल्में

क्रमांक	वर्ष	फिल्म
1	2	3
1.	1950	श्री जगन्नाथ
2.	1951	रोल्स टू एण्ड ऐट
3.	1951	सप्त सत्य
4.	1952	आ मरी गान झुआ
5.	1954	केदार गौरी
6.	1955	भाई भाई
7.	1958	शष्टि
8.	1958	प्रीतिभा
9.	1959	मां

78. "फिल्मफ़ेयर", अंग्रेजी सिने साप्ताहिक, बम्बई, 13 नवम्बर 1964, पृ० 28.

1	2	3
10.	1959	महालक्ष्मी पूजा
11.	1960	श्री लोकनाथ
12.	1961	नुआ बोउ
13.	1961	परिणामो
14.	1961	दास्या रत्नाकारो
15.	1961	जयदेव
16.	1962	श्री पतित पावन
17.	1962	माणिक ज्योति
18.	1962	लक्ष्मी
19.	1962	सूर्यमुखी
20.	1963	नारी
21.	1963	जीवन साथी
22.	1964	साधना
23.	1966	मतीरा मनीशा

इस अवधि में निर्मित उड़िया फिल्मों में से, "साधना" को 1964 में राष्ट्रपति का रजत पदक तथा "मतीरा मनीशा" को 1966 के लिए राष्ट्रपति का रजत पदक प्रदान किया गया था।[79] तब से विगत बीस वर्षों में, उड़िया फिल्म उद्योग ने काफी प्रगति की है। 1983 में 12 उड़िया फिल्में तथा 1984 में 14 फिल्में सेंसर द्वारा स्वीकृत की गयीं।[80] उड़िया फिल्म उद्योग को लगभग पचास वर्ष पूर्ण हो चुके हैं। राष्ट्रीय फिल्म विकास निगम भी उड़िया

79. महेन्द्र मित्तल, "पूर्वोक्त पुस्तक", पृ० 542.

80. "स्क्रीन", अंग्रेजी सिने साप्ताहिक, बम्बई, 18 जनवरी 1985, पृ० 11.

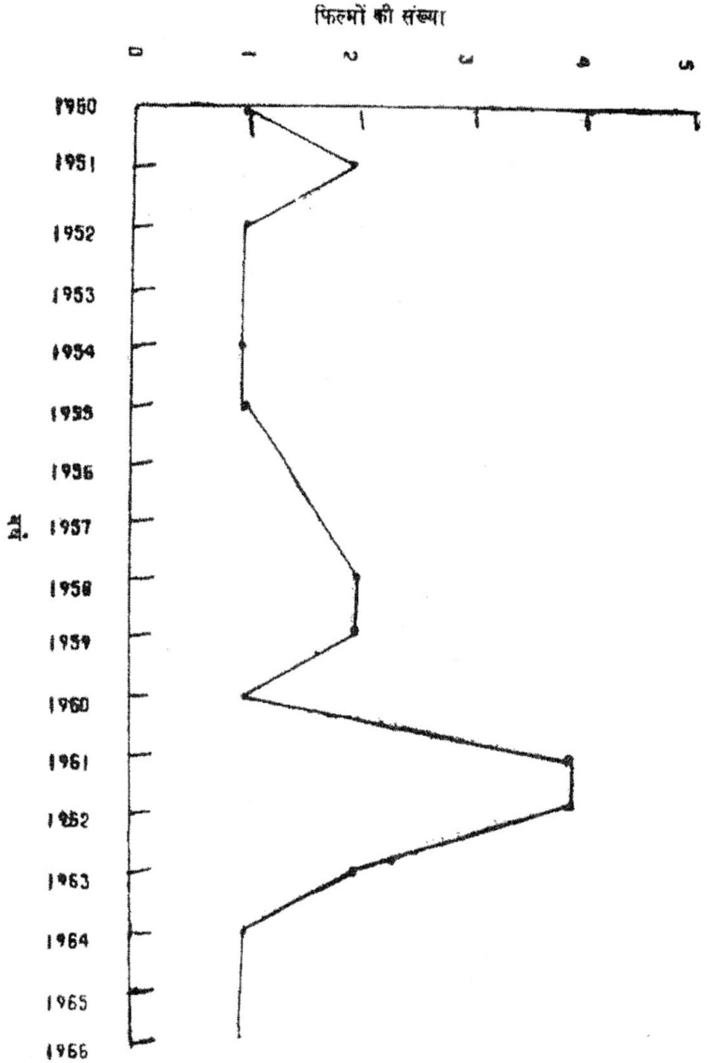

रेखाचित्र 7.12 : 1950-66 की अवधियों में प्रत्येक वर्ष के अनुसार निर्मित प्रमुख उड़िया फिल्मों की संख्या।

फिल्म उद्योग के विकास के बारे में दिलचस्पी ले रहा है।[81] उड़िया फिल्म विकास निगम भी राज्य में उड़िया फिल्मों के निर्माण को प्रोत्साहित कर रहा है।[82]

राज्य सरकार के सक्रिय सहयोग से कई फिल्म निर्माता उड़िया फिल्मों के निर्माण क्षेत्र में दिलचस्पी ले रहे हैं। उड़िया में थियेटरों की कमी है, यदि राज्य सरकार इस ओर ध्यान दे तो जनता को अधिकाधिक उड़िया फिल्में देखने को मिल सकती हैं।

असमी फिल्में

असमी फिल्म उद्योग का इतिहास काफी संक्षिप्त है। अधिकतर असमी फिल्में कलकत्ता में ही बनती हैं। 19:5 में निर्मित "जोगमति" फिल्म असमी

---

81. इस सम्बन्ध में "स्क्रीन" के एक स्तम्भ लेखक ने लिखा है कि

"There was a time, less than two decades ago, when the growth of Orissa's regional film industry was, unto most, no more than a pipe dream. A sophisticated film heretic's look at the Oriya cinema was supposed to lend him the notion that whatever the small states's other big strides in other areas, the concept of the 'Oriya films' growth and expension on lines of industrial self sufficiency and as a contributory factor the the total image of the Indian cinema was bound to take a long period for its mature rearing, if it all its was a feasible proposition.

Not that as an industry, Oriya films havs already achieved a major status. But what is truly amazing about it is the fact of the high hopes it has already engendered in the minds of the people of Orissa in course of the last few years about its rich artistic and industrial potentiality alongwith the fostering care and attention it has won on its own merit from the National Film Dev 'elopment Corporation. The Corporation accorded, to this year's golden jubilee celebrations wonderful co-operation and help that proved a great incentive to the organisers."

—"गोल्डन जुबिली आफ उड़िया सिनेमा—ए लेण्डमार्क इन दि ईस्टर्न इण्डस्ट्री" (फिल्म मैन्स फोलियो कालम बाई० एन० के० जी०), "स्क्रीन", अंग्रेजी सिने साप्ताहिक, बम्बई, 27 जुलाई, 1984, पृ० 16.

82. उड़ीसा फिल्म विकास निगम के विषय में, "स्क्रीन" के स्तम्भ लेखक का मत है कि

"The OFDC was thus the state Government's brainchild and the organisation was now engaged in its ceaseless and almost round the clock activity in the process of materialisation of the State Government's pet scheme to rear the state film industry in significance so as to take its rightful place in the sphere of Orissa's all-round national, social and economic growth."

भाषा की प्रथम फिल्म थी।[83] इसका निर्माण चित्रकला मूवीटोन, कलकत्ता ने किया था।[84]

तालिका 7.15 : 1939-62 की अवधि में निर्मित प्रमुख असमी फिल्में

क्रमांक	वर्ष	फिल्म
1	2	3
1.	1939	इन्द्र मालती
2.	1941	मनोमती
3.	1948	शिराज
4.	1949	विप्लवी कृष्ण
5.	1949	प्रघटप्राज्ञ ज्योतिष
6.	1953	रुनीमी दिन
7.	1954	सती बेउला
8.	1955	फियोल फुकन
9.	1955	नीमिला आंखें
10.	1956	एरा बतौर सुर
11.	1956	स्मृतिर पारश
12.	1956	लखीमी
13.	1956	सरापत
14.	1957	घुमुह
15.	1957	माक अरु मौरम
16.	1957	नूतन पृथवी

83. "फिल्मफेयर", अंग्रेजी तिने साप्ताहिक, बम्बई, 22 मार्च 1963, पृ० 35.
84. पूर्वोक्त।

1	2	3
17.	1958	रोंगा पुलिस
18.	1959	पुवेरण
19.	1959	चाक नैयया
20.	1962	शकुन्तला

वित्तीय साधनों की कमी, अभी भी अच्छी असमी फिल्मों के निर्माण में बाधक है।[85] अगर राज्य सरकार फिल्म निर्माताओं को अनुदान और कम ब्याज पर ऋण उपलब्ध कर सके, तो असमी फिल्मों का निर्माण बढ़ सकता है। 1984 में सिर्फ पांच असमी लिल्मों का ही निर्माण हुआ।

पश्चिम भारतीय भाषाओं की फिल्में

महाराष्ट्र और गुजरात भारत के पश्चिमी भूभाग में स्थित दो प्रमुख राज्य हैं। मराठी और गुजराती भाषाएं क्रमश: महाराष्ट्र और गुजरात की प्रमुख भाषाएं हैं। मराठी और गुजराती फिल्मोद्योग कई क्षेत्रीय भाषाओं के अपेक्षाकृत काफी उन्नतशील है, इनका विवरण इस प्रकार है—

मराठी फिल्में

प्रभात फिल्म कम्पनी, पूना द्वारा 1932 में निर्मित फिल्म "अयोध्या का

85. इस सम्बन्ध में श्री प्रदीप विश्वास ने स्क्रीन में लिखा है कि

"………The new crop of film makers cannot produce good films in the absence of proper finance. No business magnate is willing to dole out money to these film-makers who desire to do something good for the people of Assam. Thus, while national awards had inspired the band, lack of finance has crippled them. Atul Bordoloi, Dr. Saikia, Padum Burua and Monoranjan Sur are all victims of financial scarcity. Even the Assam financial Corporation, the expected saviour of good cinema, has failed to prop these socially aware film-makers."

प्रदीप विश्वास, "असमीज सिनेमा लेक्स लीडरशिप", "स्क्रीन", अंग्रेजी सिने साप्ताहिक, बम्बई, 4 जनवरी 1985, पृ० 14.

राजा" प्रथम मराठी फिल्म मानी जाती है।[86] इसके बाद मराठी सिनेमा काफी प्रगति कर चुका है।

तालिका 7.16 : 1932-66 की अवधि में निर्मित प्रमुख मराठी फिल्में

क्रमांक	वर्ष	फिल्में
1	2	3
1.	1932	अयोध्या का राजा
2.	1932	श्याम सुन्दर
3.	1932	सन्त सखु
4.	1933	सिंहगढ़
5.	1935	विलासी ईश्वर
6.	1936	छाया
7.	1937	कनकु
8.	1937	दुनिया न माने
9.	1937	भक्त दामाजी
10.	1937	गंगावतरण
11.	1938	ब्रह्मचारी
12.	1938	गोपाल कृष्ण
13.	1939	भगवा झण्डा
14.	1939	बराण्डोवी
15.	1939	नेताजी पलकर
16.	1940	अर्द्धांगिनी

86. महेन्द्र मित्तल, 'पूर्वोक्त पुस्तक", पृ० 547.

1	2	3
17.	1940	देवमानी
18.	1940	सन्त ध्यानेश्वर
19.	1941	घर जमाई
20.	1942	बसन्त सेना
21.	1943	पैसा बोलतो अहे
22.	1943	राम राज्य
23.	1944	भक्तिचा माला
24.	1944	रामशास्त्री
25.	1946	रुक्मिणी स्वयंवर
26.	1947	जय भवानी
27.	1947	राम जोशी
28.	1947	जय मल्हार
29.	1948	बलिदान
30.	1948	भाग्य रेखा
31.	1948	मोरुची माउसी
32.	1948	बन्दे मातरम
33.	1949	ब्रह्म घोटाला
34.	1949	मीत माखर
35.	1949	मानाचे पान
36.	1949	सन्त जनाबाई
37.	1949	सन्त नामदेव

1	2	3
38.	1950	गोकुलचा राजा
39.	1950	कल्याण खजिना
40.	1950	क्रान्ति वीर वसुदेव बलवन्त
41.	1950	सोन्याची लंका
42.	1950	बंशाचा दिवा
43.	1951	अमर भुपाली
44.	1951	परिजातक
45.	1951	स्वाराज्याचा शिलेदर
46.	1952	पंडगोआंचे शाहने
47.	1952	लाखाची गोश्ता
48.	1952	छत्रपति शिवाजी
49.	1952	मायेचा पाजार
50.	1953	वहिनिच्या बंगद्या
51.	1953	महात्मा
52.	1953	सौभाग्य
53.	1954	ओन पाउस
54.	1954	महारानी येशुबाई
55.	1954	महात्मा फुले
56.	1954	झंझावत
57.	1955	गंगेत घोडे नहाले

1	2	3
58.	1955	पुणवेची रात
59.	1956	मुलगा
60.	1956	देवधर
61.	1956	मे तुलास तुझाया अंगानी
62.	1957	गृह देवता
63.	1957	देवाजागा आहे
64.	1961	कन्या दान
65.	1962	मानिनी
66.	1962	वैजयन्ता
67.	1963	प्रपंच
68.	1963	माजा होसिल का
69.	1864	रंगल्या रात्री अशा
70.	1965	पाठलाग
71.	1965	छोटा जवान
72.	1965	पडछाया
73.	1965	काय हो चमत्कार
74.	1965	पांहू रे किती बाट
75.	1965	सुखा ची चावली
76.	1965	थोरा तांची कमला
77.	1965	वैसाख वण्वा

1	2	3
78.	1966	तोचि साधु ओलखावा
79.	1966	शेरास सवा सेर
80.	1966	शेंटबया मालुसरा
81.	1966	केला इशारा जाता जाता
82.	1966	पवन कंठचा

1962 के उपरान्त से अब तक का काल, मराठी फिल्मों के उच्च स्तर तथा विकास का काल है। वी० शान्ताराम का नाम मराठी फिल्मोद्योग के इतिहास में सदा अमर रहेगा। उन्होंने मराठी फिल्मों को उच्च कलात्मक स्तर प्रदान किया। बाक्स आफिस की सफलता की दृष्टि से, वर्तमान समय में, मराठी फिल्मों के अमिताभ बच्चन "दादा कोंडके" की फिल्में सर्वाधिक सफल रही हैं। 1984 में, 25 मराठी फिल्मों को सेंसर प्रमाण पत्र मिले जबकि 1983 में यह संख्या 20 थी।[87] महाराष्ट्र सरकार ने मराठी फिल्मोद्योग के विकास के लिए, "कोल्हापुर चित्रनगरी महामण्डल" के नाम से एक पृथक निगम की स्थापना का निर्णय लिया है।[88] इससे कोल्हापुर फिल्म नगरी, मराठी फिल्मोद्योग का एक प्रमुख केन्द्र बन सकेगी।

महाराष्ट्र सरकार, 'माराठी फिल्मोद्योग" के विकास के लिये फिल्म निर्माताओं को हर प्रकार का सहयोग देती है। महाराष्ट्र में, मराठी फिल्मों पर मनोरंजन कर की छूट मिल जाने के कारण मराठी फिल्में अच्छी आय भी कमा लेती हैं। सब मिलाकर, मराठी फिल्मोद्योग का भविष्य उज्ज्वल है।

गुजराती फिल्में

गुजराती फिल्मों का प्रारम्भ श्री चिमन लाल बी॰ देसाई की फिल्म "नरसी मेहता" से 1932 से माना जाता है।[89] तब से 1962 तक की अवधि में अनेक उल्लेखनीय गुजराती फिल्में बनी हैं।

87. "स्क्रीन', अंग्रेजी सिने साप्ताहिक, बम्बई, 18 जनवरी 1985, पृ० 11.
88. पंडित शिम्पी, "सेपरेट कारपोरेशन फार कोल्हापुर फिल्म सिटी", "स्क्रीन", अंग्रेजी सिने साप्ताहिक, बम्बइ, 22 फरवरी 1985, पृ० 17.
89. महेन्द्र मित्तल, "पूर्वोक्त पुस्तक", पृ० 555.

तालिका 7.17 : 1932-52 की अवधि में निर्मित प्रमुख गुजराती फिल्में

क्रमांक	फिल्म	क्रमांक	फिल्म
1.	नरसी मेहता	2.	सती सावित्री
3.	संसार लीला	4.	घर जमांई
5.	दो खरब जन	6.	अछूत
7.	राणक देवी	8.	बहारवतियो
9.	भक्त अम्बरीब	10.	भक्त सूरदास
11.	कृष्ण सुदामा	12.	मीराबाई
13.	सती जस्मा	14.	गुणासुन्दरी
15.	मंगल फेरा	16.	गाडानो बेल
17.	अजामिल	18.	भाई बहन
19.	गांधी जी	20.	जोगीदास खुमाण
21.	जीवन पलटो	22.	जय रणछोड़
23.	जेसेल तोरल	24.	कार्यावार
25.	ननद भोजाई	26.	सती सोन
27.	सत्यवादी हरीशचन्द्र	28.	सवाकी मां
29.	पृथ्वी वल्लभ	30.	भक्त पुण्डलिक
31.	गुणियाल गुजरातण	32.	माहात्मा मूलदास
33.	राजा भृतहरि	34.	सत्यवाण सावित्री
35.	सीता वणवास	36.	वेवीशाल
37.	अखण्ड भण्डम	38.	शरद पूणम
39.	वणा बाप	40.	कन्यादान
41.	लग्न-बन्धन	42.	मंगलसूत्र
43.	मगुणी मासी	44.	नाग देवता
45.	विधाता	46.	सती अनालदे
47.	मेंहदी रंग लायो	48.	नन्दनवन

तब से वर्तमान काल तक गुजराती फिल्मोद्योग में काफी प्रगति की है। गुजरात सरकार गुजराती फिल्मों को हर प्रकार का सहयोग देती है। प्रसिद्ध गुजराती फिल्म निर्माता निर्देशक श्री राम बोहरा ने लेखक को भेंटवार्ता (बम्बई) में बतलाया था कि गुजरात में प्रत्येक गुजराती फिल्म के पहले आठ प्रिन्टों पर मनोरंजन कर माफ है।[90] इसी कारण, कई ऐसे फिल्म निर्माता व कलाकार जो हिन्दी फिल्मोद्योग में सफल नहीं हो पाते, गुजराती फिल्मोद्योग में चले जाते हैं। आजकल अहमदाबाद और बड़ौदा (बड़ोदरा) में भी गुजराती फिल्में बनती हैं। 1984 में 30 गुजराती फिल्में सेंसर द्वारा स्वीकृति हुईं, जबकि 1983 में संख्या 27 थी।[91]

अन्य भाषाओं की फिल्में

उपरोक्त क्षेत्रीय भाषाओं के अलावा भोजपुरी, पंजाबी, हरियाणवी, सिंधी, ब्रजभाषा आदि में भी फिल्में बनी हैं और अपने-अपने क्षेत्र में दर्शकों द्वारा पसंद की गयी हैं।

भोजपुरी वस्तुतः हिन्दी की ही एक बोली है और बिहार राज्य में बोली जाती है। निर्देशक श्री कुन्दन कुमार ने, 1963 में प्रथम भोजपुरी फिल्म "गंगा मइया तोहे पियरी चढ़इबो" बनायी थी।[92] इस फिल्म की व्यावसायिक सफलता से प्रभावित होकर कई भोजपुरी फिल्में बनायी गयीं। जिनमें से, "लागी नहीं छूटे राम", "नेहर छुटल जाये", "बलमा बड़ा नादान" "कब हाइहें गवनवा हमारा" "जेकरा चरनवा में लमले परनवा", "सीता मइया" "संइया भइले मिलनवा" "नाग पंचमी" "हमारा संसार" "भौजी" "लोहा सिंह" "बिधना नाच नचवे" "सोलह सिंगार करे दुल्हनियां" "गंगा" "बिदेसिया" "कब अइहैं सजनवा हमार" आदि प्रमुख भोजपुरी फिल्में हैं।

भोजपुरी फिल्मों के एक कलाकार राकेश पांडे ने इन फिल्मों की विशेषताओं के सम्बन्ध में कहा है कि "भोजपुरी फिल्मों का दर्शक फिल्म में आत्मीयता महसूस कर सके, अतः जरूरी हो जाता है कि वहां का रहन सहन, पहनावा, तौर तरीके, यहां तक कि मकान वगैरह हूबहू वैसे ही लगें, जैसे कि इस क्षेत्र में होते हैं।

90. राम अवतार अग्निहोत्री, "फिल्म निर्माता दिग्दर्शक श्री राम बोहरा के निर्भीक विचार (भेंटवार्ता)", "क्रास एग्जामिनेशन", हिन्दी साप्ताहिक, बम्बई, 1 दिसम्बर 1978, पृ० 9.

91. "स्क्रीन", अंग्रेजी सिने साप्ताहिक, बम्बई, 18 जनवरी 1985, पृ० 11.

92. पूर्वोक्त, पृ० 14.

भोजपुर एक रसिक इलाका है। यहां की संस्कृति में शृंगार रस का विशेष महत्व है।" 1984 में 9 भोजपुरी फिल्में सेंसर द्वारा पास हुईं।

पंजाबी भाषा की आरम्भिक फिल्में "हीर रांझा" (1932)[93] "जुल्मे कंस" "मिर्जा साहिबा" (1933) आदि मानी जाती हैं। तब से अब तक अनेक पंजाबी फिल्मों का निर्माण हो चुका है। एक पंजाबी फिल्म "नानक नाम जहाज है" की काफी सराहना की गयी थी। लगभग सभी पंजाबी फिल्में मनोरंजन प्रधान होती हैं।

हरियाणवी भाषा की फिल्म "चन्द्राबल" ने कई ऐतिहासिक कीर्तिमान स्थापित किये हैं।[94] इस फिल्म की सफलता से प्रभावित होकर कुछ हरियाणवी फिल्में "लाड्डो बसन्ती"[95] "छोरा जाट का"[96] "के सपने का जिकर"[97] तथा "छोरा हरियाणा दा"[98] के निर्माण की घोषणा की गयी। सिंधी भाषा की पहली फिल्म निर्माता बिहारी मसन्द की "अबाणा" थी।[99] इसके बाद "झूले लाल" "आहे न आहे" "लाडली" "सिंधुअ जे किनारे" "होजमाले" तथा "अंत्रा त मानदिड़ी अहियां" आदि फिल्मों का निर्माण हुआ।[100] लेकिन व्यावसायिक दृष्टि से सिंधी फिल्मोद्योग भारत में अभी तक पनप नहीं पाया है। ब्रजभाषा की पहली फिल्म "ब्रजभूमि" ने पश्चिमी उत्तर प्रदेश, पूर्वी राजस्थान तथा हरियाणा के कुछ भागों में अच्छी सफलता प्राप्त की है। इसके निर्माता-

---

93. "फिल्मफेयर", अंग्रेजी सिने साप्ताहिक, बम्बई, 22 मार्च 1963, पृ० 25.

94. देवी शंकर प्रभाकर, "लाड्डो बसन्ती एक मील पत्थर होगी", "पंजाब केसरी", हिन्दी दैनिक, दिल्ली, 1 दिसम्बर 1984, नगर संस्करण, पृ० एक।

95. पूर्वोक्त।

96. सुन्दर, "एक और हरियाणवी फिल्म "छोरा जाट का", "पंजाब केसरी", हिन्दी दैनिक, दिल्ली, 15 सितम्बर 1984, नगर संस्करण, पृ० एक।

97. विद्यासागर (समीक्षक), "हरियाणवी फिल्म" के सपने का जिकर", "पंजाब केसरी", हिन्दी दैनिक, दिल्ली, 8 दिसम्बर 1984, नगर संस्करण, पृ० एक।

98. "स्क्रीन", अंग्रेजी सिने साप्ताहिक, बम्बई, 22 फरवरी 1985, पृ० 19.

99. उत्पेन श्याम, "सिंधी फिल्में-मंजिल अभी दूर है" "दैनिक नवज्योति" हिन्दी, अजमेर, 1 अप्रैल 1984, नगर संस्करण, रविवारीय परिशिष्ट, पृ० 7.

100. पूर्वोक्त।
(1947 में देश विभाजन के बाद, सिंध प्रदेश, पाकिस्तान से बड़ी संख्या में शरणार्थी भारत आये। ये सिन्धी शरणार्थी अधिकांशत: बम्बई राजस्थान तथा मध्य प्रदेश में बस गये। इसके अतिरिक्त कुछ विद्वान कच्छ बोली को भी सिंधी भाषा की ही बोली मानते है। अत: पूर्वोक्त फिल्में इन क्षेत्रों में लोकप्रिय रहीं।)

निर्देशक श्री शिव कुमार है।[101] इस फिल्म की सफलता से प्रभावित होकर अन्य फिल्मकार भी ब्रजभाषा में फिल्म निर्माण की ओर आकर्षित हुये हैं।

इनके अतिरिक्त राजस्थानी, नेपाली, मणिपुरी, कश्मीरी, गढ़वाली, खासी तुल, आदि अन्य क्षेत्रीय एवं आंचलिक भाषाओं में भी फिल्म निर्माण के कुछ प्रयास हुये हैं लेकिन वे अभी प्रथमावस्था में ही हैं।

निष्कर्ष

भारत में, क्षेत्रीय और आंचलिक भाषाओं की फिल्में हिन्दी की फिल्मों की भांति ही लोकप्रियता प्राप्त करती हैं। कुछ प्रमुख क्षेत्रीय भाषाओं की फिल्में तो अपनी गुणवत्ता में हिन्दी फिल्मों से काफी आगे हैं। वस्तुत: हिन्दी फिल्मोद्योग को क्षेत्रीय व आंचलिक भाषायी फिल्मोद्योग को अपना प्रतिद्वन्द्वी न मानकर, पूरक ही मानना चाहिये। हिन्दी और गैर हिन्दी फिल्मों में स्वस्थ प्रतियोगिता हो, देश का कल्याण इसी में निहित है।

आचलिक फिल्मों का महत्व इस दृष्टि से भी नकारा नहीं जा सकता है कि इन्होंने स्थानीय ग्रामीण संस्कृति को संरक्षण प्रदान करने में महत्वपूर्ण भूमिका अदा की है। भारत जैसे विविधता पूर्ण देश में यह आवश्यक है कि स्थानीय बोलियां भी पूर्ण गरिमा सहित विकसित हो सकें। आंचलिक सिनेमा उन्हें विकास का पूर्ण अवसर प्रदान करता है। आंचलिक सिनेमा के विकास से हिन्दी सिनेमा को अधिक विकास का अवसर अवसर मिल सकेगा, क्योंकि भोजपुरी राजस्थानी, हरियाणवी तथा ब्रज आदि आचलिक भाषाओं के निर्माता, निर्देशक, कलाकार आदि हिन्दी सिनेमा से भी सम्बन्धित हैं।

स्थानीय जनता तक सामाजिक-राजनीतिक जागृति की भावना को पहुंचाने में क्षेत्रीय व आंचलिक सिनेमा महत्वपूर्ण भूमिका अदा कर रहा है। इस तथ्य से इन्कार नहीं किया जा सकता है।

101. ईश्वर सिंह बैस, "ब्रजभाषा की पहली फिल्म ब्रजभूमि" "साप्ताहिक हिन्दुस्तान", नई दिल्ली, 8 अगस्त 1982, पृ० 32.

अध्याय अष्टम

उपसंहार

जनसंचार, संस्कृति और फिल्में

राजनीति और संस्कृति में घनिष्ठ सम्बन्ध है। किसी भी देश की राजनीति जिन विभिन्न माध्यमों से प्रभावित होती है, उनमें से संस्कृति भी एक है। संस्कृति विभिन्न कलाओं के माध्यम से अभिव्यक्त होती है और यह हम जानते ही हैं कि इन विभिन्न कलाओं में फिल्म कला सर्वाधिक सशक्त "दृश्य श्रव्य माध्यम है।" तकनीकी के विकास ने कलाओं को नये आयाम दिये हैं और इस प्रकार इसने संस्कृति को विभिन्न नवीन रूप प्रदान कर "सांस्कृतिक व राजनीति" को भी प्रभावित किया है।

तकनीकी, फिल्म कला और संस्कृति

तकनीकी के विस्फोटक विकास के इस युग में संस्कृति को, विशेषतः सृजनात्मक अभिव्यक्ति के पारम्परिक माध्यमों को, कुछ ऐसे विचारणीय प्रश्नों के सम्मुख ला खड़ा किया है, जिनके समाधान के बिना "संस्कृति मूल्य" की रक्षा ही संभव नहीं हैं। वस्तुतः नयी और निरन्तर परिवर्तनशील प्राविधिकी ने हमारी समस्त कलाओं में रचना की परिस्थितियों सहित समस्त परिप्रेक्ष्य को ही बदल दिया है। पुरातन विचार-बोध, संवेदना और रीति-रिवाज, विभिन्न कलाओं में सृजनात्मक या उनका आस्वादन अब चिरकाल तक सम्भव नहीं हो सकेगा। न सिर्फ अनेक तकनीकी आधारित कलारूप प्रगट होकर पुरानी विधाओं को अपदस्थ करते दिखायी देते हैं। बल्कि पारम्परिक कला रूपों में ही विभिन्न प्रकार के ऐसे परिवर्तन हो रहे हैं जिन्हें भलीभांति समझे और उनकी सीमाओं

और सम्भावनाओं को पहचाने बिना उनका अनुशीलन दुष्कर होता जायेगा। समकालीन कला जगत पर दृष्टि डालने से इस सत्य का अनुमान हो सकता है। साहित्य में इस स्तर पर, चित्रकथा, रेडियो, नाटक, दूरदर्शन नाटक, धारावाहिक, फिल्म आलेख आदि नये भाषायी माध्यम पुराने साहित्यकारों को चुनौती देते प्रतीत होते हैं। दूसरे स्तर पर कम मूल्य के पेपरबैक संस्करणों, वीडियो कैसेटों, माइक्रोफिल्मों तथा कम्प्यूटरों के कारण लेखक की निजी भाषा एवं शिल्प का स्वरूप भी बदलने लगा है। साथ ही यदि पुस्तकों से पाठकों का रिश्ता टूट नहीं रहा है, तो भी ढीला तो हो ही रहा है। पुस्तकों के निरन्तर बढ़ते मूल्यों के कारण पाठकों की संख्या में गिरावट होती प्रतीत होती है। रूपकर कलाओं में छपाई और अनुकृति की नयी और अत्यधिक विकसित पद्धतियों से, सामग्री और माध्यमों की बढ़ती हुई विविधता और सूक्ष्मता से, कलाकृतियों की अनन्यता ओर अद्वितीयता तो कम हो ही रही है, इसके अतिरिक्त रंगीन फोटोग्राफी की क्षमता बढ़ जाने से वीडियो कैसेटों पर एक साथ अनेक कलाकृतियों का साधारण जन के लिये सहज सुलभ होना सम्भव हो गया है।

प्रदर्शनकारी कलाओं में स्थिति अत्यन्त भयप्रद है। ध्वनि अंकन की तकनीकी में अभूतपूर्व परिवर्तन से संगीतकार का रिश्ता एक ओर अपने माध्यम, अर्थात कंठ या साज से, संगीत के प्रस्तुतीकरण की शैली से और दूसरी ओर, अपने श्रोता से तेजी के साथ बदल रहा है। आवाज का बुलंद और पाटदार होना अब उतना अनिवार्य नहीं रहा। इसके साथ ही, अब स्वरों के सूक्ष्म से सूक्ष्म अन्तर भी संवेदनशील ध्वनियन्त्र पर मुद्रित हो जाते हैं, जिन्होंने गायक और वादक दोनों को ही एक विशेष प्रकार से चौकन्ना कर दिया है। वे स्वरों की सूक्ष्मता के स्थान पर तीव्रता और फैलाव पर ध्यान देने के लिये प्रेरित होने लगे हैं, जिस कारण अलाप या तानों की बारीक अदाकारी में स्तरों की विच्युति मुद्रित न हो जाये। श्रोता के लिये भी कलाकार के सामने बैठकर सुनना उतना जरूरी नहीं रहा। अपने निजी कक्ष के एकान्त में अपनी इच्छानुसार संगीत का आनन्द लेकर अधिक सुविधाजनक है। श्रोता के स्तर पर एक और नयी परिस्थिति पैदा हुई है। एकाधिक साज पर आधारित पश्चिमी वाद्य संगीत या पाप या दूसरा कंठ संगीत, जटिल व सूक्ष्म रिकार्डरों, डेकों पर तार स्वर या अधिक वाल्यूम में सुनना ही अच्छा लगता है या पसन्द किया जाता है। मगर ठीक उसी प्रकार से भारतीय शास्त्रीय संगीत को सुनना सम्भव नहीं है। इसका प्रभाव शास्त्रीय संगीतकारों द्वारा रागों के चुनाव, प्रस्तुती की पद्धति और शैली पर भी पड़ रहा है। एक तरह से श्रोता-निरपेक्षता भी संगीत के स्वरूप को धीरे-धीरे बदल रही है। शास्त्रीय संगीत में मनमाने ढंग से नये नये राग बनाये जा रहे

हैं और पुराने रागों की शक्ल धुंधली पड़ती जा रही है। लोक संगीत तो रिकार्डिंग की सुविधा के कारण अपना आँचलिक चरित्र विशेष सौन्दर्य और पृथक आस्वाद ही खोता जा रहा है। अक्सर यह पहचानना कठिन हो जाता है कि एक धुन में कितनी और कौन-कौन-सी धुनों की मिलावट है। यही नहीं, तमाम प्रकार का लोकप्रिय संगीत-पाश्चात्य और स्वदेशी इतनी अधिक मात्रा में और व्यावसायी संस्थानों के दबाव के कारण इतनी सहजता से सुलभ हो चुका है कि आम भारतीय श्रोता का संगीत बोध एक नयी ही सूरत और रंगत ग्रहण कर रहा है।

नृत्य की स्थिति भी ठीक ऐसी ही है। यद्यपि वीडियो-मुद्रण का अभी बहुत व्यापक प्रचार-प्रसार नहीं हो पाया है, पर दूरदर्शन पर प्रस्तुतीकरण ने नृत्य की शैली, अवधि और विभिन्न अंगों या पक्षों के चुनाव पर असर डालना शुरू कर दिया है। शास्त्रीय कलायें लम्बे प्रशिक्षण और अभ्यास की मांग करती हैं। पारम्परिक पद्धतियों से सीखा हुआ नृत्यकार बड़ी अवधि तक नाचते रहने के लिये अपने शरीर को तैयार करता है और तैयार रखता है। किन्तु दूरदर्शन के छोटे-छोटे कार्यक्रमों से उस तरह के अभ्यास की आवश्यकता कम होते जाने का और निरन्तर साधना के स्थान पर एक तरह की तात्कालिकता पर आग्रह बढ़ते जाने का खतरा है। भारत के शास्त्रीय नृत्यों की प्रकृति मूलतः एकल प्रदर्शन की है। उन्हें किसी भी अवसर पर स्त्री-पुरुषों के एकाधिक युगल सहज ही प्रस्तुत नहीं कर सकते। पर पश्चिमी संस्कृति और जीवन-पद्धतियों से बढ़ते हुए सम्पर्क के कारण शहरों में पश्चिमी शैली के युगल पर सामूहिक नृत्यों का चलन युवा वर्ग में बढ़ रहा है, जिसमें वीडियो अथवा ध्वनि कैसेट पर सहज ही उपलब्ध संगीत और नृत्य का बड़ा हाथ है। इस रूझान का असर शास्त्रीय नृत्य के प्रचार प्रसार और विशेषतः उसके स्वरूप पर पड़ना अनिवार्य है।

इसके साथ ही, ग्रामीण अंचलों के या आदिवासी समुदाय के लोकनृत्य फिल्म और दूरदर्शन जैसे नये संचार माध्यमों में तरह-तरह के अन्य मनोरंजक कार्यक्रमों के उपलब्ध हो जाने के कारण, अपना आकर्षण खोते जा रहे हैं। बड़े पैमाने पर सहकारी आयोजनों और विदेशों में होने वाले उत्सवों में आमंत्रित होने के फलस्वरूप आदिवासी तथा लोकनृत्यों की सहजता, स्वतः स्फूर्तता और जीवतंता भी कम होती जा रही है। उनका अपना-अपना विशेष क्षेत्रीय, स्थानीय, सामुदायिक स्वरूप और चरित्र समाप्त होता जा रहा है।

नाटक और रंगमंच के क्षेत्र में तो दूरदर्शन पर प्रस्तुत धारावाहिकों ने लगभग संकट की स्थिति पैदा कर दी है। पाँच-छः दशक पहले फिल्म से भी ऐसा ही धक्का रंगमंच को लगा था, किन्तु स्वतन्त्रता प्राप्ति के बाद सांस्कृतिक

नव-जागरण के युग में रंगमंच को नया जीवन मिला और वह दीर्घ अवधि के बाद कई दृष्टियों से संस्कृत नाटक और रंगमंच के युग के बाद अपनी अलग पहचान बनाने के रास्ते पर चल पड़ा। अब दूरदर्शन के धारावाहिकों के विस्फोट से फिर उसके पैर डगमगा गये हैं। इसका प्रभाव महाराष्ट्र जैसे रंग-समृद्ध क्षेत्रों पर भी पड़ा है। वहां भी अब पहले से जमी हुई व्यावसायिक मंडलियां तक अभिनेताओं, निर्देशकों और नाटककारों की कम होती हुई भागीदारी का प्रभाव अनुभव कर रही हैं। हिन्दी भाषी क्षेत्रों में जहां पेशेवर रंगमंच है ही नहीं, तथा दर्शक भी नहीं के बराबर थे, एक प्रकार की शून्य की स्थिति उत्पन्न हो गयी है। राष्ट्रीय नाट्य विद्यालय के प्रशिक्षित निर्देशक व अभिनेता ही नहीं, प्रत्येक छोटे-बड़े कस्बे तथा नगर के रंगकर्मी इस समय धारावाहिकों की लाइन में लगे हुये हैं। स्पष्ट है कि इन सबको वहां काम मिलना असम्भव है पर इस कटु सत्य का सामना करने के लिये आवश्यक मोह भंग कब होगा, इस सम्बन्ध में फिलहाल भविष्यवाणी करना कठिन है। किन्तु आवश्यकता वास्तव में मोहभंग की नहीं, नये दौर में अधिक तर्कसंगत आत्म विश्लेषण की है, जिससे बदली हुई परिस्थितियों का समझ से सामना किया जा सके। चुनौती दोहरी है—एक ओर नयी तकनीकी से पैदा होने वाली सम्भावनाओं का सृजनात्मक उपभोग आवश्यक है और दूसरी ओर, राजसत्ता तथा व्यावसायिक संस्थानों द्वारा अपने हित के लिये तकनीकी के अनियंत्रित दिशाहीन विस्तार और उपभोक्ता संस्कृति के प्रसार को रोकने के लिये तत्काल कारगर हस्तक्षेप भी आवश्यक है। इसमें कोई सन्देह नहीं है कि तकनीकी के विकास के साथ उसके अनेक रूप या पक्ष मानव जीवन को बेहतर बनाने के साधन होते हैं या बनाये जा सकते हैं। चित्र कथायें बच्चों और किशोरों को तथा नवसाक्षरों को श्रेष्ठ साहित्यिक कृतियों का ऐसा प्रारम्भिक परिचय प्रदान कर सकती हैं, जो उनमें और अधिक जानने की जिज्ञासा उत्पन्न कर सके। माइक्रो फिल्म पर बहुत-सा लुप्त होता जाने वाला बहुमूल्य साहित्य कई युगों तक सुरक्षित रखा जा सकता है। कम्प्यूटर देश-विदेश की बहुत-सी आवश्यक जानकारी जनसाधारण को सुलभ कर सकता है। ध्वनि-रिकार्डर से दुर्लभ संगीत को और वीडियो रिकार्डर से श्रेष्ठ एवं उत्कृष्ट नृत्य और नाट्य-प्रदर्शनों को भावी पीढ़ियों के लिये मूल्यवान धरोहर बनाया जा सकता है। दूरदर्शन धारावाहिक बड़े प्रभावशाली ढंग से जन साधारण को देश और विश्व के सम्पूर्ण इतिहास का और बेहतर जीवन के लिये संघर्ष का जीवन्त बोध करा सकते हैं। किन्तु यह सब तभी सम्भव है जब स्वयं रचनाकार, साहित्य और कलाओं के सृष्टा इस ओर ध्यान दें और तकनीकी के राजनीतिक अथवा व्यावसायिक दुरुपयोग को रोकने हेतु आगे आये। अन्यथा वह

दिन दूर नहीं, जब सभी कला माध्यमों पर व्यावसायिकों को पूरा वर्चस्व होगा और हमारी संस्कृति की छवि पूर्णतः विकृत हो जायेगी। यदि नयी-नयी तकनीकी और उससे उत्पन्न होने वाले असाधारण रूप से शक्तिशाली संचार माध्यमों के नियंत्रण की ओर संवेदनशील रचनाकार ध्यान नहीं देंगे, तो भयावह परिस्थितियां उत्पन्न होना अनिवार्य है। नयी तकनीकी की चुनौतियों की उपेक्षा करना सृजनात्मकता के मूल उत्तरदायित्व से मुंह मोड़ने के समतुल्य है।

वीडियो: नयी साँस्कृतिक क्रान्ति के युग का सूत्रपात

वीडियो के आविष्कार ने मानव जाति को जन संचार के एक युग में ला खड़ा किया है। वीडियो का विस्तार इतनी तेजी से हो रहा है कि अन्य जन संचार माध्यम इसके परिणामों का सही-सही मूल्यांकन तक नहीं कर पा रहे हैं। विकसित औद्योगिक देशों में वीडियो और वीडियो कैसेट रिकार्डर का आगमन कुछ समय पूर्व ही हो चुका है। भारत जैसे तीसरी दुनिया के देशों में वीडियो अपेक्षाकृत नया और बिन बुलाया अतिथि है। भारत तथा तीसरी दुनिया के अन्य देशों में वीडियो का प्रवेश ऐसे समय में हुआ है जब यहां टेलीविजन अभी विकासशील अवस्था में अवश्य है, लेकिन इतना खोखला कि वीडियो की मार से बुरी तरह आहत है। वीडियो का सबसे पहला शिकार फिल्म उद्योग हुआ। दूरदर्शन कर फीचर फिल्मों की लोकप्रियता से फिल्म उद्योग पहले ही थोड़ा झटका खा चुका था। वीडियो तो इससे भी कहीं आगे है। कोई फिल्म बाजार में बाद में आती है जबकि इसके चोरी के वीडियो कैसेट पहले ही बाजार में पहुंच जाते हैं। अब तो वीडियो दूर-दराज के इलाकों तक एक व्यापार के रूप में पहुंच रहा है। छोटे-छोटे कस्बों तक में वीडियो पार्लर खुल गये हैं। जहां नियमित शो होने लगे हैं और फिल्मों के सार्वजनिक प्रदर्शन को कहीं चोरी के रूप में नहीं दिखने देता। वीडियो के हमले से फिल्म उद्योग हड़बड़ा गया है। भारतीय फिल्म निर्यात उद्योग इससे बुरी तरह प्रभावित हुआ है। अभी तक ब्रिटेन में ही एक सौ से अधिक ऐसे थियेटर थे, जिनमें भारतीय फिल्में प्रदर्शित की जाती थीं। अब इन पर संकट के बादल मंडरा रहे हैं। अमरीका, कनाडा तथा अन्य देशों में भी यही स्थिति है। कई महानगरों के सिनेमाघरों में भी दर्शकों की उपस्थिति अपेक्षाकृत काफी कम हो गयी है। भारतीय फिल्म निर्माताओं को अपने जासूस लगाकर अपनी फिल्मों की वीडियो चोरी रोकनी पड़ रही है। फिल्म निर्माता "कापी राइट" कानून से परिवर्तन की भी मांग कर रहे हैं, इनका कहना है कि इस चोरी को रोकना निहायत जरूरी है, वरना फिल्म का निर्माण करेगा कोई और मुनाफा जायेगा कहीं और। उनका यह भी कहना है कि किसी भी नयी फिल्म

को कम से कम तीन महीने केवल सिनेमाघरों में प्रदर्शन का प्रबन्ध हो, इसके बाद भले ही मान्यता प्राप्त वीडियो फिल्म कम्पनियों को इसके वीडियो वितरण के अधिकार बेच दिये जायें।

वीडियो जब तक केवल फिल्म उद्योग पर ही चोट कर रहा था, शासकीय-नीति निर्धारकों ने इस ओर कोई खास ध्यान नहीं दिया। लेकिन अब वीडियो भारत के नव-विकसित टेलीविजन के अल्प विकसित क्षेत्र में भी घुसपैठ करने लगा है। जन संचार के माध्यम के रूप में वीडियो एक बहुत प्रभावशाली हथियार भी हो सकता है। यह एक प्रकार की दुधारी तलवार है। अगर इसे अनियोजित और खुला छोड़ दिया जायेगा, तो यह समस्त माध्यमों को क्षतिग्रस्त करता हुआ अपना प्रभुत्व कायम रखेगा। यह एक प्रकार का नया सांस्कृतिक आक्रमण होगा। बम्बई के फिल्म उद्योग पर सरकार का परोक्ष नियंत्रण रहा है। फिर भी सामाजिक दृष्टि से इसके योगदान के विषय में कुछ भी न कहना ही उचित है। वीडियो के साथ स्थिति बिल्कुल ही अलग होगी। यह चप्पे-चप्पे पर छा जाने की क्षमता रखता है। फिर इस पर लोगों को क्या दिखाया जा रहा है और क्या नहीं, इसका नियमन भी व्यावहारिक दृष्टि से बहुत ही कठिन काम होगा। वीडियो का व्यावसायिक उपयोग करने वाले अधिकांश व्यक्ति शुद्ध मुनाफे की टोह में ही रहेंगे। अधिक शुद्ध मुनाफे के लिये शुद्ध मनोरंजन ही एकमात्र मार्ग है। फिन जब अंकुश न हो तो शुद्धता के उच्चतम स्तरों तक पहुंचने में हिचक और देर किस कारण। इस प्रकार, इन दिशाओं में वीडियो के विस्तार का वर्तमान रूझान जारी रहा तो टेलिविजन के बारे में सरकार को अपने मूलभूत प्रतिस्थापनाओं में परिवर्तन करने होगे। इस समय स्थिति यह है कि जहां-तहां टेलीविजन की रेंज है, वहां-वहां शाम को रेडियो सुनने वालों की संख्या घटती जा रही है। जिनके पास टी. वी. सेट वे तो रेडियो को काफी सीमा तक अलविदा कह चुके हैं। अब वीडियो टेलीविजन का यही हश्र करने वाला है। महानगरों में कुछ वीडियो भी होड़ में उतरेंगे। कस्बों गांवों में लाभ कमाने की मुहिम में छोटे-छोटे कारिंदे वीडियो कंधे पर दाब कर निकलेंगे। वीडियो पार्लर खुलेंगे। फिर टेलीविजन या रेडियो से सरकार का विकास का, शिक्षा का कथित सन्देश कौन सुनेगा? या फिर इसके सुनने वालों की संख्या कितनी रह जायेगी? इनकी प्रभावशीलता में क्या भारी कमी नहीं आ जायेगी। टेलीविजन के व्यापक विस्तार के साथ जनता में इसके प्रति जो रुचि उत्पन्न हो रही है, वीडियो को उसका पूरा लाभ मिल रहा है। टेलीविजन लोगों को जो कुछ देता है, वीडियो शायद उससे अधिक दिलवाये और मनोरंजक प्रभाव लेकर दर्शकों के पास जाये। समस्त तीसरी दुनिया के देशों में टेलीविजन द्वारा "विकास के संदेश" को जन-

जन तक पहुंचाने के जो उच्चस्तरीय प्रयास चल रहे हैं। वे वीडियो के हड़बड़ में धरे के धरे रह जायेंगे। साथ ही टेलीविजन विस्तार की योजना के साथ यदि वीडियो तकनीकी को भी संबद्ध कर लिया जाये, तो स्थिति को एक नयी दिशा में भी मोड़ा जा सकता है। सरकार का गांव-गांव में सामुदायिक टेलीविजन सेट लगाने का विचार है। इसमें यदि वीडियो सुविधा भी प्रदान कर दी जाये तथा स्थानीय प्रतिभा को प्रोत्साहित कर हर क्षेत्र के लिए वहां की विशिष्ट सामाजिक और सांस्कृतिक परिस्थितियों के अनुसार कार्यक्रम प्रस्तुत किये जायें तो टेलीविजन को रुचिकर और सकारात्मक भी बनाया जा सकेगा। इससे विकेन्द्रीकृत दूरदर्शन के विचार को भी एक हद तक व्यावहारिक रूप दिया जा सकेगा। साथ ही इस क्षेत्र के सांस्कृतिक विकास में भी यह नया "मीडिया" सहायक हो सकता है।

जन संचार के जगत में हो रहे परिवर्तनों को केवल एव तकनीकी क्रान्ति में रूप में देखना भ्रमपूर्ण है। वस्तुत: यह एक नवीन सांस्कृतिक क्रान्ति की शुरूआत है। इसका प्रभाव सम्पूर्ण मानव जाति और मानव व्यवहार पर पड़ रहा है। न्याय के क्षेत्र में भी न्याय का दृष्टिकोण निर्धारित करने में नवीन जन संचार माध्यम भारी भूमिका अदा करने लगे हैं। इस सांस्कृतिक क्रान्ति का मानव सभ्यता पर अकल्पित असर पड़ने वाला है। यह अतिश्योक्ति नहीं है कि यह प्रभाव पिछली शताब्दियों की औद्योगिक क्रान्ति से कहीं अधिक व्यापक, कहीं अधिक गहरा और कहीं अधिक दूरगामी होगा। भारत के सम्बन्ध में यह कहा जाता है कि यह विविधतापूर्ण देश है! "विविधता से एकता" हमारे राष्ट्र का चिरपरिचित नारा है। हमारी इस गौरवशाली परम्परा में, निकट अतीत में कुछ दरारें भी पड़ी हैं। इसका कारण इस "विविधता" की सही समझ न होना है। इस विविधता के ऊपर-एक प्रकार की केन्द्रीयता और सामाजिक रूप से सार्थक व स्वीकार्य सन्तुलन के बल पर ही हम राष्ट्र की एकता को मजबूत कर सकते हैं। हाल ही उत्पन्न हुई कुछ समस्याओं के पीछे राजनीतिक और आर्थिक कारणों के साथ-साथ सांस्कृतिक कारण भी रहे हैं। जन संचार माध्यमों के द्वारा जिस नयी सांस्कृतिक क्रान्ति के बुलबुले उठ रहे हैं, उसे सही परिप्रेक्ष्य में अभी से रखना होगा। इन्हें देश की परिस्थितियों के अनुकूल ढालना होगा। प्रत्येक समुदाय के मूल्यों और संस्कृति के ढांचे के भीतर इसका सामाजिक रूप से सार्थक प्रयोग करना होगा। अगर इस नयी सांस्कृतिक क्रान्ति ने इन ढांचों पर धावा बोला, तो देश की सांस्कृतिक बुनियाद में दरारें पड़ जायेंगी। साथ ही, एक सांस्कृतिक शून्यता भी पैदा होगी। बाह्य संस्कृति को घुसपैठ करने का अवसर मिलेगा, जो कि हमारे समाज और संस्कृति में अनेक भटकाव

पैदा करेगी। नयी सांस्कृतिक क्रान्ति हमारे दरवाजों पर दस्तक दे रही है। इसकी हवायें शनैः शनैः हमारे सांस्कृतिक वातावरण में प्रवेश कर रही हैं। इसमें सकारात्मक और नकारात्मक, दोनों प्रकार की सम्भावनायें हैं। इसलिये निरन्तर जागरूकता आवश्यक है।

जनसंचार माध्यम का युवा पीढ़ी पर प्रभाव

तकनीकी विकास तथा संचार माध्यम के नये-नये उपकरणों के साथ ही सामाजिक संरचना के स्वरूप में भी परिवर्तन होता जा रहा है। जन संचार माध्यमों और नव युवा पीढ़ी का पारस्परिक सम्बन्ध बीस वर्ष के सम्बन्धों की तुलना में काफी परिवर्तित हो चुका है। बीस वर्ष पूर्व, किशोरवय का बालक या बालिका रेडियो का बटन दबाने से पूर्व पिता की अनुमति लेना अपना कर्तव्य समझती है। जबकि वर्तमान समय में इस प्रकार की अनुमति की कल्पना तक कोई किशोर पर युवा नहीं करता है। जन संचार के साधनों ने ही उसे इस प्रकार की निर्भीकता या आत्मविश्वास प्रदान किया है। अगर हम सर्वेक्षण करें तो यह पायेंगे कि अनेक लोगों का सामाजिक आचरण और व्यवहार जनसंचार के उन साधनों से प्रभावित होते हैं, जिनका उपयोग वे बचपन से करने लगते हैं। कुछ दशक पूर्व तक नानी या दादी रात्रि को अपने बिस्तर के चारों ओर बालक-बालिकाओं को बिठाकर राजा-रानियों तथा परियों की कथाएं सुनाया करती थीं, बच्चे भी बड़ी तल्लीनता तथा जिज्ञासा से सुनकर अपनी कल्पना शक्ति में अभिवृद्धि किया करते थे। संसार के घटनाचक्र की विभिन्न जानकारी वे अपने अध्यापक, अभिभावक तथा पाठ्य-पुस्तकों आदि से प्राप्त कर लिया करते थे। लेकिन अब स्थिति में काफ़ी परिवर्तन आ चुका है। संयुक्त परिवार प्रथा टूट जाने के कारण अधिकांश परिवारों के बच्चे नानी-दादी से दूर हो चुके हैं। दूरदर्शन ने एक सार्वजनिक दादी अपने एक धारावाहिक "दादा-दादी की कहानी" के माध्यम से सम्भ्रांत और मध्यम वर्ग के बच्चों के लिए जरूर उपलब्ध की है। महानगरों में एक आधुनिक मां या तो स्वयं नौकरी करती है या उसकी सामाजिक व्यस्तता उसे शारीरिक और मानसिक रूप से इतना थका देती है कि वह बच्चों को कहानियां आदि सुनाने के लिए समय ही नहीं निकाल पाती। फिर देश भर में घर-घर टेलीविजन रूपी सिनेमा पहुंचाने के अभियान से कथा-कहानियां सुनने-सुनाने की परम्परा ही प्रायः समाप्त हो गयी है। उच्च सामाजिक व आर्थिक पृष्ठभूमि वाले किशोर अभावों में जीवन यापन कर रहे किशोरों की अपेक्षा इसलिए जल्दी ही बड़ों जैसा व्यवहार करने लगते हैं क्योंकि वे जनसंचार माध्यमों का अधिकाधिक प्रयोग करते हैं और से माध्यम उन्हें

बच्चों की दुनिया से कम आयु में ही बाहर खींच लाते हैं। इस सम्बन्ध में, कुछ समय पूर्व हरियाणा के रोहतक नगर में एक रोचक सर्वेक्षण किया गया। सर्वेक्षण कर्ता देविन्द्र कौर उप्पल थीं। इस सर्वेक्षण में उपलब्ध आंकड़ों तथा व्यक्तिगत अवलोकन के आधार पर दिलचस्प विश्लेषण प्राप्त हुआ था। यह पाया गया कि प्रायः किशोर बड़ों की तरह अपनी बातचीत में टी० वी० कार्यक्रम और समाचार पत्रों में प्रकाशित समाचारों को पर्याप्त रूप से उद्धृत करते हैं। आज का किशोर प्रारम्भ से ही अपने भावी जीवन के अति चिन्तित हो जाता है। वह अपने चारों ओर प्रतियोगिता भरा जीवन देखता है और इस वातावरण में जब वह कोई महत्त्वाकांक्षा बनाना चाहते हैं तो उसे इस तथ्य की जानकारी होती है कि जीवन में सफलता पाने के लिए उसे बौद्धिक धरातल पर प्रतियोगी बनना पड़ेगा। इस स्थिति में, उसके स्वयं के मूल्यांकन पर जन संचार के माध्यम गहरा असर डालते हैं। उपरोक्त सर्वेक्षण में, जनसंचार के जिन माध्यमों की किशोरों के लिए सुलभता और उपलब्धि का अध्ययन किया गया उसमें रेडियो, टेलीविजन, समाचारपत्र और पत्रिकाएं, पुस्तकों और फिल्म आदि को सम्मिलित किया गया। प्राप्त जानकारी का विश्लेषण करने पर यह ज्ञात हुआ कि दूरदर्शन के विस्तार के बावजूद भी रेडियो एक ऐसा माध्यम है, जिसके प्रयोग में किशोर पीढ़ी अतिरेक तक पहुंच जाती है। अभी भी राष्ट्रीय और अन्तर्राष्ट्रीय समाचार जानने के लिए समाचार पत्रों के बाद सर्वाधिक निर्भरता रेडियो पर ही है। बी० बी० सी० के श्रोता (लगभग सत्तर प्रतिशत) स्थानीय रेडियो स्टेशन के श्रोताओं (बासठ प्रतिशत) से अधिक पाये गये। लेकिन "विविध भारती" (लगभग नब्बे प्रतिशत श्रोता) को किशोरों में सर्वाधिक लोकप्रिय पाया गया।

पाश्चात्य देशों की तरह भारत में भी दूरदर्शन तथा किशोर पीढ़ी को लेकर तरह-तरह की आशंकाएं व्यक्त की जाती हैं। टेलीविजन एक दृश्य-श्रव्य माध्यम है, जो कि ज्ञानवर्धन और मनोरंजन के एक प्रमुख साधन के रूप में परिभाषित किया जाता है। रोहतक के उपरोक्त सर्वेक्षण में भी किशोरों तथा युवाओं ने इसके प्रयोग की औचित्यता इसी रूप में बतलायी है। किन्तु अधिकांश ने इसे पहले एक मनोरंजन के साधन के रूप में मान्यता दी और बाद में ज्ञानवर्धन के लिए। यही कारण है कि दूरदर्शन के कार्यक्रमों में अभी भी चित्रहार और फिल्म सर्वाधिक लोकप्रिय कार्यक्रम हैं। इनके दर्शकों की संख्या 77 और 80 प्रतिशत के मध्य है। किशोर पीढ़ी में क्रिकेट टैस्ट मैच के कार्यक्रम भी पर्याप्त रूप से पसन्द किए जाते हैं। क्रिकेट मैच कार्यक्रमों के किशोर दर्शकों की संख्या लगभग पचपन प्रतिशत है। अनेक जनसंचार माध्यम समीक्षकों ने टेली-

विजन को सिनेमा का स्थानापन्न घोषित किया है। इसमें कोई सन्देह नहीं है कि हमारे देश में बच्चे और बड़े अपने घर में रखे टी० वी० सैट को घर में ही फिल्में देखने का माध्यम मानते हैं। दूरदर्शन पर प्रस्तुत सीरियल भी फिल्मी शैली की झलक ही लिए हुए होते हैं। फिल्मों का दूरदर्शन कार्यक्रमों पर पर्याप्त प्रभाव होते हुए भी फिल्मों का एक स्वतन्त्र जनसंचार के माध्यम के रूप में किशोर का एवं युवा पीढ़ी में आकर्षण है। लगभग हर किशोर फिल्म देखता है, लेकिन वह बाल फिल्में देखना पसन्द नहीं करता है। अधिकांश किशोरों को "शोले" जैसी मारधाड़ वाली भावुकतापूर्ण सामाजिक और तथाकथित ऐतिहासिक कथानकों वाली फिल्में ही पसन्द हैं। बाल फिल्मों के प्रति उनकी रुचि न होने के कारण एक तो बाल फिल्मों की अनुपलब्धता और दूसरा जल्दी ही परिपक्व पीढ़ी में शामिल होने की किशोरों की इच्छा है। उन्हें नवयुवकों की तरह फिल्म अभिनेताओं के हावभाव और पोशाक की नकल करना रुचिकर लगता है। नवकिशोरी भी किसी फिल्म अभिनेत्री की तरह सजना संवरना पसन्द करती है। कितने ही किशोरों को "शोले" फिल्म के संवाद याद हैं और उन्हें थोड़ा परिवर्तित कर वे परस्पर बातचीत में प्रयोग भी करते हैं। स्कूल व कालेज के छात्र-छात्राओं के पारस्परिक सम्बन्धों पर भी फिल्मों का प्रभाव दिखलाई देता है। समाचारों को जानने की रुचि भी किशोरों में बड़ी आयु के व्यक्तियों जैसी ही हो जाती है। समाचारों को जानने और उनकी पृष्ठभूमि को समझने के लिए उनकी प्रमुख निर्भरता "प्रिण्ट मीडियम" पर ही होती है। प्रथम पृष्ठ के राजनैतिक समाचार उन्हें भी अच्छे लगते हैं। राजनीतिक समाचारों के उपरांत उन्हें खेलकूद के समाचार जानना अच्छा लगता है। सनसनीखेज, अपराध समाचार विशेषत: महिलाओं के प्रति अपराध के समाचार भी वे पढ़ते हैं। पत्रिकाओं का चयन भी उनकी समाचार जानने की रुचि के अनुसार ही होता है। इसके अतिरिक्त, क्योंकि परिवार के वरिष्ठ सदस्य पहले से ही अपनी रुचि के अनुसार पत्रिकाएं खरीदते हैं। इसलिए किशोरों के लिए पत्रिकाएं चुनने का विकल्प साधारणत: नहीं रहता। किन्तु यह देखा गया है कि उन्हें खेलकूद और फिल्मी पत्रिकाएं पढ़ना अच्छा लगता है। बाल पत्रिकाओं के प्रति उनकी विशेष रुचि नहीं है किन्तु कामिक्स किशोर पीढ़ी में सर्वाधिक लोकप्रिय हैं। लगभग पिचतहर प्रतिशत किशोर कामिक्स का आनन्द उठाते हैं। हमारे देश में कामिक्स कला अंग्रेजी कामिक्स की अधकचरी नकल के रूप में आयी। किन्तु अब इसने भारत में एक स्वतन्त्र विधा के रूप में प्रतिष्ठा अर्जित कर ली है। कामिक्स की साहित्यिकता भले ही विवादास्पद हो, किन्तु उनकी लोकप्रियता विवाद से परे है। इसने किशोरी किशोर पीढ़ी के संसार में एक स्थायी स्थान पा लिया है।

वे "मेनड्रेक गार्थ" "स्पाइडर मैन" तथा "बेताल" आदि की तरह कुछ चमत्कार कर दिखाना चाहते हैं। यह उल्लेखनीय है कि किशोर न ही रेडियो पर और न ही दूरदर्शन पर प्रायोजित बाल कार्यक्रमों के प्रति विशेष रूप से आकर्षित है इतना ही नहीं वे समाचार पत्रों में प्रकाशित "बाल स्तम्भ" की सामग्री पर भी विशेष ध्यान नहीं देते हैं। उपलब्ध जनसंचार माध्यम ऐसी स्थिति उत्पन्न कर चुका है, जिससे किशोरवय के बच्चे बड़ों जैसा व्यवहार करना सीख गए हैं। इस प्रकार इन माध्यमों ने उनका बचपन ही चुरा लिया है। अतः आज की किशोर पीढ़ी इन जनसंचार के साधनों का सहारा लेकर शीघ्र ही अपनी किशोरावस्था को पार कर युवावस्था की पीढ़ी की पंक्ति में खड़ी होना चाहती है। जब कोई किशोर टेलीविजन पर शरीर की सुडौलता दिखाने वाली माडल को देखता है, तो दूसरे दिन कनखियों से इस सुडौलता को अपनी किसी सहपाठिनी के कपड़ों के भीतर ढूंढ़ता है। यद्यपि भारत अमरीका या यूरोप नहीं है, फिर भी जन संचार माध्यम भारतीय किशोरों को पाश्चात्य किशोरों के समतुल्य बनाने में लगे हुए हैं।

जनसंचार माध्यमों में से टेलीविजन का विशेष प्रभाव

यह गर्व करने लायक तथ्य है कि इक्कीसवीं शताब्दी के द्वार पर दस्तक देते समय लगभग दस करोड़ भारतीयों के पास स्वयं के टेलीविजन सैट होंगे। इतना ही नहीं, दूरदर्शन कार्यक्रमों की अवधि भी वर्तमान की तुलना में कहीं अधिक होगी। ऐसी स्थिति में, कामकाजी व्यक्ति भले ही टेलीविजन से चिपक कर न बैठे लेकिन बच्चों एवं किशोरों को रोक पाना असम्भव होगा। एक प्रसिद्ध अमरीकी बाल मनोवैज्ञानिक बेन्सीलेरिक का कथन है कि अमरीका में दो से पांच वर्ष की आयु के बच्चे पहली कक्षा में प्रवेश लेते समय 5616 घण्टों तक टेलीविजन देख चुके होते हैं। इसी प्रकार लियो बोगर्ट के अनुसार पांच से पंद्रह वर्ष की आयु के अधिकांश बच्चे प्रतिदिन दो से तीन घण्टे टेलीविजन देखते हैं। शनिवार और रविवार को यह समय पांच से आठ घण्टे तक हो सकता है। हमारे भारत में भी, लगभग यही स्थिति है। राबर्ट लुईस शेयान ने अमरीकी बच्चों एवं किशोरों पर बड़ों के टी० वी० के प्रभाव को बतलाया है। उन्होंने वे प्रेरणाएं खोजने का प्रयास किया है, जिनके कारण बच्चे व किशोर टी० वी० के दूसरे कार्यक्रम देखते हैं। उनका कहना है कि संयुक्त राज्य अमरीका में, किशोरों को "बच्चों के वर्ग" में सम्मिलित नहीं किया जाता है। और न ही उन्हें "प्रौढ़ों के वर्ग" में रखा जाता है। अतः कुंठित किशोर टेलीविजन के माध्यम से बड़ों की दुनिया से सम्पर्क की भूख मिटाते हैं। सहभागिता की भूख, ज्ञान की

पिपासा, समझने की लालसा तथा "स्टेटस" की चाह उन्हें टेलीविजन से चिपटा देती है। राबर्ट लूइस शेयान महोदय का विचार है कि छोटे बच्चे भी बड़ों से सम्पर्क की चाह रखते हैं। साथ ही उनकी साहसिक कार्यों के सम्पादन की इच्छा और उत्कंठा भी अनुशासन और प्रतिबन्धों के कारण दमित होती है। परिणामस्वरूप उनके अन्त:करण में असन्तोष का सागर लहराता रहता है। ऐसे बच्चे और किशोरों में फेंटेसी और हिंसा के प्रति सम्मान बढ़ता है तथा वे टेलीविजन पर प्रस्तुत ऐसे कार्यक्रमों के प्रति आकर्षित होते हैं। यहां पर इन्हें अबोध आनन्द तो प्राप्त होता है, लेकिन उनकी असामान्य पिपासा शान्त नहीं होती। शेयान महोदय की राय में टेलीविजन अब तक का सबसे छोटा मार्ग है जो कि बुजुर्ग संसार से उनका सीधा सम्पर्क स्थापित करता है। टेलीविजन बच्चों से बात करते कभी नहीं थकता। वह उनके ध्यान को अपनी ओर खींचने के लिए किसी भी सीमा तक जा सकता है। मनोवैज्ञानिक यह मानते हैं कि टेलीविजन पर सामान्य रूप से दिखलाए जाने वाले कार्यक्रम सभी आयु समूह के दर्शकों को ध्यान में रखकर ही तैयार किए जाते हैं। आमतौर पर समूचा परिवार ही कार्यक्रम देखता है। बाह्य रूप से इन कार्यक्रमों में कोई दोष दृष्टिगोचर नहीं होता है। फिर भी प्रत्येक पर उसका प्रभाव अलग होता है। सामान्यत: टेलीविजन पर प्रस्तुत कार्यक्रमों में बड़ों की समस्याएं ही होती हैं, चाहे उनका प्रस्तुतीकरण गम्भीर रूप से हो या हलके-फुलके ढंग से सभी कार्यक्रमों में प्रौढ़ों से अन्तर्द्वन्द्व या उन्हें समस्याओं में उलझा हुआ दिखाया जाता है। मिस्टर डलास डब्ल्यू स्मिथ ने लगभग "पेंतीस वर्ष पूर्व" "साइन्टिफिक अमेरिकन" नामक एक पत्रिका में प्रस्तुत अपने लेख "एनालिसिस आफ टेलीविजन" में न्यूयार्क नगर टेलीविजन केन्द्र से प्रसारित ड्रियासी नाटकों का विश्लेषण प्रस्तुत किया था। उनके विश्लेषण के अनुसार इक्यानवें प्रतिशत टेलीविजन नाटकों के प्रमुख पात्र प्रौढ़ थे तथा शेष नौ प्रतिशत के बच्चे व किशोर। इसी प्रकार ब्रिटेन में भी ऐसा ही एक रोचक सर्वेक्षण किया गया था। एन० एन० ओपनाटाइम, पामेला विंस और एच० टी० हिमलवीट ने ब्रिटेन के तेरह टेलीविजन नाटकों के नायक मुख्यत: "जीवन को कष्टप्रद मानने वाले, नाखुश और असन्तुष्ट" निकले। नाटकों के कथानक के अनुसार उनका अपने जीवन पर कोई नियन्त्रण नहीं रहा और वे कभी भी सन्तोषजनक समाधान के लिए उत्तरदायी सिद्ध नहीं हुए। इन नाटकों के कथानकों का निष्कर्ष यह था कि जीवन की राहें अत्यन्त कठिन हैं और प्रौढ़ उन समस्याओं का समाधान नहीं ढूंढ़ पाते। इसी प्रकार मिस्टर जोजफ टी० क्लेपर महोदय ने "चिल्ड्रन एण्ड टेलीविजन: ए रिव्यू आफ सोशली प्रिवेलेन्ट कन्सर्न्स" में यह मत व्यक्त है कि

"अधिकांश मनोवैज्ञानिक इस मत से सहमत हैं कि सीमित मात्रा में बड़ों के कार्यक्रम बच्चों द्वारा देखने पर अच्छा प्रभाव पड़ सकता है। इससे भावी जीवन की समस्याओं को समझने के लिए बच्चे मानसिक स्तर पर तैयार होते हैं।" लेकिन बड़ों के कार्यक्रमों का अतिदर्शन हानिकारक है।

ऐसी स्थिति में, "पूर्व-प्रौढ़ता और सतही प्रौढ़ता" का विकास एक खतरा बन जाता है। टेलीविजन के माध्यम से अपनी प्रौढ़ विश्व की सतही पहचान को बच्चा या किशोर दुनिया की वास्तविक पहचान समझ बैठता है। फलस्वरूप वह लोगों और विभिन्न समस्याओं की वास्तविकता समझने की उत्कण्ठा खो बैठता है। मनोवैज्ञानिक की राय में दूसरा खतरा प्रौढ़ों के व्यक्तिगत पारिवारिक, आर्थिक एवं सामाजिक अन्तरद्वन्दों के निरन्तर प्रस्तुतीकरण है। इससे किशोर प्रौढ़ता के बारे में भ्रामक धारणा बना लेता है। कुछ विद्वानों का मत है कि भले ही वह इस प्रकृति की मूल प्रेरणा न हो, लेकिन वह बच्चों और किशोरों की पूर्ण धारणाओं को सुदृढ़ बनाता है। टेलीविजन पर प्रौढ़ों के कार्यक्रम निरन्तर देखते रहने से बच्चों एवं किशोरों के मन में बड़ों की जो छवि बनती है, वह बहुत उत्साहवर्धक नहीं है। उनकी नजर में, बड़े सामान्यतः समस्या ग्रस्त रहते हैं तथा अधिकतर विषयों मे, समस्याओं का समाधान करने में अयोग्य रहते हैं। मनोवैज्ञानिकों का अभिमत है कि एक बार इस प्रकार की भ्रमपूर्ण धारणा बन जाने पर बच्चों व किशोरों में कई प्रबन्धित गुण विकसित हो सकते हैं। उदाहरणतः वे मान सकते हैं कि पारस्परिक प्रतिद्वन्द्विता और अन्तर्द्वन्द्व सामाजिक रूप से स्वीकृत है तथा वे इन्हीं में उलझ सकते हैं। यह भी सो सकता है कि बच्चे प्रौढ़ होने से डरें या झिझकें तथा जीवन भर उनके मन भारी समस्याओं से परेशान रहें। टेलीविजन बच्चों व किशोरों में मूल्य सम्बन्धी द्वन्द्व भी खड़े कर सकना है। उदाहरणतः जब किसी टेलीविजन नाटक में नैतिकता को विजय प्राप्त करते दिखाया जाता है और बच्चे के अभिभावक भी इसकी प्रशंसा करते हैं तथा दूसरी ओर वे गर्वोक्ति भी करते हैं कि किस प्रकार उन्होंने नैतिकता को तिलांजलि देकर व्यवसाय में भारी कमाया है। अस्प्रश्यता, अन्तर-जातीय विवाह, नशाबन्दी, दहेज, आदि ऐसे हो मामलों में बड़ों के दुहरे मानदंड उन्हें किंकर्तव्यविमूढ़ बना सकता है। इस सम्बन्ध में, ओपनहाइम, विन्स व हिमलवीट का विश्लेषण बहुत दिलचस्प है। अंग्रेज बच्चों व किशोरों पर टेली-विजन का प्रभाव का उन्होंने कुछ विशिष्ट कोणों में विश्लेषण किया है। बड़े होने की चिन्ताएं, रोजगार व विवाह के सम्बन्ध में आकांक्षाएं, अनुकरणीय चरित्र तथा सामाजिक वर्ग भेद, नस्ल भेद आदि पर उन्होंने विस्तारपूर्वक सर्वेक्षण किया है। उदाहरणतः अन्वेषकों ने जब टेलीविजन के दर्शक और

अदर्शक समूहों के बच्चों व किशोरों से प्रश्न किया कि बड़े होने के विचार से वे किस सीमा तक चिन्तित हैं तो बारह वर्ष के अधिक आयु वर्ग के दर्शक किशोरों ने घर छोड़ने, स्कूल छोड़ने तथा रोजगार के सम्बन्ध में अधिक चिन्ता प्रकट की। बालकों की अपेक्षा इस आयु वर्ग की दर्शक बालिकाओं में ये चिताएं अधिक पायी गयीं। बारह वर्ष के कम तथा दस वर्ष से अधिक आयु वर्ग की लड़कियों में शादी को लेकर चिन्ता अधिक थी, जबकि लड़के घर छोड़ने की चिन्ता से ग्रस्त थे। बच्चे व किशोर बड़े होकर किनकी तरह जीवन में कुछ बनना चाहते हैं। इस सम्बन्ध में, कुछ दिलचस्प तथ्य मिले। अधिसंख्य व्यक्तियों का मत है कि टेलीविजन के कारण बच्चों व किशोरों में चकाचौंध, प्रसिद्धि व फैशन की चाह बढ़ती है। किन्तु वस्तुत: ऐसा नहीं है। बच्चे विशेषत: किशोर उन वस्तुओं में अधिक रुचि प्रकट करते हैं, जो उनकी अपनी हो सकती हैं। उदाहरणत: वे आवास और कार चाहते हैं। वे कौन-सा कार्य करना चाहेंगे, इसके प्रति उनकी रुचि नहीं बढ़ती। टेलीविजन के कार्यक्रमों को देखने का समय जितना बढ़ेगा, भौतिक इच्छाएं भी उसी अनुपात में बढ़ती चली जाएंगी। विवाह की अपेक्षाओं और इच्छा के बारे में अन्वेषकों को दर्शक और अदर्शक समूह में विशेष अन्तर नहीं दिखलाई दिया। जीवन साथी के सम्बन्ध में उनकी अपेक्षाएं अवश्य ही पृथक्-पृथक् थीं। अच्छे जीवन साथी के गुणों की अपेक्षाओं में तेरह से चौदह वर्ष की दर्शक किशोरियों ने "कम ईर्ष्या और दयालुता" की अपेक्षा की, जबकि अदर्शक वर्ग की इसी आयु समूह की किशोरियों ने ऐसे पति की अपेक्षा की जोकि पत्नी के घुमाने ले जाए तथा सब कुछ उपलब्ध कराए। नौकरी और व्यवसाय के विषय में टेलीविजन अपेक्षाओं में वृद्धिकारक ही सिद्ध हुआ है। बच्चों व किशोरों का रुझान साधारणत: ऐसे व्यवसायों और सेवाओं की तरफ बढ़ा है, जिन्हें सफेदपोश समझा जाता है। पत्रकारिता, जासूसी फिल्म अभिनय तथा माडलिंग आदि का "ग्लैमर" उन पर छाया रहता है। इसके साथ ही, विभिन्न व्यवसायों के विषय में भी उनका ज्ञान बढ़ा है। टेलीविजन ने दर्शक किशोरों को नौकरियों के सम्बन्ध में अधिक महत्वकांक्षी बनाया है। वे कुशल कामगारों की अपेक्षा प्रशासनिक पदों की इच्छा अधिक रखते हैं।

बच्चों व किशोरों के जीवन को टेलीविजन और भी कई तरह से प्रभावित करता है। पश्चिमी जर्मनी के प्रसिद्ध विद्वान् प्रोफेसर कार्ल होल्जमर का मत है कि किशोर हमेशा तनाव में रहते हैं। यह तनाव अविकसित नैतिक प्रौढ़ता और समय पूर्व शारीरिक परिपक्वता के कारण होता है। तनाव की इस स्थिति में इलेक्ट्रानिक मीडिया नकारात्मक प्रभाव की भूमिका अदा करता है। दृश्य और श्रव्य छवियों की निरन्तरता से उसके मन अत्यधिक उद्दीप्त हो जाते हैं।

लगातार "स्टीरियोटाइप्ड" मुहावरों का श्रवण करते-करते उनकी मानसिक सक्रियता समाप्त प्रायः हो जाती है। इसका उनकी शारीरिक सक्रियता पर भी दुष्प्रभाव पडता है। वे घर में बंधकर बैठने के आदी हो जाते हैं। बच्चों व किशोरों को अपने जिस समय का स्वाभाविक खेल-कूद शैतानियों तथा उछल कूद आदि में बिताना चाहिए, उस समय वे टेलीविजन से बंधे रहते हैं और इन कार्यकलापों को उन्हें टेलीविजन के पर्दे पर देखकर ही सन्तोष करना पड़ता है। बच्चों का मानसिक तनाव बढ़ने से रोकने के लिए यह जरूरी है कि उन्हें दृश्य-श्रव्य माध्यमों के डरावने, कुरुप, हिंसक और घिनौने दृश्यों को देखने से हतोत्साहित किया जाए। दूरदर्शन के अति दर्शन से बच्चों व किशोरों की आंखों पर भी दुष्प्रभाव पड़ता है। साथ ही शारीरिक व मानसिक थकान भी बढ़ती है, अनिद्रा का रोग भी हो सकता है। टेलीविजन के अधिक दर्शन से उनमें लोक व्यवहारिकता की कमी भी आ जाती है। इन दुष्प्रभावों से बचने के लिए एक नये प्रकार के अनुशासन की आवश्यकता है। इस अनुशान का परिपालन केवल बच्चों व किशोरों को ही नहीं, बल्कि प्रौढ़ों को भी करना चाहिए। असीमित समय तक टेलीविजन चलाने की गलत परम्परा से परिवारों को बचना चाहिए। इसी प्रकार टेलीविजन पर प्रस्तुत सभी कार्यक्रमों को देखने की आदत भी ठीक नहीं हैं। यह प्रयास भी किए जाएं कि बच्चे व किशोर टेलीविजन देखते समय निष्क्रिय दर्शक न रहकर सक्रिय दर्शक बन सकें। उन्हें प्रश्न पूछने के लिए प्रेरित करके, उनकी जिज्ञासाओं का समाधान करें। बच्चों व किशोरों में, टेलीविजन सेट से चिपकने की बजाए बाहर जाकर खेलने-कूदने की प्रेरणा उत्पन्न करें। कुछ लोग टेलीविजन को बच्चों को चुप करने तथा घर में ही बनाए रखने का उपकरण मानते हैं, इस गलत धारणा को भी समाप्त किया जाए।

सांस्कृतिक आक्रमणता और जनसंचार माध्यम

हमारे देश में, शासकीय क्षेत्र में, यदा कदा एक व्यापक राष्ट्रीय संचार नीति की चर्चा होती रहती है। इस पर अभी तक, काफी विचार-विमर्श भी हो चुका है। कुछ लोग इसे "मीडिया पालिसी" भी कहते हैं, किन्तु वस्तुतः जब हम कम्युनिकेशन अर्थात् "संचार" शब्द का प्रयोग करते हैं। उसका क्षेत्र "मीडिया" की अपेक्षा कहीं अधिक व्यापक होता है। विभिन्न "मीडिया" "कम्युनिकेशन" का महत्वपूर्ण साधन है। लेकिन प्रश्न यह है कि इस नीति के पीछे कौन-सी शक्तियां हैं ? यह स्पष्ट नहीं हैं। मोटे तौर पर ऐसा आभास होता है कि व्यापक और राष्ट्रीय जनसंचार नीति की चर्चा करने वाले मुख्य रूप से टेलीविजन पर ही जोर देते हैं। विकास प्रक्रिया में जनसंचार की

भूमिका को लेकर किसी भी प्रकार का सन्देह नहीं किया जा सकता और किसी भी प्रस्तावित नीति की यही एक सकारात्मक दिशा हो सकती है। किन्तु, तीसरी दुनिया के अनेक देशों में, इसका उपयोग नियन्त्रण के साधन के रूप में भी होते हुए देखा गया है। मैकब्राइड कमीशन ने भी जनसंचार नीति का उद्देश्य स्पष्ट करते हुए मत व्यक्ति किया है कि "इन नीतियों के माध्यम से सांस्कृतिक आदान-प्रदान तथा सूचनाओं के गतिशील प्रवाह पर नियन्त्रण नहीं किया जाना चाहिए। इसके विपरीत, इसका उद्देश्य किसी एक समाज में तथा विभिन्न समाजों के मध्य जनसंचार की असमानताओं और बाधाओं को दूर करना होना चाहिए। जनसंचार नीतियों का एक प्रमुख उद्देश्य वर्तमान सूचना ढांचों में सामंजस्य उत्पन्न करना होना चाहिए, ताकि संवाद के प्रवाह के मार्ग व्यापक किए जा सकें तथा जनसंचार को लोकतान्त्रिक रूप दिया जा सके।" हम इस विषय में, विकासशील और विकसित राष्ट्रों के मध्य, ग्रामीण और नगरीय समुदायों के मध्य, कुलीन वर्ग और जनसाधारण के मध्य तथा बहु-संख्यों और अल्प-संख्यकों के मध्य अनेक असन्तुलन पोते हैं। कम्युनिकेशन का मुख्य उद्देश्य इन असन्तुलनों और असमानताओं को कम-से-कम करना है।

हमारे देश भारत में, जनसंचार तन्त्र का क्षेत्र बहुत सीमित है। समाचार-पत्रों का सम्बन्ध साक्षरता से होता है। हमारे यहां साक्षरता 1951 में 16.7 प्रतिशत थी, जोकि बढ़कर 1981 में 36.7 प्रतिशत हो गई। इसमें भी 53 प्रतिशत साक्षरता नगरों में है। इसका परिणाम यह है कि समाचार-पत्र पजीयन कार्यालय की रिपोर्ट के अनुसार भारत में, सभी समाचार-पत्रों की कुल प्रसार संख्या लगभग पांच करोड़ है। इनमें से दैनिक समाचार-पत्रों की कुल प्रसार संख्या लगभग डेढ़ करोड़ है। इन डेढ़ करोड़ में से भी 40 प्रतिशत प्रसार संख्या केवल कलकत्ता, बम्बई, दिल्ली व मद्रास महानगरों में ही है। जनसंचार का एक अन्य प्रमुख माध्यम रेडियो सेटों की संख्या देश भर में लगभग तीन करोड़ है। इनमें से दो तिहाई रेडियो सेट शहरी क्षेत्र में है। कुल टेलीविजन सेटों की संख्या बीस लाख के लगभग है, जोकि मुख्यत: शहरी क्षेत्रों में ही है। भारत में लगभग पांच लाख पिचहतर हजार गांव हैं, लेकिन इन गांवों में सामुदायिक रेडियो और टेलीविजन सेटों की संख्या क्रमश: एक लाख और आठ हजार ही है। ये रेडियो या टेलीविजन सेट भी या तो खराब पड़े रहते हैं या ग्राम प्रधान अथवा किसी अन्य प्रभावशाली व्यक्ति के घर की शोभा बढ़ाते हैं। तकनीकी दृष्टि से रेडियो व टेलीविजन का सन्देश देश की क्रमश: नब्बे व सत्तर प्रतिशत जनता तक पहुंचता है। इनके अतिरिक्त फिल्म व थियेटर तो मुख्यत: शहरी चीज है। अत: हम कह सकते हैं कि भारत में मीडिया अभी नगरों की धरोहर

है। भारत में, सरकार जनसंचार के दो महत्त्वपूर्ण माध्यमों—रेडियो और दूरदर्शन पर नियन्त्रण रखती है। आकाशवाणी और दूरदर्शन माध्मयों के बारे में अनेक समितियां गठित की जा चुकी हैं। जो पार्थसारथी अध्यक्षता में गठित "मीडिया सलाहकार समिति" ने 1980 में ब्राडकास्ट मीडिया (आकाशवाणी और दूरदर्शन) के लिए कुछ सुझावों को स्वीकार कर लिया और इसे "आकाशवाणी व दूरदर्शन के लिए समाचार नीति" का नाम दिया। लेकिन तब से लेकर अब तक की अवधि में इन सुझावों कों पूर्णत: लागू कर पाना सम्भव नहीं हो पाया है। सरकार ने यह निश्चय किया है कि आकाशवाणी और दूरदर्शन पर केवल सही, वस्तुपूरक और तथ्यपूर्ण समाचार ही प्रसारित किए जाएं। समाचारों का कवरेज सन्तुलित होता है तथा वे व्यक्ति विशेष पर आधारित नहीं होते हैं। हमारे देश में आकाशवाणी और दूरदर्शन के समाचारों के सशक्त माध्यम बन चुके हैं तथा ये देश की जनता को जागरूक और शिक्षित करने में अहम भूमिका निभा रहे हैं।

भारत सरकार ने इस बात का भरसक प्रयास किया है कि जनसंचार माध्यम सांस्कृतिक आक्रमणता का माध्यम नहीं बने। दूरदर्शन पर फिल्मी और विदेशी संस्कृति के प्रभाव की जांच के लिए केन्द्रीय सरकार ने समय-समय पर अनेक कदम उठाए हैं। दूरदर्शन पर प्रस्तुत किए जाने वाले विदेशी सीरियलों (धारावाहिकों) की स्वीकृत से पूर्व पूरी तरह जांच-पड़ताल की जाती है। सरकार की "जनसंचार नीति" का यह अभिन्न अंग है कि फिल्मों और "प्रसारण मीडिया" को इस तरह नियन्त्रित किया जाए, ताकि विदेशी शक्तियों को इनके माध्यम से भारत पर किसी भी प्रकार के "सांस्कृतिक आक्रमण" का अवसर ही नहीं मिल सके। यह विदित है कि नई जनसंचार क्रान्ति के कारण मानव समाज पर औद्योगिक क्रान्ति से कहीं व्यापक और गहरा प्रभाव पड़ रहा है। यह उल्लेखनीय है कि औद्योगिक क्रान्ति के बाद साम्राज्यवाद ने भारत सहित अनेक देशों को अपना उपनिवेश बना लिया था। नई जनसंचार क्रान्ति मानव मस्तिक पर नियन्त्रण के संघर्ष को नया रूप दे रही है। तीसरी दुनिया के देशों पर सांस्कृतिक उपनिवेशवाद का खतरा भी मंडरा रहा है। कम्प्यूटरों और उपग्रहों के माध्यम से नया इलैक्ट्रोनिक मीडिया जनसंचार के क्षेत्र में एक नई क्रान्ति को जन्म दे रहा है। मानव जाति की इस महान उपलब्धि में खतरे भी निहित हैं। इन खतरों के प्रति भारत जैसे विकासशील देश को निरन्तर जागरूक रहना है।

परिशिष्ट

सिंहावलोकन

पिछले अध्यायों में प्रस्तुत हिन्दी सिनेमा के विस्तृत अध्ययन से स्पष्ट है कि देश के सामाजिक, सांस्कृतिक एवं राजनीतिक उत्थान में हिन्दी सिनेमा का विशेष स्थान रहा है। हिन्दी फिल्मों ने न केवल राष्ट्रीय स्तर पर, बल्कि अन्तर्राष्ट्रीय स्तर पर भी लोकप्रियता, प्रतिष्ठा एवं पुरस्कार प्राप्त किए हैं। "राजा हरिश्चन्द्र" फिल्म के निर्माण से लेकर अब तक का हिन्दी सिनेमा का इतिहास राष्ट्रीय एकता में हिन्दी फिल्मों के गौरवशाली योगदान का इतिहास रहा है ।

लेकिन इसका तात्पर्य यह नहीं है कि हिन्दी सिनेमा को संकट के मार्ग से नहीं गुजरना पड़ा हो। ब्रिटिश शासनकाल में, भारतीय सिनेमा को अनेक प्रकार के दमन चक्र का सामना करना पड़ा था। ब्रिटिश शासन की कठोर सैंसर नीति से हिन्दी फिल्में भी नहीं बच सकी थीं। लेकिन राष्ट्रीय चेतना की जागृति में, इससे हिन्दी फिल्मों का योगदान नहीं घटाया जा सका। हिन्दी फिल्मों के निर्माताओं ने राष्ट्रपिता महात्मा गांधी और राष्ट्र नायक पंडित जवाहरलाल नेहरू से प्रेरणा ली तथा अपनी फिल्मों की पट कथाओं का ताना बना इस प्रकार से बुना जिससे दर्शक उनसे राष्ट्रीय चेतना की प्रेरणा भी ले सकें और कठोर ब्रिटिश सैंसर नीति से भी बच सकें। भारतीय स्वाधीनता आन्दोलन के इतिहास में, भारतीय विशेषत: हिन्दी सिनेमा का योगदान स्वर्णाक्षरों में लिखा जाएगा।

स्वाधीनता प्राप्ति के बाद भारतीय सिनेमा में कई क्रान्तिकारी परिवर्तन हुए। राष्ट्र के नव-निर्माण में, जनसंचार के एक सशक्त माध्यम के रूप में भारतीय सिनेमा, विशेषत: हिन्दी सिनेमा ने अपना अमूल्य योगदान दिया है।

सिनेमा के तकनीकी पहलू में भी अनेक नवीन आविष्कार हो रहे हैं। पिछली लगभग एक शताब्दी में सिनेमा ने आश्चर्यजनक उन्नति की है। सबसे पहली फिल्म पेरिस में एक छोटे-से थियेटर में दिखाई गई थी। वह मूक फिल्म थी। कुछ ही वर्षों में बोलने वाली फिल्में बनी, रंगीन फिल्में बनी, फिर तीन आयामों वाली फिल्में बनीं जिनमें फिल्मी परदे पर लम्बाई और चौड़ाई

के साथ गहराई दिखाई देती है। फिर फिल्मी पर्दा बड़ा बनने लगा, आखिर उसने गोल दायरे का रूप धारण कर लिया, दर्शक गोलाकार पर्दे के बीच में बैठे हुए चारों ओर नजर घुमाकर सिनेमा देख सकते हैं। इसे "सर्करामा" का नाम दिया गया। अब कुछ ही वर्षों में फिल्मी पर्दा गुम्बद का सूत्र धारण कर लेगा, दर्शक अपने चारों ओर ही नहीं बल्कि नीचे से ऊपर छत तक नजर घुमाकर सिनेमा देख सकेंगे, ऐसा सिनेमा "कूपोलारामा" कहलायेगा।

इसके बाद ऐसी सिनेमा का आविष्कार करने के लिए प्रयोग किए जा रहे हैं जिसमें दर्शक फिल्मी पर्दे पर की चीजों को सिर्फ देख और सुन ही नहीं बल्कि सूंघ भी सकेंगे। यहां तक कि उन चीजों को छू सकने का आभास भी होगा। वे पर्दे पर दिखाई देने वाली किसी फूल के रंग रूप का ही नहीं, उसकी सुगन्ध का भी आनन्द ले सकेंगे, इसी प्रकार पर्दे पर आग या बर्फ दिखाई देने पर उसकी ताप या ठण्डक महसूस कर सकेंगें। भविष्य के सिनेमा में फिल्म देखते समय दर्शकों की सभी ज्ञानेन्द्रियां काम करेंगी और वे चीजों को पूर्ण रूप से अनुभव कर सकेंगे। वास्तव में देखने, सुनने, छूने और चखने से ही किसी चीजों को पूर्ण रूप से अनुभव कर सकेंगे।

पिछले कुछ वर्षों में अमरीका में किसी हद तक सफलतापूर्वक ऐसे प्रयोग हुए हैं जिससे किसी फिल्मी पर्दे पर चीजों की महक सूंघी जा सके। ऐसे सिनेमा को "आरोमारामा" नाम दिया गया है। किसी दृश्य में फूलों का बाग दिखाई देता या मेज पर भोजन रखा जाता तो सिनेमा हाल में उन चीजों की गन्ध फैलायी परन्तु इन प्रयोगों में पूरी सफलता नहीं मिली। जब किसी दृश्य के साथ किसी चीज की गन्ध हाल में फैलायी जाती तो दृश्य बदलने पर उस गन्ध को हाल में से इतनी जल्दी पूरी तरह निकाल पाना सम्भव न होता। उसका कुछ अंश बाकी रह जाता जो किसी अगले दृश्य के साथ फैलायी जाने वाली गन्ध में मिलकर उसे खराब करता फिर यह भी होता कि कोई दृश्य बिना गन्ध के दिखाया जाता होता तो पहले दृश्य की बची गन्ध उसके साथ जुड़कर उलझन पैदा करती। "आरोमारामा" सिनेमा अभी तक प्रयोग के स्तर पर ही है।

फिल्मी पर्दे पर चीजों का तापमान अनुभव कर पाना इससे भी आगे का कदम है, जिसके लिए अभी तक उपयुक्त साधन अस्तित्व में नहीं आए हैं। परन्तु विज्ञान के क्षेत्र में जिस तेजी से उन्नति हो रही है, उसे देखते हुए इस शताब्दी के अन्त तक दर्शक सिनेमा देखते हुए चीजों का तापमान भी अनुभव करने लगेंगे।

आज जो फिल्म हमारे देखने में आती है, 21वीं शताब्दी में उसका रूप बिल्कुल बदल चुका होगा। उस रूप बदल भी चुका है। टेलीविजन में फिल्म

के बजाए "वीडियो टेप" का प्रयोग होता है। जो फिल्म के मुकाबले अधिक स्थायी और हल्का होता है। लेकिन कुछ वर्षों के पश्चात् यह वीडियो टेप भी पिछड़ा हुआ प्रतीत होने लगा और उसके स्थान पर कोई और बढ़िया साधन अस्तित्व में आएगा।

21वीं शताब्दी में सिनेमा की कल्पना करने वाले वैज्ञानिक का कहना है कि तब फिल्म का स्थान विशेष गुणों वाला एक कांच का टुकड़ा ले लेगा। यह कांच का टुकड़ा वैज्ञानिक आधार पर बनाया जाएगा। वह मसूर या उड़द के दाने जितना बड़ा होगा और उसमें पूरी फिल्म अंकित की गई होगी। उसी के अनुकूल "बाइयोरामा" नामक एक यन्त्र का आविष्कार किया जाएगा जिसे प्रत्येक व्यक्ति अपने घर या दफ्तर में मेज पर रख सकेगा। ज्यों ही वह उस विशेष कांच के टुकड़े को उसमें डालेगा, कमरे की छत और दीवारें मानो गायब हो जाएंगी और चारों ओर सिनेमा का एक दृश्य दिखाई देगा जिसमें दर्शक खुद को घिरा हुआ पाएगा। उदाहरणार्थ, सिनेमा में किसी मरुस्थल को दृश्य आने पर दर्शक अपने आपको उसमें खड़ा पाएगा और उसकी गर्म रेत की तपिश महसूस करेगा। उसके चेहरे पर पसीना चमकने लगेगा। फिर वह भी तेज प्यास महसूस करेगा। उसके पास गुजर रहा ऊंटों का कारवां एक नखलिस्तान के पास पहुंचेगा तो वहां ठण्डे पानी की झील दिखाई देगी। तब वह पानी का स्वाद ही नहीं, उसकी ठण्डक भी महसूस करेगा।

भविष्य के सिनेमा की आज किसी हद तक कल्पना ही की जा सकती है पता नहीं आने वाले वर्षों में विज्ञान के क्षेत्र में कैसी आश्चर्यजनक उन्नति हो और वह सिनेमा के आज के रूप को इतना ज्यादा बदल दे कि दर्शक उसे देखता हुआ अपनी सभी ज्ञानेन्द्रियों से उसका आनन्द उठाए।

अतः आवश्यकता इस बात की है कि हम भविष्य की सिनेमा तकनीक को ध्यान में रखकर कदम उठाएं ताकि न केवल संख्या की दृष्टि से, बल्कि तकनीकी उत्कृष्टता की दृष्टि से भी भारतीय फिल्में विश्व में सर्वोपरि स्थान प्राप्त कर सकें।

राजनीतिक सिनेमा की ओर हम भारतीयों को विशेष रूप से ध्यान देना चाहिए यद्यपि राजनीतिक सिनेमा न केवल हमारे देश के लिए, बल्कि विश्व सिनेमा के लिए भी एक नई चीज है। राजनीतिक फिल्में बनाने का सिलसिला बहुत नया नहीं है। पश्चिमी देशों में तो यह काफी पहले शुरू हो गया था। दोनों युद्धों के पूर्व और बाद की बनी अनेक फिल्मों में युद्ध का विरोध, अत्याचार और तानाशाही कार्यों की निन्दा और व्यक्तिगत स्वतन्त्रता पर सरकारी अंकुश का तीव्र विरोध और निन्दा की गई। सन् 1915 में बनी स्टूअर्ट ब्लैक स्टोन

की "बैटलक्राई आफ पीस" सन् 1916 में वाल्टर त्रिसून की "वार वाइट" फिल्मों युद्ध का विरोध और व्यक्तिगत स्वतन्त्रता का सशक्त चित्रण हुआ है। 1970 के बाद तो राजनीतिक फिल्में बनाने वाले अनेक चेहरे सामने आये। गादर, बुन्धुल और आन्द्रे वरजादा जैसे फिल्म निर्माताओं ने चर्चित और सिशंति फिल्में बनाईं। सत्ता, व्यवस्था और राजनीति के त्रिकोण में फंसे आम आदमी को स्वर और नया सन्देश देने वाली फिल्मों की लाइन लगने लगी। कुछ प्रदर्शित हुईं, कुछ प्रतिबन्धित हुईं और कुछ दूसरे देशों में जाकर सम्मानित। ऐसी फिल्में एक नहीं, ढेरों हैं।

बैंजामिल हैयाम की "द ब्लैक बनाना" अपनी धार्मिक पृष्ठभूमि के कारण इजराइल प्रतिबन्धित हुई। सन् 1977 ई० जमीर देहलवी की फिल्म "द ब्लड आफ हुसैन" पर पाकिस्तान सरकार ने प्रतिबन्धित लगा दिया। तुर्की के फिल्म निर्देशक एम० किमिक को अपनी फिल्म "स्वेन विल द सन राइज" के कारण देश छोड़ना पड़ा। इस फिल्म में तुर्की की गुप्तचर पुलिस के कुकृत्यों का वर्णन था। रूसी फिल्म निर्देशक सरगई पैराड जानोव को "दे कलर आफ पोमेग्रेनेट्स" के कारण जेल की यात्रा करनी पड़ी। यह फिल्म अभी भी प्रतिबन्धित है। "टाल शेडो आफ द विण्ड" शुरू में ईरान के शहंशाह राजा शाह पहलवी और बाद में खुमैनी के कोप भाजन का शिकार हुई।

दक्षिण अमेरिका देशों में बनी फिल्मों पर तो राजनीतिक अंकुश काफी रहा है। जार्ज सैनजिन्स की "करेज आप द पिपिल" और "ब्लड आफ द कन्डोर" में बोलिविया की राजनीति का ऐसा प्रभावशाली चित्रण हुआ कि आम दर्शक गरीबी, दुःख और सरकार द्वारा ढाए गए जुल्मों के विरुद्ध उठ खड़ा हुआ। फिल्म निर्माता अल्फान्सो खगरोन को तो इन दिनों मैक्सिको में शरण लेकर जीवन बिताना पड़ रहा है। दक्षिण अमेरिका देश के अनेक फिल्म निर्माता और निर्देशकों को सरकारी अंकुश के कारण अपना देश छोड़कर दूसरे देशों में रहना पड़ रहा है।

राजनीतिक चक्रव्यूह का पर्दाफाश करने वाली हाल के वर्षों में बनी कुछ फिल्में काफी चर्चित रही हैं। कौस्टा गाबरा ने अपनी फिल्म "आल द प्रेसिडेन्ट्स मैन" तथा "जैड" में घटनाओं का मर्मस्पर्शी चित्रण कर मानवीय अधिकारों के प्रबल समर्थक अमेरिकी सरकार तक को परेशान कर दिया। सरकार ने गुपचुप आदेश जारी कर दिए कि ऐसी फिल्मों के लिए सरकारी इमारतों को प्रयुक्त न किया जाए। "योल" फिल्म में एक कैदी की जिन्दगी का चित्रण किया गया था जिसे सरकारी कर्मचारी की हत्या के कारण सजा हुई थी, कैदी जेल तोड़कर दूसरे देश भाग गया। फिल्म में तुर्की पुलिस, तुर्की की राजनैतिक

व्यवस्था और सरकारी अंकुश को काफी प्रभावशाली ढंग से पेश किया गया था। सन् 1975 में लेबनान में हुए ईसाई-मुस्लिम गृह युद्ध पर आधारिक स्कोलन डोरिफ की बनाई फिल्म "सर्कल आफ डिसिट" भी काफी चर्चित हुई।

फ्रांसीसी कोपोला की फिल्म "एपोकेलिप्स नाऊ" वियतनाम युद्ध में अमरीकी हस्तक्षेप का काफी सजीव और लोमहर्षक चित्रण करती है।

इटली में कुछ वर्ष पूर्व बनी फिल्म "लास्ट हैंगों इन पेरिस" के विरुद्ध वहां के पादरियों ने आवाज उठाई, फिर मामला अदालत में गया और फैसला हुआ कि फिल्म को जला दिया जाए। इस्लामी कायदे-कानून के कारण सभी मुस्लिम देशों में फिल्म निर्माता ऐसी फिल्में बनाने से कतराते हैं जिनमें अत्याचारी सुल्तानों की पोल खुलती हो या सत्तारूढ़ फौजी टोले के तानाशाही कारनामों का वर्णन हो। इरान, ईराक, मिस्र, पाकिस्तान, तुर्की, मोरक्को, लीबिया, सऊदी अरब आदि देशों में हल्की-फुलकी फिल्में तो खूब बनती हैं, लेकिन राजनीति की फिल्में कम बनती हैं।

कुछ वर्ष पूर्व ब्रिटेन में बनी फिल्म "डैथ आफ ए प्रिंसेज" इतनी चर्चित हुई कि यह जहां-जहां भी प्रदर्शित हुई वहां की देशों की सरकारों को सऊदी अरब सरकार ने विरोध पत्र भेजकर अपनी नाराजगी जाहिर की। फिल्म में सऊदी शाही वंश की एक राजकुमारी मीशा का एक गैर-शाही युवक से प्रेम सम्बन्धों का चित्रण किया गया था।

कानून के अनुसार प्रेमी-प्रेमिका की गरदन तलवार से काटकर उन्हें प्रेम की वेदी पर कुर्बान कर दिया जाता है।

विभिन्न कबीलों का चित्रण करने वाली और कबीले से उभरे एक सत्ताधारी नेता का चित्रण "राइज एण्ड फाल आफ इदी अमीन" में हुआ था। अफ्रीकी राजनीतिक परिवेश और अत्याचारों का इस फिल्म में अच्छा वर्णन हुआ है। सेनेगल में कुछ वर्ष पूर्व बनी फिल्म "खाला" भी अपनी राजनैतिक पृष्ठभूमि के कारण काफी चर्चित हो रही है।

हमारे यहां पिछले कुछ वर्षों से तमिल, तेलगु और मलयालम भाषाओं में अनेक ऐसी फिल्में बनी, जिनमें राजनीति और राजनेताओं के किस्से वर्णित हुए लेकिन गुलजार की "आंधी" फिल्म अपने कथानक और पात्रों के कारण काफी चर्चित हुई। "आंधी" के बाद राजनीतिक फिल्मों के निर्माण का सिलसिला चलता रहा है। हाल के कुछ वर्षों में बनी मराठी फिल्म "सिंहासन" जब्बर पटेल की "सामना", गोविन्द निहलानी की "आक्रोश", नाहटा की "किस्सा कुर्सी का" के अलावा मद्रास में बनी "मेरी आवाज सुनो", "इन्कलाब", "आज का एम० एल० ए० राम अवतार", "यह देश", "चक्र", "बाजार" "अलबर्ट

पिण्टो को गुस्सा क्यों आता है" और "अन्धा कानून" आदि राजनैतिक फिल्मों के रूप में चर्चित हुई।

फिल्म "गांधी" ने विश्व सिनेमा संसार में जो तहलका मचाया, उतना किसी और फिल्म ने नहीं मचाया। सोवियत भारत सहयोग की फिल्म "नेहरू" भी हाल में प्रदर्शित हुई है। इस फिल्म में पण्डित नेहरू के राजनीतिक जीवन व व्यक्तिगत जीवन दोनों पहलुओं को दिखाया गया है। "अर्द्धसत्य" भी राजनीतिक फिल्मों की एक बेहतरीन और ताजा तरीन फिल्म है।

"गांधी" की सफलता के बाद तो राजनीतिक फिल्म बनाने का, एक दौर-सा शुरू हो गया है। यही नहीं दुनिया के अनेक देश अपसे यहां राजनीतिक फिल्में बनाने लगे हैं जिनमें उल्लेखनीय है कि एक ब्रिटिश फिल्म कम्पनी के सहयोग से पाकिस्तान द्वारा बनाई जा रही "मोहम्मद अली जिन्ना" तथा "लास्ट डेज आफ लार्ड माउन्टबेटन"। भारत में हाल में प्रदर्शित जेम्स आइवरी की फिल्म "हिट एण्ड डस्ट" भी काफी चर्चित रही है।

लेकिन इस तथ्य की ओर भी ध्यान रखा जाए कि भारत में जो राजनीतिक फिल्में बनें अथवा विदेशों में बनीं जो राजनीतिक फिल्में यहां प्रदर्शित हो, वे राजनीतिक प्रदूषण फैलाने का कार्य न करें। भारत एक ऐसा महान् प्राचीन राष्ट्र राज्य है, जोकि भावी विश्व के अनुरूप राष्ट्र की एकता और अखण्डता को कायम रखते हुए एक विश्व शक्ति के रूप में उभरने का प्रयास कर रहा है। ऐसे राष्ट्र राज्य को विखण्डित करने वाली किसी भी राजनीतिक फिल्म के निर्माण अथवा प्रदर्शन की अनुमति कदापि नहीं दी जा सकती।

अन्त में हम कह सकते हैं कि राष्ट्र के पुनर्निर्माण में भारतीय विशेषतः हिन्दी फिल्में यथाशक्ति योगदान दे रही हैं। जनसंचार के एक सशक्त माध्यम के रूप में हिन्दी सिनेमा का भविष्य उज्ज्वल है।

दूरदर्शन के विस्तार ने हिन्दी सिनेमा की पहुंच देश के कोने-कोने में कर दी है तथा आज देश में शायद ही ऐसा कोई भू-भाग हो जहां की जनता हिन्दी फिल्मों से परिचित न हो। अतः आवश्यकता इस बात की है कि हिन्दी फिल्मों की गुणवत्ता की ओर पर्याप्त ध्यान दिया जाए, ताकि वे राष्ट्र के लिए और भी अधिक उपयोगी हो सकें।

ग्रन्थ-सूची

ग्रन्थ

करुणा शंकर, भारतीय फिल्मों का इतिहास, रंगभूमि बुक डिपो, दरियागंज, दिल्ली, 1964

कुन्हा, उमा दा, इण्डियन सिनेमा 1983/84, नेशनल फिल्म डेवलपमेंट कार्पोरेशन, नई दिल्ली, 1984

ग्रोवर, अशोक, (संकलन) फिल्मों के राष्ट्रीय गीत, रतन पाकेट बुक्स, मेरठ, 1985

गुप्ता, रूमा, विद्रोही अभिनेता-अमिताभ बच्चन, सुमन पॉकेट बुक्स, नई दिल्ली, 1983

चोपड़ा, अशोक, अमिताभ बच्चन की कहानी—चित्रों की जुबानी, स्टार पॉकेट बुक्स, नई दिल्ली, 1986

चौहान, महावीर सिंह, ग्रेट शो मैन राज कपूर, स्टार पॉकेट बुक्स, नई दिल्ली, 1982

दिनेश, फिल्मों में प्रवेश कैसे करें ? रंगभूमि प्रकाशन, नई दिल्ली, 1983

धरप, बी. वी., इण्डियन फिल्म्स 1973, मोशन पिक्चर्स एन्टरप्राइजेज, अलका टाकीज, पूना, 1974

फुल्टन, ए. आर एण्ड नॉरमन, मोशन पिक्चर्स, युनीवर्सिटी आफ ऑकल्हांम, यू. एस. ए. 1964

भरुचा, बी० डी०, इण्डियन सिनेमेटोग्राफ ईयर बुक, मोशन पिक्चर्स सोसायटी ऑफ इण्डिया, बम्बई, 1938, (सम्पादित ग्रन्थ)

मित्तल, महेन्द्र, भारतीय चलचित्र, अलंकार प्रकाशन, दिल्ली, 1975

रेड्डी, पी० रामा, सिनेमाटोग्राफ कोड, सिनेमाटोग्राफ लॉज रिसर्च इंस्टीट्यूट, हैदराबाद, 1968-69

लिजर्न, अनेस्ट, ए पिक्चर हिस्ट्री ऑफ दि सिनेमा, बिस्टा बुक्स, लन्दन, 1960

बनोर, एरिक एण्ड एस, कृष्णास्वामी, इण्डियन फिल्म्स, कोलम्बिया युनीवर्सिटी प्रेस, न्यूयार्क, 1963

स्टार्क, ल्योपोल्ड, इण्डस्ट्रियल एण्ड बिजनेस फिल्म्स, फोनिक्स हाऊस, लन्दन, 1962

साठे, वी० पी०, (सम्पादक) फिल्मोत्सव 84, डायरेक्टरेट ऑफ फिल्म फेस्टीवल्स, नरीमन पोइण्ट, बम्बई, 1984

साहनी, बलराज, मेरी फिल्मी आत्मकथा, स्टार पॉकेट बुक्स, नई दिल्ली 1971

सरकार, एस० सी०, (सम्पादक), हिन्दुस्तान ईयर बुक एण्ड हूज हूं, एम० सी० सरकार एण्ड सन्स प्रा० लि०, 14, बंकिम चटर्जी स्ट्रीट, कलकत्ता, 1966-1981 (1966 से 1981 तक का प्रत्येक वर्ष का पृथक-पृथक खण्ड)

शास्त्री, देवदत्त, (सम्पादक), पृथ्वीराज कपूर अभिनन्दन ग्रन्थ, (उत्तरायण), विशाल मंच, इलाहाबाद, 1963

शिन्दे, एम० के० शिन्देज डिक्शनरी ऑफ सिने आर्ट्स एण्ड क्राफ्ट, पॉपुलर प्रकाशन, ताड़देव रोड, बम्बई, 1962

श्रीवास्तव, बच्चन, भारतीय फिल्मों की कहानी, अलंकार प्रकाशन, नई दिल्ली, 1968

अन्य सन्दर्भ सामग्री

इण्डियन टॉकी 1931-56, फिल्म ऑर्काइब्ज ऑफ इण्डिया, पूना, 1956

इण्डियन टॉकी, फिल्म फैडरेशन ऑफ इण्डिया, बल्लभ भाई पटेल रोड, बम्बई, 1956

इण्डियन सिनेमा, प्रकाशन विभाग, सूचना एवं प्रसारण मंत्रालय, भारत सरकार, नई दिल्ली, 1965

इम्पा सिल्बर जुबली सोवेनियर, इण्डियन मोशन पिक्चर्स प्रोड्यूसर्स एसोसियेशन, बम्बई, 1963

गजट ऑफ इण्डिया, 1951, पार्ट 2, सैक्शन 2, प्रकाशन विभाग, भारत सरकार, नई दिल्ली, 1952

फिल्म डिवीजन केटेलोग, सूचना और प्रसारण मंत्रालय, भारत सरकार, नई दिल्ली, 1958-1981 (1958 से 1981 तक का प्रत्येक वर्ष का पृथक-पृथक खण्ड)

लिस्ट ऑफ डोक्यूमैंटरी फिलम, फिलम डिवीजन, भारत सरकार, बम्बई, 1970

समाचार पत्र व पत्रिकायें आदि

हिन्दी दैनिक

अमर उजाला, आगरा, बरेली व मेरठ।

जनसत्ता, नई दिल्ली।

दैनिक जागरण, कानपुर व मेरठ।

दैनिक नवज्योति, जयपुर व अजमेर।

न्याय, अजमेर।

नवभारत टाइम्स, दिल्ली।

पंजाब केसरी, दिल्ली व जालन्धर।

राजस्थान पत्रिका, जयपुर।

हिन्दुस्तान, नई दिल्ली।

हिन्दी साप्ताहिक, पाक्षिक व मासिक आदि

क्रॉस एग्जामिनेशन, साप्ताहिक, बम्बई।

धर्मयुग, साप्ताहिक, बम्बई।

महाराष्ट्र मानस, पाक्षिक, बम्बई।

माधुरी, पाक्षिक, बम्बई।

मूवी जगत, साप्ताहिक, नई दिल्ली।

राधिका, मासिक, नई दिल्ली।

साप्ताहिक हिन्दुस्तान, साप्ताहिक, नई दिल्ली तथा समस्त फिल्मी पत्र-पत्रिकायें।

अंग्रेजी दैनिक, साप्ताहिक, पाक्षिक व मासिक आदि

इण्डियन एक्सप्रेस, दैनिक, नई दिल्ली ।

इण्डिया टूडे, पाक्षिक, नई दिल्ली ।

टाइम्स ऑफ इण्डिया, दैनिक, नई दिल्ली ।

फिल्म मिरर, मासिक, नई दिल्ली ।

फिल्मफेयर, साप्ताहिक व पाक्षिक, बम्बई ।

स्क्रीन, साप्ताहिक, बम्बई ।

हिन्दुस्तान टाइम्स, दैनिक, नई दिल्ली ।